BEITRÄGE ZUM AUSLÄNDISCHEN
UND INTERNATIONALEN PRIVATRECHT

HERAUSGEGEBEN VOM
MAX-PLANCK-INSTITUT FÜR AUSLÄNDISCHES
UND INTERNATIONALES PRIVATRECHT
Direktor: Professor Dr. Konrad Zweigert

37

1970

WALTER DE GRUYTER & CO.
BERLIN

J. C. B. MOHR (PAUL SIEBECK)
TÜBINGEN

WEGFALL DER BEREICHERUNG

RECHTSVERGLEICHUNG UND KRITIK

von

AXEL FLESSNER

Hamburg

1970

WALTER DE GRUYTER & CO.
BERLIN

J. C. B. MOHR (PAUL SIEBECK)
TÜBINGEN

Walter de Gruyter & Co Berlin
J. C. Mohr (Paul Siebeck) Tübingen
1970

Printed in Germany
Satz und Druck: Thormann & Goetsch, Berlin

VORWORT

Die vorliegende Arbeit ist während meiner Tätigkeit im Max-Planck-Institut für ausländisches und internationales Privatrecht in Hamburg entstanden. Sie war im Januar 1969 abgeschlossen und hat im Sommersemester 1969 der Rechtswissenschaftlichen Fakultät der Universität Hamburg als Dissertation vorgelegen. Neuerscheinungen bis Ende 1969 habe ich im Rahmen des Möglichen berücksichtigt.

Besonders herzlichen Dank sage ich dem Direktor des Max-Planck-Instituts, meinem verehrten Lehrer Herrn Professor Dr. Konrad Zweigert. Er hat mich zur Bearbeitung des Themas ermuntert, hat die Ausarbeitung der Schrift mit verständnisvoller und geduldiger Anteilnahme begleitet und hat schließlich ihre Veröffentlichung tatkräftig gefördert. Danken möchte ich auch Herrn Professor Dr. Dr. Paul Heinrich Neuhaus für wertvolle Ratschläge sowie dem Korreferenten, Herrn Professor Dr. Claus-Wilhelm Canaris, für kritische Hinweise, die mich zum erneuten Überdenken und zur vertieften Behandlung einiger Punkte angeregt haben.

Hamburg, im Herbst 1970

Axel Flessner

INHALTSVERZEICHNIS

2. Kapitel: Ausländische Rechte

ABKÜRZUNGEN

A. 2d	Atlantic Reporter, Second Series
a. A.	anderer Ansicht
aaO	am angegebenen Ort
ABGB	Allgemeines Bürgerliches Gesetzbuch
A. C.	Law Reports, Appeal Cases
AcP	Archiv für die civilistische Praxis
a. E.	am Ende
AG	Amtsgericht
All E. R.	All England Law Reports
ALR	Allgemeines Landrecht für die preußischen Staaten
Am. Dec.	American Decisions
Am. Jur.	American Jurisprudence
Am. Rep.	American Reports
AöR	Archiv des öffentlichen Rechts
AP	Arbeitsrechtliche Praxis
App. Cas.	Law Reports, Appeal Cases
App. Div.	Supreme Court, Appellate Division
Ariz.	Arizona
Atl.	Atlantic Reporter
Aufl.	Auflage
BAG	Bundesarbeitsgericht
BAGE	Entscheidungen des Bundesarbeitsgerichts
BankA	Bank-Archiv
BB	Der Betriebs-Berater
B. & C.	Barnewall's and Cresswell's Reports
Bd.	Band
bearb.	bearbeitet
BG	Bundesgericht
BGB	Bürgerliches Gesetzbuch
BGBl.	Bundesgesetzblatt
BGE	Entscheidungen des Bundesgerichts
BGH	Bundesgerichtshof
BGHZ	Entscheidungen des Bundesgerichtshofes in Zivilsachen
BlZR	Blätter für Zürcherische Rechtsprechung
BSG	Bundessozialgericht
Burr.	Burrow's Reports
BVerwGE	Entscheidungen des Bundesverwaltungsgerichts
C. A.	Court of Appeal
Cal.	California
Cal. App.	California Appellate Cases
C. c.	Code civil

Ch.	Law Reports, Chancery Division
Ch. Div.	Law Reports, Chancery Division
Cir.	Circuit Court of Appeals
Civ.	Cour de Cassation, Chambre Civile
C. J.	Chief Justice
C. J. S.	Corpus Juris Secundum
Cmnd.	Command Papers
Conn.	Connecticut
Co. Rep.	Coke's Reports
Cowp.	Cowper's Reports
C. P.	Law Reports, Common Pleas Cases
D.	Recueil Dalloz
Diss.	Dissertation
DJT	Deutscher Juristentag, Verhandlungen
DJZ	Deutsche Juristenzeitung
D. N. M.	Federal District Court for the District of New Mexico
DNotZ	Deutsche Notar-Zeitschrift
DÖV	Die Öffentliche Verwaltung
D. P.	Recueil Dalloz Périodique et Critique
DR	Deutsches Recht
DRZ	Deutsche Rechts-Zeitschrift
DVBl.	Deutsches Verwaltungsblatt
East	East's Term Reports
E. B. & E.	Ellis', Blackburn's and Ellis' Reports
E. R.	English Reports
EVO	Eisenbahnverkehrsordnung
F. 2d	Federal Reporter, Second Series
FamRZ	Zeitschrift für das gesamte Familienrecht
Fed.	Federal Reporter
GlU	Sammlung von Zivilrechtlichen Entscheidungen des k.k. Obersten Gerichtshofes, begründet von Glaser und Unger
GlUNF	GlU, Neue Folge
Gruch.	Beiträge zur Erläuterung des Deutschen Rechts, begründet von Gruchot
Harv. L. Rev.	Harvard Law Review
HGB	Handelsgesetzbuch
H. L.	House of Lords
H. & N.	Hurlstone's and Norman's Reports
HRR	Höchstrichterliche Rechtsprechung
hrsg.	herausgegeben
i. d. F.	in der Fassung
Ill.	Illinois
Ill. App.	Illinois Appellate Cases
i. V. m.	in Verbindung mit
J.	Justice
JBl.	Juristische Blätter
JherJ	Jherings Jahrbücher für die Dogmatik des bürgerlichen Rechts
JuS	Juristische Schulung
JW	Juristische Wochenschrift
JZ	Juristen-Zeitung
K. B.	Law Reports, King's Bench
Ky.	Kentucky

La.	Louisiana
LG	Landgericht
L. J.	Lord Justice
LM	Lindenmaier-Möhrung, Nachschlagewerk des Bundesgerichtshofs in Zivilsachen
L. Q. R.	Law Quarterly Review
L. R.	Law Reports
L. T.	Law Times Reports
LZ	Leipziger Zeitschrift für deutsches Recht
Mass.	Massachusetts
Md.	Maryland
MDR	Monatsschrift für Deutsches Recht
Me.	Maine
Mich.	Michigan
Miss.	Mississippi
Mo.	Missouri
Mod. L. Rev.	Modern Law Review
Mot.	Motive zu dem Entwurfe eines Bürgerlichen Gesetzbuches (1896)
N.	Fußnote
N. D.	North Dakota
N. E.	North Eastern Reporter
N. E. 2d	North Eastern Reporter, Second Series
N. J.	New Jersey
NJW	Neue Juristische Wochenschrift
N. W.	North Western Reporter
N. W. 2d	North Western Reporter, Second Series
N. Y.	New York; New York Reports
N. Y. S.	New York Supplement
OGH	(österreichischer) Oberster Gerichtshof
OGHZ	Entscheidungen des Obersten Gerichtshofes für die Britische Zone in Zivilsachen
Ohio App.	Ohio Appellate Cases
Okla.	Oklahoma
OLG	Oberlandesgericht
OLGR	Die Rechtsprechung der Oberlandesgerichte auf dem Gebiete des Zivilrechts
OR	Obligationenrecht
Ore.	Oregon
P. 2d	Pacific Reporter, Second Series
Pa.	Pennsylvania
Pac.	Pacific Reporter
Pa. Super. Ct.	Pennsylvania Superior Court
Prot.	Protokolle der Kommission für die zweite Lesung des Entwurfs des Bürgerlichen Gesetzbuchs (1897)
Q. B.	Law Reports, Queen's Bench
Q. B. D.	Law Reports, Queen's Bench Division
RabelsZ	Rabels Zeitschrift für ausländisches und internationales Privatrecht
Recht	Das Recht
Req.	Cour de Cassation, Chambre des Requêtes
RG	Reichsgericht
RGRK	Kommentar der Reichsgerichtsräte und Bundesrichter
RGZ	Entscheidungen des Reichsgerichts in Zivilsachen

RHG	Reichshaftpflichtgesetz
R. I.	Rhode Island
Rspr.	Die Rechtsprechung
S.	Seite; Recueil Sirey
SavZ	Zeitschrift der Savigny-Stiftung für Rechtsgeschichte, Romanistische Abteilung
S. C.	South Carolina
SchlHA	Schleswig-Holsteinische Anzeigen
S. Ct.	Supreme Court
S. E.	South Eastern Reporter
SeuffA	Seufferts Archiv für Entscheidungen der obersten Gerichte in den deutschen Staaten
SHG	Gesetz über die Haftpflicht der Eisenbahnen und Straßenbahnen für Sachschäden
SJZ	Süddeutsche Juristenzeitung
So.	Southern Reporter
StVG	Straßenverkehrsgesetz
Surr.	Surrogate's Court
S. W.	South Western Reporter
S. W. 2d	South Western Reporter, Second Series
SZ	Entscheidungen des österreichischen Obersten Gerichtshofs
Taunt.	Taunton's Reports
Tenn. App.	Tennessee Appeals
u. a.	unter anderem
U. Pa. L. Rev.	University of Pennsylvania Law Review
U. S.	United States Reports
Vand. L. Rev.	Vanderbilt Law Review
VerlagsG	Verlagsgesetz
VersR	Versicherungsrecht
WarnR	Warneyers Jahrbuch der Entscheidungen, Ergänzungsband: Die Rechtsprechung des Reichsgerichts auf dem Gebiete des Zivilrechts
Wash.	Washington
WM	Wertpapier-Mitteilungen Teil IV B
Yale L. J.	Yale Law Journal
ZAkDR	Zeitschrift der Akademie für Deutsches Recht
ZBl.	Zentralblatt für die juristische Praxis
ZGB	Zivilgesetzbuch
ZSchwR	Zeitschrift für Schweizerisches Recht
ZVersW	Zeitschrift für die gesamte Versicherungswissenschaft

§§ ohne weitere Bezeichnung sind die des deutschen BGB.

Einleitung

Das System der Bereicherungshaftung ist in den letzten zwei Jahrzehnten besonders intensiv und lebhaft erörtert worden[1]. Aufbauend auf einer früheren Studie von WILBURG[2], sodann geprägt vor allem durch die Arbeiten VON CAEMMERERS[3], ist dabei eine moderne Bereicherungslehre entstanden, die sich innerhalb kurzer Frist auch die Praxis erobert hat. Ihr wesentlicher Inhalt ist, daß die Generalklausel des Bereicherungsrechts (§ 812 BGB) eigenständige Kondiktionstypen in sich versammelt (vor allem Leistungskondiktionen einerseits und Eingriffskondiktionen andererseits), die in ihren Voraussetzungen und Funktionen durchaus unterschiedlich zu beurteilen sind[4]. Die neue Lehre hat vor allem klargemacht, daß in den verschiedenen Fällen ungerechtfertigter Bereicherung für den Mangel des Rechtsgrundes jeweils andere Gesichtspunkte bestimmend sind: bei der Bereicherung durch Leistung das Fehlen eines internen Schuldverhältnisses, kraft dessen die Leistung dem Empfänger gebührt hätte; bei der Bereicherung aus fremdem Gut der Zuweisungsgehalt des betroffenen Rechts[5]. Sie hat ferner den Blick für die Parteirollen geschärft: wer in den einzelnen typischen Bereicherungsfällen als Gläubiger, wer als Schuldner des Bereicherungsanspruchs anzusehen ist[6].

---

[1] Vgl. besonders VON CAEMMERER, Festschrift Rabel (1954) 333 ff.; Festschrift Lewald (1953) 443 ff.; Festschrift Gustav Boehmer (1954) 145 ff.; JZ 1962, 385 ff.; Festschrift Dölle I (1963) 135 ff.; KÖTTER, AcP 153 (1954) 193 ff.; SCHEYHING, AcP 157 (1958/59) 371 ff.; MESTMÄCKER, JZ 1958, 521 ff.; KLEINHEYER, JZ 1961, 473 ff.; BERG, AcP 160 (1961/62) 505 ff.; ROTHOEFT, AcP 163 (1963/64) 215 ff.

[2] WILBURG, Die Lehre von der ungerechtfertigten Bereicherung nach österreichischem und deutschem Recht (1934).

[3] Vor allem in der Festschrift Rabel 333 ff.

[4] So schon WILBURG, Bereicherung 12 ff., 22 ff.; jetzt: VON CAEMMERER, Festschrift Rabel 337, 340; ESSER, Schuldrecht II § 100 II; LARENZ, Schuldrecht II § 62; KÖTTER, SCHEYHING und MESTMÄCKER (oben N. 1). — Aus der Praxis: BGHZ 40, 272 (278, 279) und 48, 70 (73).

[5] VON CAEMMERER, Festschrift Rabel 342 ff., 353; WILBURG, Bereicherung 10 ff., 27 ff.; ESSER, Schuldrecht II §§ 101 II 3, 104 I 3; FIKENTSCHER § 99 II 1 und IV; LARENZ, Schuldrecht II § 62 I.

[6] Siehe etwa BGHZ 40, 272 (278, 279), mit Anm. BERG in NJW 1964, 720 und Anm.

Weniger Bewegung ist „am anderen Ende“ des Systems, beim Haftungsausmaß, zu verzeichnen. Hier werden die Vorstellungen noch geprägt durch die traditionelle Lehre zu § 818 III; nach dieser Vorschrift ist der gutgläubige und nicht verklagte Empfänger von der Haftung befreit, soweit er nicht mehr bereichert ist. Die herkömmliche Auffassung betrachtet die „Bereicherung“ in diesem Sinne als Vermögensdifferenz, nämlich als Überschuß aller dem Empfänger aus dem Bereicherungsvorgang entstandenen Vorteile über die damit zusammenhängenden Nachteile[7]. Daraus leitet man her, daß der Empfänger als Minderung der Bereicherung alle Nachteile absetzen darf, die ihm anläßlich oder als Folge des Erwerbs — mit oder ohne eigenes Zutun — entstanden sind oder durch die Rückgewähr entstehen würden. Der Bereicherte wird also frei oder seine Verpflichtung mindert sich, wenn der erhaltene Gegenstand bei ihm ersatzlos zerstört wird oder verlorengeht, wenn er ihn verschenkt, verschleudert oder sonst ohne wirtschaftlichen Erfolg verwendet. Es entlastet ihn aber auch jeder Minderungsposten in seinem sonstigen Vermögen, der mit dem Bereicherungsgeschehen in ursächlichem Zusammenhang steht, so etwa die Erwerbsunkosten, Mehrausgaben auf Grund des Erwerbs, Verwendungen auf das Erlangte, Schadens- und Haftpflichtfolgen aus der Beschaffenheit des Erlangten, Kosten und Schäden, die mit der Herausgabe an den Kondiktionsgläubiger verbunden sind[8]. Das Risiko für den Fortbestand der Vermögensmehrung bei dem Empfänger trägt damit allein der Entreicherte. Das ist die vielzitierte „Schwäche“ des Bereicherungsanspruchs[9]; sie gilt weithin als das eigentliche Kennzeichen der Bereicherungshaftung.

Es hat immer wieder vereinzelte Stimmen gegeben, die die herrschende Praxis als übertriebene und allzu pauschale Schonung des Bereicherten kritisierten — lange Zeit jedoch ohne wesentlichen Erfolg[10]. Erst in den

---

Baur/Wolf in JuS 1966, 393; BGHZ 48, 70 (73), mit Anm. H. P. Westermann in JuS 1968, 17; von Caemmerer, Festschrift Rabel 348 f., 350 ff.; Larenz, Schuldrecht II § 62 II; Esser, Schuldrecht II §§ 101 I, 104 I 3.

[7] Vgl. etwa RGZ 163, 348 (360); BGHZ 1, 75 (81); 9, 333 (335); Soergel/Siebert (-Mühl) § 818 Anm. 22 und 33; Erman(-Seiler) § 818 Anm. 6 A; Palandt(-Thomas) § 818 Anm. 6.

[8] Vgl. die Zusammenstellungen bei Soergel/Siebert(-Mühl) § 818 Anm. 27—40; Staudinger(-Seufert) § 818 Anm. 28, 35 ff.; Erman(-Seiler) § 818 Anm. 6 B.

[9] So schon von Tuhr, Festschrift Bekker (1907) 305; aus neuerer Zeit siehe z. B. Fikentscher § 100 VI (S. 629): „ein Anspruch von wirtschaftlich minderer Qualität“; Bosch, FamRZ 1966, 27: „bekanntlich die denkbar schwächste Anspruchsbasis“.

[10] Vor allem von Tuhr aaO 313 ff.; Wilburg, Bereicherung 138 ff.; Flume, Festschrift Niedermeyer (1954) 103 ff. (148 ff.); kritisch neuestens auch Diesselhorst 45 ff., 54 ff.

letzten Jahren macht sich auf breiterer Ebene auch in den Lehrbüchern und Kommentaren eine distanziertere Haltung zur herkömmlichen Auffassung bemerkbar[11]. Diesem Unbehagen an der herkömmlichen Praxis und Doktrin will die hier vorgelegte Arbeit nachgehen. Nach einer Bestandsaufnahme der bisherigen Lehre und Rechtsprechung und der gegen sie vorgebrachten Kritik (erstes Kapitel) wird sie im zweiten und dritten Kapitel ausländische Lösungen vorführen, mit dem deutschen Recht vergleichen und auf diesem Hintergrund im vierten Kapitel erörtern, ob die Differenzdoktrin der herrschenden Lehre das Risiko für den Fortbestand der Bereicherung angemessen verteilt oder besser durch andere Kriterien ersetzt werden sollte.

Nicht behandelt wird in dieser Arbeit das Problem der engeren „Saldotheorie“: die Frage, inwieweit nach fehlgeschlagenem Vertrag der auf Rückleistung in Anspruch Genommene sich damit verteidigen kann, daß er seinerseits die Gegenleistung erbracht hat. Die Erbringung der Gegenleistung ist gegenüber der Rückforderung oft in der Weise berücksichtigt worden, daß man sie als Minderungsposten im Sinne von § 818 III deklarierte[12]. Inzwischen hat sich jedoch im Anschluß an VON CAEMMERER und LESER[13] in der Standardliteratur die Meinung durchgesetzt, daß hier aus der Sicht desjenigen, der die Gegenleistung erbracht hat, nicht ein Problem des Haftungsmaßes vorliegt, sondern daß die vertragliche Verknüpfung von Leistung und Gegenleistung gerechterweise im Rückabwicklungsverhältnis weiterwirken muß und dadurch bereits die Voraussetzungen der Durchführung des Bereicherungsausgleichs modifiziert werden[14]. Die folgende Untersuchung kann freilich auch für das Gegenleistungsproblem Bedeutung gewinnen, weil sie den Stein des Anstoßes für die Saldotheorie und ihre moderne Weiterentwicklung — die weitgehende Haftungsbefreiung, die § 818 III dem Rückfordernden für das seinerseits Erhaltene gewährt — kritisch beleuchten soll.

---

[11] ESSER, Schuldrecht II § 105 II 1c; LARENZ, Schuldrecht II § 64 II; STAUDINGER(-SEUFERT) § 818 Anm. 35; SOERGEL/SIEBERT(-MÜHL) § 818 Anm. 33.

[12] Vgl. etwa RGZ 137, 324 (336); RG WarnR 1915 Nr. 199 = JW 1915, 918. In den Standardkommentaren wird das Problem daher heute noch bei § 818 III eingeordnet: vgl. STAUDINGER(-SEUFERT) § 818 Anm. 45 ff.; SOERGEL/SIEBERT(-MÜHL) § 818 Anm. 41 ff.; ERMAN(-SEILER) § 818 Anm. 6 B a cc.

[13] VON CAEMMERER, Festschrift Rabel 385 ff.; LESER 41 ff., 49 ff.

[14] Vgl. ESSER, Schuldrecht II § 105 II 2; LARENZ, Schuldrecht II § 64 II; ENNECCERUS/LEHMANN § 227 III 3; kritisch zur Lehre vom „faktischen Synallagma“ neuestens DIESSELHORST 62 ff., 66 f., 72, 75 f.

1. Kapitel

Lehre und Praxis in Deutschland

A. DIE URSPRÜNGE DER „MILDEN" BEREICHERUNGSHAFTUNG

Die Bereicherungshaftung des BGB (§§ 812 ff.) ist in enger Anlehnung an das Kondiktionensystem des Gemeinen Rechts entstanden. Für die herrschende gemeinrechtliche Lehre war die Frage des Ausmaßes der Haftung dogmatisch ein Aspekt des Grundes und des Gegenstandes der Kondiktionsansprüche. „Grund" und „Gegenstand" aller Kondiktionsklagen war die ungerechtfertigte „Bereicherung"[1]; die Kondiktionen waren Ansprüche „*aus* der Bereicherung *auf* die Bereicherung"[2]. „Bereicherung" bedeutete in diesem Zusammenhang zweierlei: einmal, daß jeder Vermögensvorteil, in welcher Erscheinungsform auch immer, die Kondiktion auslösen konnte[3]; zum anderen, daß die Kondiktionen nicht bezweckten, einen ungerechtfertigten Erwerbsvorgang zu korrigieren oder einen bestimmten Vermögensgegenstand dem eigentlich zuständigen Vermögen wieder zuzuführen, sondern daß sie darauf gerichtet waren, dem Beklagten die Werterhöhung abzunehmen, die der erlangte Vorteil seinem Gesamtvermögen gebracht hatte. Nicht der erlangte Gegenstand selbst, sondern seine Wirkung auf das gesamte Vermögen des Beklagten, die „Bereicherung": das war es, woran sich nach Auffassung der gemeinrechtlichen Doktrin die Kondiktionen orientierten[4].

Waren die Kondiktionen auf Auskehrung der so verstandenen Bereicherung gerichtet, so hieß das vor allem, daß sie immer, aber auch nur dann angestellt werden konnten, wenn die Bereicherung bei der Rechts-

---

[1] Vgl. GLÜCK 71; VON SAVIGNY 564 f.; WINDSCHEID §§ 421, 424.
[2] VON MAYR, Condictio 12.
[3] Vgl. WINDSCHEID § 421.
[4] Siehe die oben N. 1 Genannten, außerdem: MOMMSEN 320; WENDT 681; VON MAYR, Condictio 3.

hängigkeit noch vorhanden war. Man sprach geradezu davon, daß die „fortdauernde" Bereicherung den Gegenstand der Kondiktionsklage bilde[5]. Mit diesem Gedanken erklärte man einerseits, daß die Bereicherungshaftung sich auch auf die Surrogate des Erlangten erstreckte und auf die weiteren noch vorhandenen Vorteile, die dem Empfänger aus dem ursprünglich Erlangten entstanden waren[6]. Aus der Haftung auf die Bereicherung folgerte man aber andererseits auch, daß zur Entlastung des gutgläubigen Empfängers alle Umstände berücksichtigt werden müßten, die eine wirkliche Mehrung seines Vermögens von vornherein vereitelt oder später bis zur Rechtshängigkeit wieder zunichte gemacht hatten[7]. Autoren, denen diese mehr dogmatischen Erwägungen nicht ganz ausreichend erschienen, fügten dem das Argument hinzu, daß die Quellen die Verpflichtung zur Auskehrung der Bereicherung in besonderem Maße als eine Forderung der Billigkeit darstellten. Wenn es aber billig sei, daß die Bereicherung eine Pflicht zur Herausgabe erzeuge, dann sei es auch billig, daß die Verpflichtung nicht länger dauere als die Bereicherung selbst[8].

Die Pandektistik glaubte, mit dieser Lehre in den gedanklichen Bahnen des römischen Rechts zu wandeln. Spätere Forschungen lassen jedoch vermuten, daß jedenfalls das klassische Recht diese Abstraktion vom konkreten Gegenstand des ungerechtfertigten Erwerbs und damit die Orientierung am „gleitenden Betrag der jeweiligen Bereicherung"[9] nicht kannte: Die Kondiktion ging vielmehr auf Rückgewähr gerade der certa res oder pecunia, die der Kondiktionsschuldner sine causa erhalten hatte. Untergang und Verbrauch befreiten offenbar den gutgläubigen Empfänger einer Speziessache, nicht jedoch den Empfänger von Geld oder vertretbaren Sachen, da er von vornherein nach Art des Darlehens Rückgewähr einer gleichen Summe oder gleicher Sachen schuldete. Eine bewegliche Ausrichtung der Haftung an der jeweils noch vorhandenen Bereicherung gab es offenbar nur in Ausnahmefällen, etwa bei Ehegattenschenkungen und Mündelgeschäften[10].

Inwieweit die justinianische Kompilation den Boden für das pandektistische Bereicherungsdogma geschaffen hat, ist heute zweifelhaft. Ihr

---

[5] WINDSCHEID § 424 N. 3; WENDT 680; MANDRY, AcP 48 (1865) 233, 240.

[6] Vgl. WINDSCHEID § 424.

[7] Vgl. WINDSCHEID § 424, besonders N. 3; ARNDTS § 341, S. 637; VON VANGEROW § 625 Anm. 3; MOMMSEN 321 f.; JHERING 76.

[8] WINDSCHEID § 424 N. 3; WENDT 681; SINTENIS 545 N. 10; GLÜCK 71.

[9] VON LÜBTOW 22.

[10] VON TUHR, Festschrift Bekker 297 ff.; SIBER, Römisches Recht II 218 ff.; VON LÜBTOW 20 ff.; NIEDERLÄNDER 1—8 und passim; FLUME, Festschrift Niedermeyer 103 ff.

wird die Tendenz zugeschrieben, alle Kondiktionsfälle mit dem allgemeinen Billigkeitssatz zu begründen, daß niemand sich mit dem Schaden eines anderen bereichern dürfe[11] (nam hoc natura aequum est neminem cum alterius detrimento fieri locupletiorem[12]), und damit vielfach die Lehre, daß die Kondiktionsansprüche auch im Umfang unterschiedslos auf die fortdauernde Bereicherung beschränkt seien[13]. Wahrscheinlicher ist jedoch, daß die Kompilation mit der Berufung auf die Billigkeit eher nur ein hinter den einzelnen Kondiktionsfällen stehendes erklärendes Prinzip aussprechen als einen unmittelbar anwendbaren und anspruchsgestaltenden Rechtssatz formulieren wollte[14]. Hinsichtlich des Haftungsmaßes wird jedenfalls von den Glossatoren über die französische Schule und den Usus modernus des 17. Jahrhunderts bis zu den Kodifikatoren des 18. Jahrhunderts[15] eines immer festgehalten: der grundlose Empfang von Geld verpflichtet gleich dem Darlehen den Schuldner ohne Rücksicht auf die weitere Entwicklung seines Vermögens von Anfang an zur Rückzahlung der gleichen Summe, der Empfang vertretbarer Sachen zur unbedingten Rückgewähr einer gleichartigen Menge oder — so eine differenzierende Meinung — zur unbedingten Wertvergütung, sobald der Empfänger die Sachen verbraucht oder veräußert hat[16].

Wie das Dogma von der unterschiedslosen Beschränkung der Haftung auf die verbliebene Bereicherung schließlich in die deutsche Pandektistik gelangt ist, ist nicht recht geklärt. Möglich, daß der von der Naturrechtslehre begeistert aufgegriffene Satz, niemand dürfe sich mit dem Schaden eines anderen bereichern, noch weiterwirkte[17]. Juristisch ernst genommen, konnte er einmal hinsichtlich des Grundes des Anspruchs bedeuten, daß jeder irgendwie „unbillige“ Vorteil auf Kosten eines anderen einen Rückgewähranspruch auslösen müsse, zum anderen aber auch, daß der „Gegenstand“ des Anspruchs die tatsächlich noch vorhandene Vermögensmehrung des Empfängers, eben „die Bereicherung“ sei. Die gemeinrechtliche Lehre

---

11 Pringsheim, SavZ 52 (1932) 139 f., 148; von Lübtow 22; Schwarz 305 f.

12 Pomponius, D. 12, 6, 14; ähnlich: D. 50, 17, 206.

13 Siber, Römisches Recht II 220, 222; von Lübtow 20 ff.; Schwarz 307; a. A. eingehend Flume, Festschrift Niedermeyer 103—140; Niederländer 172.

14 Flume aaO 140. Dernburg 676 N. 7: „eine rechtsphilosophische Reflexion“; Beudant(-Rodière) Nr. 1715: „une règle recueillie ... au Digeste plutôt par piété que par un souci normatif“.

15 Vgl. ALR § 193 I 16.

16 Vgl. die Darstellung bei Flume aaO 140—145.

17 Noch 1833 hat ein deutscher Autor versucht, auf seiner Grundlage ein Kondiktionensystem zu entwerfen: Wilhelm Sell 76 ff. Zu den naturrechtlichen Autoren siehe Dawson 83 und Wellspacher 13 f.

hat später viel Mühe darauf verwendet, die Kondiktionshaftung dem Grunde nach wieder auf einige näher beschriebene Einzelkategorien zurückzuführen, bei denen eine Vermögensverschiebung „ungerechtfertigt" genannt werden konnte[18]. Die pauschale Bemessung der Haftung nach der fortdauernden Bereicherung blieb jedoch herrschendes Dogma[19] — freilich nicht unangefochten. Grundsätzliche Angriffe gegen die herrschende Ansicht vom Gegenstand der Kondiktion gab es bis in die zweite Hälfte des 19. Jahrhunderts, durchweg mit dem praktischen Ziel, die alte Unterscheidung zwischen der Kondiktion auf Geld und vertretbare Sachen einerseits und der auf Herausgabe einer Speziessache andererseits wieder zu beleben[20]. Die von WINDSCHEID geführte herrschende Doktrin haben sie jedoch nicht mehr geändert.

Mit der Lehre von der Beschränkung der Haftung auf die Bereicherung hatte die gemeinrechtliche Doktrin es in der Hand, dem Empfänger alle nachteiligen Veränderungen, die das Erlangte oder sein sonstiges Vermögen im Zusammenhang mit dem grundlosen Erwerb betroffen hatten, anzurechnen, wenn es angebracht erschien. Bei näherem Hinsehen auf die Beispiele und Illustrationen, mit denen die Bereicherungsdoktrin gestützt, und auf die praktischen Folgerungen, die aus ihr gezogen wurden, zeigt sich jedoch, daß es im wesentlichen nur um zwei Probleme ging, für die eine Erklärung und Lösung gesucht wurde. Einmal konnte mit dem Bereicherungsdogma die Forderung nach strikter Kondiktionshaftung bei Geld und vertretbaren Sachen abgewehrt werden[21]. Zum anderen ließ sich mit dieser Konzeption die unstrittige Regel erklären, daß der gutgläubige Empfänger einer Sache auch für vorsätzliche oder versehentliche Zerstörung nicht haftete. Wer an die Bereicherungsdoktrin nicht glaubte, rechtfertigte dieses Ergebnis mit der Erwägung, daß für den Gutgläubigen auch die Zerstörung durch eigenes Verhalten entlastender „Zufall" im Sinne der allgemeinen obligationenrechtlichen Regeln sei[22]. Die herr-

[18] Vgl. etwa WINDSCHEID § 421 N. 1, §§ 422, 423; BRINZ § 300, S. 503—507, §§ 301 bis 305; ARNDTS § 340, S. 634, und §§ 341—345; ERXLEBEN, Die Condictiones sine Causa I (1850), II (1853); HERMANN WITTE, Die Bereicherungsklagen des Gemeinen Rechts (1859).

[19] Siehe die oben N. 1, 4 und 7 Genannten.

[20] Vor allem ERXLEBEN I 182 ff. und WITTE 139 ff.; MANDRY, AcP 48 (1865) 227 ff.; weniger grundsätzlich, aber im praktischen Ziel ähnlich BRINZ § 300, S. 516 ff.; kritisch auch PFERSCHE 139 ff., der vor allem bemängelte, daß der Empfänger durch unproduktive Dispositionen, die er im eigenen Interesse über das Erlangte getroffen habe, entlastet sein solle.

[21] Vgl. WINDSCHEID § 424 N. 3 mit weiteren Nachweisen.

[22] So etwa ERXLEBEN I 194 ff.; WITTE 142 N. 23.

schende Bereicherungsdoktrin machte diesen etwas angestrengten Erklärungsversuch überflüssig[23].

Die Verfasser des BGB hatten wenig Zweifel an der Richtigkeit der gemeinrechtlichen Lehre. Aus den Beratungen der Ersten Kommission ergibt sich zwar, daß man nicht aus dem „Gegenstand" des Bereicherungsanspruchs Folgerungen für den Haftungsumfang ziehen wollte. Im Ergebnis sollte der Empfänger jedoch in Übereinstimmung mit dem Gemeinen Recht nicht mehr haften, wenn er das Erlangte oder dessen Wert nicht mehr habe und „die durch den Empfang entstandene Bereicherung wieder weggefallen ist, gleichviel, ob der Grund in einem Zufalle oder in einem vorsätzlichen oder fahrlässigen Handeln oder sonstigen Gebahren des Empfängers bestand"[24].

Auf den Begriff der Bereicherung im einzelnen wollte man sich freilich nicht festlegen, um für die „denkbar verschiedenen Fälle" nicht der Wissenschaft und Praxis vorzugreifen. Nur so viel könne gesagt werden, daß im einzelnen Fall auf die gesamte Vermögenslage des Empfängers Rücksicht zu nehmen sei[25]. Im übrigen begnügte man sich mit der Feststellung, daß der Empfänger eine Vermögensminderung geltend machen könne, wenn sie im Kausalzusammenhang mit dem Empfangen und Haben des Geleisteten eingetreten sei. So liege es, wenn der Leistungsgegenstand unmittelbar Schäden beim Empfänger anrichte[26]. Zweifel hatte man jedoch, ob der Empfänger Ausgaben und Verwendungen, zu denen er durch den Empfang veranlaßt werde, als Wegfall der Bereicherung geltend machen könne. Die Kommission bejahte dies, „sofern der Kausalzusammenhang feststeht", wollte aber im einzelnen der Wissenschaft und Praxis die Entscheidung überlassen[27].

Die Zweite Kommission hatte sich eingehend mit Bedenken gegen diese Lösung zu befassen. Es wurde beantragt, dem gutgläubigen Empfänger Entlastung nur dann zu gewähren, wenn der erhaltene Gegenstand selbst verloren oder untergegangen sei. Habe der Empfänger sich aber den Wert des Gegenstandes einmal zugeführt — etwa durch nützlichen Verbrauch oder durch Verkauf — oder habe er ihn sonst für seine individuellen Zwecke verwendet — etwa durch Schenkung —, dann müsse er ohne Rücksicht auf seine spätere Vermögensentwicklung auf Wertersatz ver-

---

[23] Vgl. Windscheid § 424 N. 3.
[24] Mot. II 836.
[25] Mot. II 837.
[26] Mot. II 837.
[27] Mot. II 838.

haftet bleiben. Ebenso müsse es gleichgültig sein, wenn der Empfänger im Vertrauen auf den erlangten Vermögenswert über sein anderweites Vermögen Verfügungen treffe[28]. Erstens bestehe kein Grund, die Bereicherungshaftung anders als die des gutgläubigen Besitzers gegenüber dem Eigentümer zu regeln: auch dort könnten solche entfernteren Nachteile nicht auf den Herausgabeberechtigten abgewälzt werden[29]. Auch sei nicht einzusehen, warum der Empfänger die Folgen seines Irrtums über den Rechtsgrund der Leistung solle auf den anderen Teil abwälzen dürfen[30]. Schließlich ergäben sich schon beweismäßig Schwierigkeiten, wenn man im Sinne der bisher herrschenden Bereicherungsdoktrin dem weiteren Schicksal des zugeflossenen Werts im Empfängervermögen ad infinitum nachgehen wolle[31].

Der Antrag wiederholte — bewußt oder unbewußt — Vorstellungen, die vereinzelt bereits in der französischen Schule und später auch von Kritikern der gemeinrechtlichen herrschenden Lehre geäußert worden waren: daß der Bereicherungsanspruch der Höhe nach endgültig fixiert sei, wenn er sich wegen Unmöglichkeit der Herausgabe in natura in einen Geldanspruch auf Wertersatz umgewandelt habe[32]. Die Mehrheit der Kommission folgte dem Antrag nicht. Sie ließ sich hauptsächlich von der Erwägung leiten, daß dem Leistenden „lediglich aus Gründen der Billigkeit" gestattet werde, die ursprünglich seinem Willen entsprechende Leistung rückgängig zu machen. Dann könne er sich aber auch nicht beschweren, wenn ihm die Rückforderung nur mit den Beschränkungen gestattet werde, welche die Billigkeit erheische. Die Billigkeit fordere und gestatte die Rückforderung aber nur insoweit, als der gutgläubige Empfänger dadurch nicht geschädigt werde; er werde aber Schaden erleiden, wenn er mehr herausgeben müsse als das, worum er noch bereichert sei[33].

B. RECHTSPRECHUNG UND HERRSCHENDE DOKTRIN UNTER DEM BGB

Aus den Materialien ergibt sich einerseits, daß die Verfasser des BGB eine schuldnerfreundliche Tendenz verfolgten. Andererseits verzichteten

---

[28] Prot. II 702 f.

[29] Prot. II 704.

[30] Prot. II 704 f.

[31] Prot. II 705.

[32] ANTON FABER, zitiert bei FLUME, Festschrift Niedermeyer 143. Aus dem Gemeinen Recht: ERXLEBEN I 205 f.; MANDRY, AcP 48 (1865) 239.

[33] Prot. II 706 f.

sie jedoch bewußt auf eine generelle Umschreibung des Begriffs der Bereicherung, um so die nähere Bestimmung der Entlastungsgründe Wissenschaft und Praxis zu überlassen. Ob man sich nach dem Inkrafttreten des BGB jemals bewußt war, daß man damit eine gewisse Gestaltungsfreiheit eingeräumt erhalten hatte, erscheint fraglich. Wissenschaft und Rechtsprechung haben jedenfalls alsbald wie selbstverständlich an die Bereicherungslehre des Gemeinen Rechts angeknüpft und darauf aufbauend die Vorschrift des § 818 III nahezu vollständig zugunsten des Kondiktionsschuldners ausgeschöpft.

I. Die Haftungsformel — Allgemein

Der dogmatische Grund wurde bereits in den ersten monographischen Behandlungen des Themas gelegt. Einfluß hatte in den ersten Jahren vor allem die Arbeit von STIEVE, die die gemeinrechtliche Lehre in dogmatisch verschärfter Fassung ohne weiteres auf das BGB übertrug[34]. Hier wird zum ersten Mal der Gegenstand des Bereicherungsanspruchs bezeichnet als „variabler abstrakter Vermögenswert", bei dessen Feststellung alle Umstände zu berücksichtigen seien, die mit dem vermögensmehrenden Ereignis in Beziehung stünden; der individuelle erlangte Gegenstand sei nur ein Faktor der abzuschöpfenden Bereicherung, die sich freilich in ihm verkörpere, solange er beim Schuldner noch vorhanden sei[35].

Denselben Gedankengängen folgt dann VON MAYR in seiner Arbeit[36]. Dem Bereicherungsanspruch ist es danach begrifflich eigentümlich, daß er nur „die Resultante aus dem Zusammentreffen von Gewinn und Verlust, nur den Überschuß ergreift"[37]. Die Bereicherung ist deshalb nicht notwendig identisch mit dem individuell Erlangten, sondern ist „die Reflexwirkung [des Erlangten] auf das Gesamtvermögen"[38].

Die wissenschaftliche Grundlegung wurde abgeschlossen durch H. A. FISCHER, der in äußerster dogmatischer Konsequenz den Begriff der Bereicherung dem des Vermögensschadens an die Seite stellte. Hier wie dort gehe es um die Ermittlung einer Vermögensdifferenz nach denselben Grundsätzen, einer negativen beim Geschädigten, einer positiven beim

[34] STIEVE, Der Gegenstand des Bereicherungsanspruchs nach dem Bürgerlichen Gesetzbuche (1899).

[35] STIEVE 28 f., 93.

[36] VON MAYR, Der Bereicherungsanspruch des deutschen bürgerlichen Rechts (1903).

[37] VON MAYR 625.

[38] VON MAYR 590.

Bereicherten[39]. Daher gelte auch für die Bereicherungshaftung: „Es wird ein id quod interest geschuldet.“[40]

In der Rechtsprechung formulierte das Reichsgericht bereits 1905 in einer später viel zitierten Entscheidung: „Etwas“ im Sinne von § 812 BGB ist nicht ein beliebiger einzelner hinübergeflossener Wert, sondern nur die Gesamtheit des Hinübergelangten unter gleichzeitiger Berücksichtigung der dafür gegebenen Werte und der auf dem Empfangenen ruhenden Lasten[41].

Spätestens zwei Jahrzehnte nach dem Inkrafttreten des BGB war dann die herrschende Auffassung in Wissenschaft und Praxis so formiert, wie sie sich im wesentlichen auch heute noch darstellt. Als „oberster Grundsatz“ der Bereicherungshaftung wird häufig postuliert, die Herausgabepflicht dürfe keinesfalls dazu führen, daß das Vermögen des Bereicherten über den Betrag der noch vorhandenen Bereicherung hinaus vermindert werde[42]. Das ist der auch in den Motiven als wesentlich hervorgehobene Gedanke, daß der gutgläubige Erwerber durch die Rückforderung keinen Schaden erleiden dürfe[43]. Der dogmatische Rahmen für die Praktizierung dieses Satzes ist der Begriff der „Bereicherung“ im Sinne der vom Reichsgericht selbst so genannten „Saldotheorie“: Bereicherung ist nicht der konkrete erlangte Gegenstand oder sein Wert, sondern die Mehrung des gesamten Vermögens des Empfängers, die sich als Folge eines konkreten Erwerbsvorganges ergibt. Ob die Vermögenslage des Empfängers als Ganzes genommen verbessert ist, beurteilt sich danach, inwieweit den werterhöhenden Zugängen Nachteile gegenüberstehen, die — mögen sie sich auch zu anderer Zeit und an anderen Vermögensgegenständen materialisieren — im Endergebnis die erlangten Vorteile neutralisieren. Bereicherung ist nur der rechnerische Überschuß der Vorteile über die Nachteile, ein „Saldo“; die einzelnen vermögenswirksamen Ereignisse — vorteilhafte wie nachteilige — einschließlich des konkreten Erwerbsvorganges sind nur unselbständige Rechnungsfaktoren für die Fixierung des Überschusses zur Zeit der Herausgabe oder der nach den §§ 818 IV, 819, 820 einsetzenden Haftungsverschärfung[44].

---

[39] H. A. Fischer, Bereicherung und Schaden, in: Festschrift Zitelmann (1913) 11 f., 37.

[40] H. A. Fischer 11.

[41] RGZ 54, 137 (141 f.).

[42] RGZ 118, 185 (187); RG WarnR 1934 Nr. 89; BGHZ 1, 75 (81); Enneccerus/Lehmann § 227 III 2; Staudinger(-Seufert) § 818 Anm. 28; Soergel/Siebert (-Mühl) § 818 Anm. 20.

[43] Prot. II 706 f.

[44] Aus der Judikatur siehe etwa: RGZ 54, 137 (141); 75, 361 (362); 105, 29 (31);

Teilweise hält man die Bereicherung in diesem Sinne für einen so zentralen Begriff, daß man sie nach dem Vorbild des Gemeinen Rechts als den eigentlichen Gegenstand der Kondiktionsansprüche ansieht. Danach ist schon das erlangte „Etwas“ im Sinne von § 812 I nicht der konkrete zugeflossene Vorteil, sondern erst die endgültige Verbesserung der gesamten Vermögenslage, der „Überschuß“[45]; der Bereicherungsanspruch ist von vornherein „in sich beschränkt“ auf die Vermögensdifferenz zwischen Vorteilen und Nachteilen, ein der Höhe nach wandelbarer Wertanspruch[46].

II. Die anrechenbaren Nachteile

Die herrschende Lehre leitet aus ihrer Auffassung von der Bereicherung als einer Vermögensdifferenz her, daß der Schuldner den erlangten Vorteilen alle Nachteile entgegensetzen darf, die ihn im Zusammenhang mit dem ungerechtfertigten Erwerb getroffen haben. Zur Beschreibung dieses Zusammenhangs hat man gelegentlich nach „wirtschaftlichen Gesichtspunkten“ gegriffen. So formulierte das Reichsgericht mehrmals: „Die Frage, ob der Empfänger noch bereichert ist, ist nicht nach rein rechtlichen Gesichtspunkten zu untersuchen, sondern ist wirtschaftlicher Natur... Der wirtschaftliche Gesamterfolg der in diesen Rahmen fallenden Vermögensänderungen ist in Betracht zu ziehen. Schließlich maßgebend ist diejenige Vermögenslage, die sich in einem gewissen ursächlichen, nicht unterbrochenen Zusammenhang aus der ursprünglichen Leistung heraus entwickelt hat.“[47]

114, 342 (344); 118, 185 (187); 139, 208 (213); 163, 348 (360); 170, 65 (67 f.); BGHZ 1, 75 (81 f.); BGH LM Nrn. 6, 7 und 11 zu § 818 Abs. 3 BGB.

Aus der Literatur: Enneccerus/Lehmann § 221 I, § 227 III; Staudinger(-Seufert) § 812 Anm. 9, § 818 Anm. 28; Soergel/Siebert(-Mühl) § 812 Anm. 181—190, § 818 Anm. 2 und 22; RGRK (Scheffler) § 818 Anm. 1 und 30.

[45] Vgl. RGZ 54, 137 (141); H. A. Fischer 10: „Nicht auf das Erlangte, sondern auf die Bereicherung haftet der Schuldner. § 812 ist nach dieser Richtung durch die vorhergehende Titelüberschrift und durch § 818 Abs. 3 zu berichtigen.“ Flume, Festschrift Niedermeyer 175: „Die Signatur des geltenden deutschen Bereicherungsrechts ist die abstrakte Vermögensrechnung... Die Formulierungen des Gesetzes dürfen nicht darüber hinwegtäuschen, daß der Bereicherungsanspruch auf den Wert der Vermögensmehrung abgestellt ist.“ Staudinger(-Seufert) § 812 Anm. 9: „‚Erlangt‘ [ist] nur der Überschuß.“

[46] RGZ 94, 253 (254); 105, 29 (31); 114, 342 (344); 118, 185 (187); RG HRR 1933 Nr. 1008; RG WarnR 1934 Nr. 89; BGHZ 1, 75 (81 f.); BGH LM Nr. 6 zu § 818 Abs. 3 BGB; Staudinger(-Seufert) § 812 Anm. 9; RGRK (Scheffler) § 812 Anm. 1; § 818 Anm. 1; Palandt(-Thomas) § 818 Anm. 6; Flume aaO 175.

[47] RGZ 75, 361 (362); RG WarnR 1917 Nr. 140; ähnlich: RG HRR 1933 Nrn. 295 und 1180; BGHZ 1, 75 (81); BGH LM Nr. 6 zu § 818 Abs. 3 BGB: Der Bereicherungsbegriff ist „wirtschaftlicher Natur“.

Meistens wird jedoch der notwendige Zusammenhang mit einer schärferen Ursächlichkeitsformulierung gekennzeichnet, wobei freilich die Formulierungen schwanken in der Frage, an welches Ereignis die Betrachtung anknüpfen soll. Am häufigsten findet sich die Wendung, daß alle Nachteile anzurechnen seien, die „mit dem die Grundlage des Bereicherungsanspruchs bildenden Tatbestand" in ursächlichem Zusammenhang stehen[48]. Andere Entscheidungen stellen ab auf den Ursachenzusammenhang mit dem Erwerb[49] oder mit dem Bereicherungsvorgang[50], der BGH schließlich auch gelegentlich auf die Ursächlichkeit des „anspruchsauslösenden Umstandes"[51].

In jedem Falle erfordert die Ursächlichkeitsbetrachtung einen Vergleich zweier Vermögensstände. In älteren Entscheidungen findet sich der Satz, es müsse verglichen werden das Vermögen des Bereicherten vor dem Erwerb mit seinem späteren Vermögen[52]. Meistens heißt es jedoch heute, die Vermögenslage des Bereicherten, wie sie sich im maßgeblichen Zeitpunkt (§§ 818 IV, 819 I) darstelle, müsse verglichen werden mit der Vermögenslage, die ohne diese Verschiebung jetzt bestehen würde[53].

III. Anwendungsfälle

Im einzelnen hat man nach dieser Lehre in den folgenden Fällen Nachteile als Minderungsposten im Rahmen von § 818 III berücksichtigt:

1. Untergang und Verlust des Erlangten. — Der Bereicherte wird frei, wenn das ursprünglich Erlangte oder sein nach § 818 I herauszugebendes Surrogat bei ihm — gleichgültig, ob durch Zufall oder durch eigenes Verhalten — ersatzlos untergeht oder abhanden kommt[54]. So, wenn ein-

---

[48] RGZ 94, 253 (254); 106, 4 (7); 139, 208 (213); RG Gruch. 55, 963; RG HRR 1933 Nr. 1180; BGH LM Nr. 7 zu § 818 Abs. 3 BGB. Gelegentlich wird dazu hervorgehoben, daß es auf adäquaten Ursachenzusammenhang ankommt: BGH WM 1961, 273 (275); Soergel/Siebert(-Mühl) § 818 Anm. 33.

[49] RGZ 86, 343; RG JW 1932, 1044; RG HRR 1933 Nr. 1008; RG WarnR 1934 Nr. 89.

[50] RGZ 141, 310 (311); 170, 65 (67 f.); BGHZ 1, 75 (81).

[51] BGH LM Nr. 6 zu § 818 Abs. 3 BGB.

[52] RGZ 75, 361 (362); RG WarnR 1917 Nr. 140; RG HRR 1933 Nr. 1180; ebenso noch RGRK (Scheffler) § 818 Anm. 30; Palandt(-Thomas) § 818 Anm. 6.

[53] Siehe etwa RGZ 141, 310 (311 f.); 170, 65 (67 f.); BGHZ 9, 333 (335).

[54] Vgl. RGRK (Scheffler) § 818 Anm. 40; Staudinger(-Seufert) § 818 Anm. 28; Erman(-Seiler) § 818 Anm. 6 B a.

gegangenes Geld von Angestellten des Empfängers unterschlagen[55] oder im Ausland als Feindvermögen eingezogen wird[56].

2. *Unvorteilhafte Verwendung.* — Das gleiche gilt, wenn der Empfänger das Erhaltene oder — auf der Grundlage des Erwerbs — andere Gegenstände seines Vermögens verwendet, ohne sich dadurch den Wert des Verwendeten zu erhalten. So etwa, wenn er durch den Erwerb veranlaßt wird, Schenkungen zu machen[57], vor allem aber, wenn er das Erlangte mit Verlust weiterveräußert. Gelingt es dem Erwerber nicht, sich den vollen Gegenwert zu erhandeln, so ist er insoweit nicht mehr bereichert, als das vereinbarte Entgelt beim Weiterverkauf hinter dem objektiven Wert des Erhaltenen zurückbleibt[58]. Aber auch, wenn das Geschäft nach seinem Inhalt vollen Werterhalt verspricht, wird der Empfänger frei, falls sich seine Ansprüche aus dem Geschäft später als unrealisierbar erweisen oder das Geschäft sonstwie nicht den erwarteten Nutzen bringt. So etwa, wenn auf der Grundlage des Erwerbs Geld verliehen, Sachen auf Kredit verkauft oder Anzahlungen geleistet werden und der Empfänger dieser Leistungen später flüchtig wird oder sich als zahlungsunfähig herausstellt[59]. Ebenso liegt es, wenn der Empfänger das Geld auf eine vermeintliche Schuld weitergibt und es nach Aufdeckung seines Irrtums von dem Dritten nicht wiedererlangen kann[60]. Dasselbe gilt für sonstige wirtschaftliche Dispositionen, so etwa, wenn der Bauer rechtsgrundlos gelieferten Dünger ohne nutzbringenden Effekt verbraucht[61] oder wenn ein Fabrikant eine größere Vorauszahlung in den eigenen Betrieb investiert, der später durch Enteignung und Demontage verlorengeht[62].

Der Bereicherungsgläubiger trägt nach der herrschenden Differenztheorie also grundsätzlich das Risiko des wirtschaftlichen Mißerfolgs der

[55] RGZ 65, 292; 79, 285 (287); RG HRR 1933 Nr. 1843 = LZ 1933, 656.

[56] RG BankA 26 (1926/27) 123 ff.; RGZ 120, 297 (299 f.) und 347 (349 f.); OLG Dresden BankA 28 (1928/29) 281; OGHZ 1, 298; OLG Hamm MDR 1947, 65; ähnlich RGZ 105, 156: Ablieferung vom Kondiktionsbeklagten an das Ausland auf Grund völkerrechtlicher Verpflichtung.

[57] RG WarnR 1917 Nr. 140.

[58] RGZ 75, 361; RG JW 1915, 711; RG JW 1918, 133; RG JW 1931, 529 = HRR 1931 Nr. 407 (dort insoweit nicht abgedruckt); OLG Dresden OLGR 38, 128.

[59] RGZ 137, 171 (180); RG WarnR 1912 Nr. 360 = JW 1912, 788; RG WarnR 1917 Nr. 140; BGHZ 26, 185 (194 ff.); BGH LM Nr. 1 zu § 820 BGB = JZ 1961, 699; BGH WM 1966, 973; OLG München VersR 1963, 378: Geld für erfolglose Autoreparatur ausgegeben.

[60] RGZ 98, 131 (135); RG Gruch. 51, 919 (922); RG DJZ 1929, 919.

[61] RG SeuffA 60 Nr. 168.

[62] BGH LM Nr. 7 zu § 818 Abs. 3 BGB = MDR 1957, 598 mit Anm. POHLE.

Maßnahmen, die der Bereicherte im Zusammenhang mit dem ungerechtfertigten Erwerb getroffen hat. Zwei Sondergebiete seien erwähnt, auf denen sich dies besonders deutlich bemerkbar gemacht hat.

a) Wird ein Wohnungsmietverhältnis durch Kündigung vorzeitig beendet, dann kann der weichende Mieter für den noch nicht abgewohnten Teil eines verlorenen Baukostenzuschusses einen Ausgleich nach Bereicherungsrecht verlangen[63]. Der Bundesgerichtshof sieht als Gegenstand dieses Anspruchs aber nicht einen Teil der vom Mieter gezahlten Geldsumme, sondern den Vorteil, den der Vermieter daraus hat, daß er den Wohnraum vor Ablauf der eigentlich vorgesehenen Frist wieder nutzen kann. Liegt aber der Bereicherungstatbestand in dem vorzeitigen Übergang der Nutzungsmöglichkeit, so ist der Vermieter dadurch nur dann wirklich bereichert, wenn er die Wohnung so weitervermieten kann, daß seine Einnahmen aus der Weitervermietung für die nicht mehr verwirklichte Restlaufzeit des alten Vertrages mindestens ebenso hoch sind, wie sie es für diese Zeit nach dem aufgelösten Vertrag — Mieten und anteiliger Baukostenzuschuß zusammengerechnet — gewesen wären[64]. Dem alten Mieter wird also insoweit das Marktrisiko für Wohnungen auferlegt[65].

b) Eine bedeutende Rolle spielte die bereicherungsrechtliche Differenzlehre in und nach der Zeit des Währungsverfalls, der dem Ersten Weltkrieg folgte. Als zunächst die Rechtsprechung über § 242 BGB und später die Gesetzgebung daran gingen, die Härten der Inflation durch die „Aufwertung" der Geldansprüche zu mildern, war man sich einig, daß es einer solchen Aufwertung von vornherein nicht bedürfe bei Wertansprüchen, weil hier der Wert ziffernmäßig ohnehin nach dem Geldstand zur Zeit der Anspruchsfeststellung bemessen werden müsse[66]. Zu den Wertansprüchen in diesem Sinne rechnete man vor allem Schadensersatzansprüche, aber auch — gestützt auf die bereits festgefügte Lehre vom Saldocharakter der Bereicherung — die Bereicherungsansprüche[67]. Die Klassifizierung der Kondiktionen als Wertansprüche machte es einerseits

[63] So vor 1961 BGHZ 29, 289; BGH NJW 1959, 873. Gemäß Art. VI § 1 des Zweiten Wohnungsbaugesetzes vom 21. 7. 1961 (BGBl. I 1041) und § 557 a BGB (eingefügt durch Gesetz vom 14. 7. 1964) haftet der Vermieter nach Bereicherungsrecht, wenn das Mietverhältnis wegen eines Umstandes beendet wird, den er nicht zu vertreten hat, andernfalls — verschärft — nach § 347 BGB.

[64] Vgl. BGHZ 29, 289 (297 ff.); BGH NJW 1959, 873; 1964, 37.

[65] Kritisch dazu FROTZ, AcP 164 (1964) 309 ff.; WUNNER, NJW 1966, 2288 f.

[66] Vgl. MÜGEL 146 ff.

[67] MÜGEL 149. Einige der prägnantesten Formulierungen der Rechtsprechung zur Differenzbetrachtung im Bereicherungsrecht sind bezeichnenderweise in diesem Zusammen-

möglich, Geldansprüche aus Bereicherung zugunsten des Gläubigers der Geldentwertung anzupassen. Sie verlangte aber andererseits auch, die Geldentwertung über § 818 III zu Lasten des Gläubigers zu berücksichtigen. Forderte daher der Gläubiger Erfüllung des Anspruchs zum Goldmarkwert oder — nach der Währungsstabilisierung im Jahre 1923 — Rückzahlung in der neugeschaffenen Reichsmark, dann konnte der Schuldner, der das Erlangte nicht sogleich nützlich verwendet oder wertbeständig angelegt hatte, einwenden, das Geld sei ihm durch die Inflation in den Händen zerronnen[68], wobei man für diesen Tatbestand sogar eine gewisse Vermutung gelten ließ[69]. Auf diese Weise trug über § 818 III doch der Gläubiger weitgehend das Währungsrisiko[70].

3. Bestimmungsgemäße Verwendung. — Entlastet wird der Bereicherte auch, wenn er das Empfangene gemäß der mit dem Leistenden verabredeten Zweckbestimmung verwendet oder weitergibt, so etwa, wenn bei nichtigem Einkaufsauftrag der im eigenen Namen handelnde Beauftragte die Deckung zur Ausführung des Auftrages als Kaufpreis an den Verkäufer weitergibt[71]. Wer für fremde Rechnung über Rechte und Gegenstände verfügt, wird über § 818 III von der Rechtsprechung ferner dagegen geschützt, daß er nach der Abführung des Geschäftsergebnisses an seinen Auftraggeber von dem wirklichen Berechtigten aus § 816 auf Herausgabe des Erlöses in Anspruch genommen wird, so etwa der Verkaufskommissionär[72] oder die Bank, die als Sicherheitszessionarin eine Forde-

---

hang entstanden: etwa RGZ 114, 342 (344); 118, 185 (187); RG JW 1932, 1724 = HRR 1932 Nr. 443.

[68] Vgl. aus der reichhaltigen Rechtsprechung: RGZ 114, 342 (344); RG JW 1925, 465; RG JW 1927, 1364 = SeuffA 81 Nr. 127; RG WarnR 1935 Nr. 127.

[69] RG JW 1927, 1364 = SeuffA 81 Nr. 127.

[70] In der Währungsreform von 1948 hat die Differenzlehre umstellungsrechtliche Bedeutung nicht mehr erlangt. Rechtsprechung und herrschende Meinung lehnten es ab, den Geldbereicherungsanspruch als echten Wertanspruch im währungsrechtlichen Sinne — wie etwa Schadensersatzansprüche — anzusehen und ihn deshalb von der Entwertung (der Umstellung 10 : 1) auszunehmen; dies vor allem mit dem Argument, daß der Geldbereicherungsanspruch gemäß § 818 II mit dem Zeitpunkt seiner Entstehung nach „oben" fixiert sei; er könne über § 818 III dann nur noch durch Minderungen betroffen werden und sei deshalb kein echter Wertanspruch: BGHZ 5, 197 (200); 6, 227 (232); 7, 252 (254); siehe auch von Caemmerer, SJZ 1949, 823; kritisch dazu u. a. Heinrich Lange, NJW 1951, 685 ff.; Erman(-Seiler) § 818 Anm. 8.

[71] RGZ 60, 284 (291 f.); siehe auch RGZ 92, 227: auftragsgemäße Aushändigung des grundlos Erhaltenen an einen Dritten; OLG Koblenz DRZ 1949, 112: verabredete Weiterleitung einer Anzahlung an den Lieferanten des Verkäufers.

[72] BGHZ 47, 128; OLG Hamburg MDR 1954, 356; ablehnend dazu Manfred Wolf, JZ 1968, 415 ff: Der Berechtigte brauche sich um den Stand der Abwicklung des Innenverhältnisses zwischen Auftraggeber und Kommissionär nicht zu kümmern; doch

rung einzieht, die vorher bereits einem Dritten abgetreten war, und den Betrag dem Zedenten unwiderruflich gutgeschrieben hat[73].

4. Erwerbsunkosten. — Abzugsfähig sind auch die Erwerbsunkosten, d. h. alle Aufwendungen, die der Bereicherte zur Vorbereitung des endgültigen Erwerbs gemacht hat: Maklergebühren, Kosten der Vertragsbeurkundung, Frachten und Zölle[74], Aufwendungen des Beschenkten für die Auslösung der vom Schenker verpfändeten Sache[75], die Einkaufskosten des Verkäufers[76], die sonstigen Kosten der Vertragsausführung[77], die Verkaufskosten desjenigen, der fremde Sachen verkauft hat[78], die Vollstreckungskosten des Gläubigers, der in schuldnerfremde Sachen vollstreckt hat und später vom Eigentümer auf Wertersatz in Anspruch genommen wird[79]; dies alles unter dem Leitgedanken, daß der Kondiktionsschuldner nur die Nettobereicherung herauszugeben hat. Gelegentlich hat man dem aus fremdem Gut Bereicherten auch erlaubt, von dem Erlös- oder Wertanspruch des Rechtsinhabers das einem Dritten gezahlte Entgelt abzurechnen[80], insofern freilich abweichend von der zu diesem Punkt sonst allgemein eingehaltenen Linie[81].

5. Ausgaben im Vertrauen auf den Erwerb. — Häufig veranlaßt der Erwerb den Kondiktionsschuldner zu Ausgaben, die zwar an sich vollen Nutzen bringen mögen, ihm aber zum Nachteil ausschlagen, wenn sich später herausstellt, daß er das Erlangte zurückgewähren muß. Solche nachteiligen Ausgaben im Vertrauen auf die Rechtsbeständigkeit des

---

dürfe der Kommissionär ihm nach Abführung des Erlöses einen Wegfall der Bereicherung im Vermögen des Auftraggebers entgegenhalten, da kein Grund bestehe, den Berechtigten von der natürlich gegebenen Schwäche des Bereicherungsanspruchs zu verschonen.

[73] RGZ 158, 315; BGH WM 1959, 373; siehe auch BGHZ 26, 185 (194 ff.); vgl. ferner RG WarnR 1918 Nr. 224: Zwangsverwalter gibt unberechtigt eingezogenes Geld für die Verwaltungszwecke aus.

[74] RGZ 72, 1; RG JW 1918, 132 = Gruch. 62, 239; STAUDINGER(-SEUFERT) § 818 Anm. 36; RGRK (SCHEFFLER) § 818 Anm. 41; ERMAN(-SEILER) § 818 Anm. 6 B a aa.

[75] RG HRR 1933 Nr. 997 = LZ 1933, 116.

[76] RG JW 1918, 132 = Gruch. 62, 239; BGHZ 1, 75 (81).

[77] RGZ 60, 284 (291 f.); 116, 377 (380 f.); 118, 185 (187 ff.).

[78] RG HRR 1927 Nr. 2182.

[79] BGHZ 32, 240 (243 f.); OLG München HRR 1941 Nr. 142; OLG Hamburg MDR 1953, 103; LG Lübeck SchlHA 1962, 197; a. A. NICKLISCH, NJW 1966, 434 mit weiteren Nachweisen pro und contra.

[80] So im viel erörterten „Bierkutscherfall", RGZ 98, 64 (66); ebenso RG JW 1932, 1044: Entgelt an Dritten für unbefugte Einwilligung in Gleisbenutzung; OLG Dresden SeuffA 77 Nr. 182: Ringe für nichtigen Scheck.

[81] Siehe unten S. 24 f.

Erwerbs mindern die Bereicherung. Zu ihnen gehören alle Verwendungen des Empfängers auf das grundlos Erlangte (z. B. Umbauten, Reparaturen), gleichgültig, ob sie nützlich oder notwendig waren, und gleichgültig auch, ob sie zu einer noch fortdauernden Werterhöhung geführt haben[82]. Zu solchen Ausgaben gehören aber vor allem auch die Aufwendungen, die im Vertrauen auf die Rechtsbeständigkeit des Erwerbs für eine bessere Lebenshaltung gemacht werden[83]. Dieser Abzugsposten spielt bei irrtümlichen Zuvielleistungen von Löhnen oder Gehältern eine bedeutende Rolle.

Die Rechtsprechung geht besonders bei Beamtenbezügen von dem „Erfahrungssatz" aus, daß der Gehaltsempfänger erhöhte Bezüge nicht akkumuliert, sondern alsbald für einen besseren allgemeinen Lebenszuschnitt auszugeben pflegt — mit der Folge, daß er im Zeitpunkt der Klage nicht mehr um den Wert der Überzahlung bereichert ist. Sie wendet deshalb § 818 III zugunsten von Gehaltsempfängern immer an, wenn nur überhaupt der Verbrauch des ganzen Gehalts dargetan wird[84]. Zunächst freilich wurde dies als Bereicherungswegfall nur dann angesehen, wenn das Geld für vergängliche Dinge — wie Lebensmittel, Reisen oder ähnliches — ausgegeben worden war[85]. Neuerdings ist man jedoch bereit, die Anrechnung auch dann zu gewähren, wenn sich der Gegenwert der Ausgaben noch in den Händen des Gehaltsempfängers befindet, die Rückzahlung dem Empfänger aber trotzdem Schaden verursachen würde; so etwa bei Möbelanschaffungen, wenn eine Veräußerung der Möbel nur zu einem Bruchteil ihres eigentlichen Wertes möglich wäre[86].

Zum Schutze der Gehaltsempfänger überspielt die Rechtsprechung seit kurzem noch einen anderen Satz, der sonst fester Bestandteil der Erläuterungen zu § 818 III ist, nämlich die Regel, daß die Begleichung von Schulden aus dem Erlangten die Bereicherung nicht mindert, weil der Zahlung an den Gläubiger als Minderungsposten das Erlöschen der

---

[82] RGZ 117, 112 (113); RG WarnR 1919 Nr. 196; STAUDINGER(-SEUFERT) § 818 Anm. 36; RGRK (SCHEFFLER) § 818 Anm. 41; ERMAN(-SEILER) § 818 Anm. 6 B a aa; PALANDT(-THOMAS) § 818 Anm. 6 B a.

[83] Vgl. RGZ 83, 159 (160); 83, 161 (163); RG Gruch. 48, 1084 (1090); RG WarnR 1918 Nr. 70 = JW 1917, 465; STAUDINGER(-SEUFERT) § 818 Anm. 30; RGRK (SCHEFFLER) § 818 Anm. 42.

[84] Vgl. RGZ 83, 159 und 161; BVerwGE 8, 261 (270); 13, 107 (110); RGRK (SCHEFFLER) § 818 Anm. 43; siehe auch BGHZ 41, 282: Bezüge eines Vorstandsmitglieds.

[85] Siehe die in der vorigen Note zitierten Entscheidungen und STAUDINGER(-SEUFERT) § 818 Anm. 30.

[86] BGH MDR 1959, 109; RGRK (SCHEFFLER) § 818 Anm. 43.

Schuld als Aktivposten gleichwertig gegenübersteht[87]. Das Bundesverwaltungsgericht will jetzt den Einwand des Bereicherungswegfalls auch in diesem Fall gelten lassen, weil die Anpassung der Lebenshaltung des Beamten an die Höhe der tatsächlichen Bezüge auch dann berücksichtigt werden müsse, wenn sie sich indirekt über eine Minderung der Schuldenlast vollziehe[88].

6. Sonstige Dispositionen. — Der Empfänger kann durch den Erwerb veranlaßt worden sein, Verpflichtungen einzugehen, aus denen er sich nicht oder nur unter Verlusten wieder lösen kann; so, wenn der mit einem Grundstück Beschenkte Hypothekenschulden des Schenkers übernimmt[89] oder wenn bei nichtigem Grundstücksverkauf der private Verkäufer mit dem Kaufpreis ein anderes Grundstück gekauft hat und nun von seinem Verkäufer nur gegen einen „Abstand" entlassen wird[90]. Auf der anderen Seite kann der Empfänger, der sich als Gläubiger befriedigt wähnt, auch Rechte, Sicherheiten oder Chancen unwiderruflich aufgegeben haben: er läßt einen Wechselregreß verjähren, gibt — von einem Dritten irrtümlich befriedigt — die Forderung gegen den wirklichen Schuldner auf, versäumt Ausschlußfristen, gewährt einem Vermögenslosen weiteren Kredit oder versäumt es, die Zwangsvollstreckung gegen seinen Schuldner rechtzeitig vor dessen Insolvenz weiter zu betreiben, nachdem er zunächst irrtümlich Sachen eines Dritten zur Pfändung und Versteigerung gebracht hat[91]. Wie die oben genannten Ausgaben, so sind auch Nachteile aus solchen Dispositionen, die der Empfänger im Vertrauen auf die Rechtsbeständigkeit seines Erwerbs gemacht hat, als Minderungsposten zu berücksichtigen.

7. Schäden durch das Erlangte. — Abzugsfähig sollen nach einer in den Kommentaren lange herrschend gewesenen Meinung auch die Schäden sein, die der erlangte Gegenstand im Vermögen des Empfängers anrich-

---

[87] RG WarnR 1936 Nr. 38 = JW 1936, 717; STAUDINGER(-SEUFERT) § 818 Anm. 31; RGRK (SCHEFFLER) § 818 Anm. 44; SOERGEL/SIEBERT(-MÜHL) § 818 Anm. 27; ERMAN (-SEILER) § 818 Anm. 6 B a bb.

[88] BVerwGE 15, 15 (17 f.).

[89] Vgl. RG JW 1914, 302.

[90] RG JW 1928, 2444: hier wurde Entlastung nur deshalb nicht gewährt, weil man § 819 I für anwendbar hielt.

[91] RGZ 70, 350 (352); RG JW 1909, 274; RG WarnR 1911 Nr. 25 = Recht 1911 Nr. 321; RG WarnR 1912 Nr. 360 = JW 1912, 788; RG WarnR 1920 Nr. 151; OLG Stettin HRR 1933 Nr. 811; BGHZ 26, 185 (194 ff.); BGH WM 1961, 273 (275); STAUDINGER(-SEUFERT) § 818 Anm. 37 a; RGRK (SCHEFFLER) § 818 Anm. 51; ERMAN (-SEILER) § 818 Anm. 6 B a ee.

tet; als Schulfall zitiert man häufig den indebite geleisteten Hund, der bei dem Empfänger einen Teppich zerbeißt, oder das gelieferte Vieh, das die übrigen Bestände des Empfängers mit einer Krankheit infiziert[92]. Andere mögliche Fälle: der gelieferte Lastkraftwagen verursacht Haftpflichtschäden, die frisch montierte Kühlanlage funktioniert nicht ordnungsgemäß, so daß große Fleischvorräte verderben[93].

8. Nachteile unmittelbar durch den Erwerb. — Eine weitere Gruppe bilden die Fälle, in denen Nachteile uno actu mit dem Erwerbsvorgang eintreten, sei es ex lege, sei es durch die Hand des Bereichernden. So liegt es etwa, wenn durch den Erwerb eine endgültige Mehrbelastung an Steuern entsteht[94]; wenn derjenige, der als Ehrenzahler einen Wechsel vorbehaltlos einlöst und nun aus allgemeinem Recht einen Indossanten auf Ersatz in Anspruch nimmt, durch die Art der Einlösung bewirkt hat, daß der Indossant seinerseits die Möglichkeitkeit des Wechselrückgriffs gegen seinen Vorindossanten verloren hat[95]; oder wenn Verwendungen auf ein Wohnhaus, für die Ersatz nach § 812 verlangt wird, gleichzeitig eine gesteigerte Abnutzung des Hauses durch einquartiertes Militärpersonal ermöglicht haben[96].

9. Kosten und Risiken der Rückgabe. — Als Problem des Bereicherungswegfalls behandeln Rechtsprechung und herrschende Lehre auch die Frage, wer bei der Herausgabe der Bereicherung das Übermittlungsrisiko und die Herausgabekosten zu tragen hat. Beides soll in jedem Fall zu Lasten des Gläubigers gehen, und zwar entgegen § 270 BGB auch dann, wenn der Vermögensvorteil in Geld zu vergüten ist[97]. Bereicherungsrechtlich ausgedrückt: Die Bereicherung vermindert sich um die Herausgabe- und Übermittlungskosten; sie entfällt definitiv mit befreiender Wir-

---

[92] Vgl. PLANCK(-LANDOIS) § 818 Anm. 5 c mit weiteren Nachweisen; RGRK (SCHEFFLER) § 818 Anm. 50; STAUDINGER(-ENGELMANN) (9. Aufl. 1929) § 818 Anm. 5 b β. — A. A. aber STAUDINGER(-SEUFERT) (11. Aufl. 1960) § 818 Anm. 37. — Die Entscheidungen des Reichsgerichts, die für die Anrechenbarkeit von Schäden regelmäßig angeführt werden (RG JW 1911, 40; 1912, 690; 1918, 132), geben für diese Frage nichts her.

[93] Ablehnend gegenüber einer Anrechnung solcher Schäden heute: FLUME, Festschrift Niedermeyer 155; ESSER, Schuldrecht II § 105 II 1 c a. E.; LARENZ, Schuldrecht II § 64 II (S. 395); SOERGEL/SIEBERT(-MÜHL) § 818 Anm. 39.

[94] RGZ 170, 65 (67 ff.).

[95] RG WarnR 1910 Nr. 116.

[96] OLG Neustadt MDR 1953, 230.

[97] Vgl. RGZ 96, 345 (347); OGHZ 4, 81 (86 f.); STAUDINGER(-SEUFERT) § 818 Anm. 38 (für die Kosten); RGRK (SCHEFFLER) § 818 Anm. 54; ERMAN(-SEILER) § 818 Anm. 6 B a aa; SOERGEL/SIEBERT(-MÜHL) § 818 Anm. 40; PALANDT(-THOMAS) § 818 Anm. 6 B a.

kung nach § 818 III, wenn das Herauszugebende zur Versendung aufgegeben worden ist[98].

10. Verlust des ganzen Aktivvermögens. — Entlastung wegen Wegfalls der Bereicherung soll dem Schuldner nach herrschender Meinung schließlich auch dann zugebilligt werden, wenn er sein ganzes Aktivvermögen verloren hat oder dieses jedenfalls den Betrag der Bereicherungsschuld nicht mehr deckt. Dieser Satz wird nach einer frühen, mehr beiläufigen Bemerkung des Reichsgerichts häufig zitiert[99]. Er hat — soweit ersichtlich — in der höchstrichterlichen Rechtsprechung bisher in einem Fall tatsächlich zur Abweisung der Bereicherungsklage geführt[100].

IV. Wegfall der Bereicherung nach der Haftungsverschärfung

Die Möglichkeit, sich schlicht auf den Wegfall der Bereicherung zu berufen, soll der Kondiktionsschuldner eigentlich nur haben, solange nicht die Haftungsverschärfung nach §§ 818 IV, 819, 820 eingesetzt hat. Es läßt sich jedoch feststellen, daß die traditionelle Anschauung, die in § 818 III geradezu das Herzstück der Bereicherungshaftung sieht, bei mancher Gelegenheit dazu neigt, den Anwendungsbereich der verschärften Haftung nach den „allgemeinen Vorschriften" im Verhältnis zu § 818 III eng zu fassen.

In dieser Richtung wirkt etwa der Satz, daß für die verschärfte Haftung wegen wissentlich grundlosen Empfangs (§ 819 I) Kenntnis der Tatsachen nicht genüge, ebenso nicht bloße Zweifel an der Rechtslage, sondern positive Kenntnis vom Mangel des Rechtsgrundes erforderlich sei[101]. Ist der Bereicherte überdies minderjährig, so halten Rechtsprechung und Lehre seinen bösen Glauben für unschädlich, solange nicht auch der

[98] A. A.: OLG Breslau OLGR 23, 55, weil im Zeitpunkt der Herausgabe der Bereicherte notwendig Kenntnis im Sinne von § 819 I habe; OLG Braunschweig MDR 1947, 290 für die Geldkondiktion unter Berufung auf § 270 (ablehnende Anm. von Sieveking aaO 292); Staudinger(-Seufert) § 818 Anm. 59, für die Übermittlungsgefahr bei Geld.

[99] RGZ 68, 269 = JW 1908, 403; RG HRR 1927 Nr. 2182; OGHZ 1, 242; BGH LM Nr. 7 zu § 818 Abs. 3 BGB = MDR 1957, 598 mit Anm. Pohle; BGH LM Nr. 30 zu § 134 BGB = NJW 1958, 1725 = WM 1958, 1016; OLG Braunschweig DRZ 1949, 307; Staudinger(-Seufert) § 818 Anm. 28; Soergel/Siebert(-Mühl) § 818 Anm. 22; Erman(-Seiler) § 818 Anm. 6 B a aa; zweifelnd: RG WarnR 1936 Nr. 38 = JW 1936, 717.

[100] BGH LM Nr. 7 zu § 818 Abs. 3 BGB = MDR 1957, 598 mit Anm. Pohle.

[101] RG WarnR 1918 Nr. 224; RG Recht 1926 Nr. 246 = SeuffA 80 Nr. 83; RG HRR 1928 Nr. 1411; RG JW 1931, 529 = HRR 1931 Nr. 407; Staudinger(-Seufert) § 819 Anm. 3; RGRK (Scheffler) § 819 Anm. 4.

gesetzliche Vertreter von dem Erwerb und seiner Grundlosigkeit weiß[102] — oder wollen den Bereicherten nur haften lassen, soweit er auch deliktsrechtlich haftungsfähig wäre (§§ 828, 829)[103].

Ein weiteres Hindernis für das Einsetzen der verschärften Haftung liegt in der Beweislastregelung. Im Rahmen von § 818 III muß unbezweifelbar der Kondiktionsschuldner den Fortfall der Bereicherung beweisen[104]. Ist aber nur streitig, ob die Bereicherung vor oder nach dem Einsetzen der Haftungsverschärfung (§§ 818 IV oder 819 I) fortgefallen ist, so soll nach verbreiteter Ansicht der Gläubiger beweisen müssen, daß die Bereicherung beim Einsetzen der Haftungsverschärfung noch vorhanden war[105].

Schließlich ist das „Bereicherungsdenken" gelegentlich sogar in den Rechtsfolgenbereich der verschärften Haftung getragen worden. Die Verweisung auf die allgemeinen Vorschriften hat nach heute wohl vorherrschender Ansicht die Bedeutung, daß die Herrschaft von § 818 III mit dem Einsetzen der Haftungsverschärfung definitiv endet. Für die Herausgabe bestimmter Gegenstände gelten von diesem Zeitpunkt ab über § 292 die Vorschriften der §§ 987 ff., wonach der Besitzer nur bei unverschuldeter Unmöglichkeit der Herausgabe frei wird und im übrigen von Nachteilen in seinem sonstigen Vermögen lediglich Verwendungen auf die erlangte Sache gegenrechnen darf; die Vergütung des Bereicherungswertes nach § 818 II richtet sich gar schlicht nach den §§ 275 ff. einschließlich des § 279, aus denen sich die unbedingte Einstandspflicht bei Geldschulden ergibt[106]. Der Wegfall der Bereicherung befreit also nur noch dann von der Haftung, wenn sich die Haftungsbefreiung aus diesen Vorschriften begründen läßt[107].

---

[102] RG WarnR 1918 Nr. 70 = JW 1917, 465; RGRK (Scheffler) § 819 Anm. 3; Enneccerus/Lehmann § 227 V 1 b.

[103] Soergel/Siebert(-Mühl) § 819 Anm. 6; Enneccerus/Nipperdey § 151 Anm. 7.

[104] Vgl. z. B. Staudinger(-Seufert) § 818 Anm. 47; RGRK (Scheffler) § 818 Anm. 62; Palandt(-Thomas) § 818 Anm. 8.

[105] BGH LM Nr. 30 zu § 134 BGB = NJW 1958, 1725 = WM 1958, 1016; Planck (-Landois) § 818 Anm. 8 c; Staudinger(-Seufert) § 818 Anm. 47; RGRK (Scheffler) § 818 Anm. 62; Erman(-Seiler) § 818 Anm. 9; a. A. RG WarnR 1918 Nr. 70 = JW 1917, 465.

[106] Über die exakte juristische Herleitung dieser Einstandspflicht ist man sich freilich nicht ganz einig, siehe Staudinger(-Werner) § 279 Anm. 2 mit Nachweisen.

[107] Vgl. RGZ 79, 285 (287); 93, 227 (230); 99, 161 (168); 151, 361 (373 f.); RG SeuffA 81 Nr. 128; BAGE 10, 176 (181) = NJW 1961, 622 (623); BAGE 11, 202 (205);

Es finden sich aber andererseits mehrere in den Kommentaren teilweise heute noch zitierte Entscheidungen des Reichsgerichts, in denen erklärt wird, eine Berufung auf § 818 III komme grundsätzlich auch nach dem Einsetzen der Haftungsverschärfung noch in Betracht, solange nicht ein Haftungsfall der „allgemeinen Vorschriften" vorliege[108]. Damit soll gesagt sein, daß § 818 III jedenfalls dann noch herangezogen werden kann, wenn die Ursache für den Bereicherungswegfall bereits vor der Haftungsverschärfung gesetzt war[109]. Die Formel erlaubt eine Haftungsbefreiung aber schlechthin in allen Fällen einer Bereicherungsminderung, die in den „allgemeinen Vorschriften" nicht ausdrücklich als Haftungsfall (wie etwa in § 989 die Verschlechterung, der Untergang und die sonstige Unmöglichkeit der Herausgabe) geregelt ist. Das Reichsgericht hat so einmal entschieden, daß sich aus den Vorschriften über die Rechtshängigkeit keine Haftung des Bereicherten für die Gefahr zufälliger Geldentwertung oder für Unterschlagungen seines Vertreters ergebe und deshalb solche Umstände durchaus haftungsmindernd zu berücksichtigen seien: „Insofern ist die Rechtslage nach § 818 IV und nach § 818 III gleich."[110]

V. Abweichungen von der allgemeinen Haftungsformel

Gegenüber der vorstehend beschriebenen Praxis der Nachteilsanrechnung sind die höchstrichterlichen Entscheidungen, die eine Berücksichtigung von Minderungsposten zugunsten des gutgläubigen und unverklagten Bereicherten ausdrücklich abgelehnt haben, an Zahl nur gering. Zum einen handelt es sich um Fälle, in denen eine exakte und sezierende Nachprüfung des Ursachenzusammenhangs die Anrechnung ausschloß. So wenn das OLG München dem Verkäufer, der die

---

Enneccerus/Lehmann § 227 V; Esser, Schuldrecht II § 105 III 2 a; zweifelnd RG DR 1939, 634 = HRR 1939 Nr. 680.

[108] RG WarnR 1908 Nr. 45; RG JW 1918, 133; RG HRR 1933 Nr. 1008 = JW 1933, 692 = LZ 1933, 42; RG HRR 1933 Nr. 1843 = LZ 1933, 656; RG HRR 1938 Nr. 511 = JW 1938, 1025; Staudinger(-Seufert) § 818 Anm. 56; RGRK (Scheffler) § 818 Anm. 62.

[109] Vgl. RG WarnR 1908 Nr. 45; siehe auch RG JW 1932, 1724 = HRR 1932 Nr. 443: Wegfall auch nach Haftungsverschärfung möglich, wenn seine Ursache schon vorher so gesetzt war, daß er eintreten mußte; dann war der Beklagte nur scheinbar bereichert.

[110] RG HRR 1933 Nr. 1843 = LZ 1933, 656.

Anzahlung herausgeben sollte, die Absetzung der bereits gezahlten Maklergebühren und Beurkundungskosten versagte, weil er diese Ausgaben nicht infolge der Anzahlung, sondern im Hinblick auf den Kaufabschluß gemacht habe[111], oder wenn einige Instanzgerichte dem Gläubiger, der in schuldnerfremde Sachen vollstreckt hat und nun vom Eigentümer auf Wertersatz in Anspruch genommen wird, die Anrechnung der Zwangsvollstreckungskosten versagt haben, weil er diese Kosten ebenso bei völlig erfolgloser Vollstreckung gehabt hätte[112].

Es gibt jedoch auch Fälle, in denen die Rechtsprechung — sich von der kausalen Differenzbetrachtung lösend — die Nichtanrechnung mehr mit materiell-wertenden Argumenten begründet hat. So hat das Reichsgericht in einer seiner letzten Entscheidungen ausgesprochen, eine Minderung der Bereicherung brauche nicht berücksichtigt zu werden, wenn der Bereicherte selbst den Wegfall des Rechtsgrundes im eigenen Interesse veranlaßt habe[113]. Auch hat es dem Einkaufskommissionär bei nichtigem Kommissionsauftrag nicht erlaubt, dem Kommittenten, der qua Bereicherungsrecht die bereits gezahlte Deckung zurückverlangte, Verluste aus dem Kommissionsgeschäft als Bereicherungsminderung entgegenzuhalten; weil der Kommissionär wegen der Nichtigkeit des Kommissionsauftrags einen Gewinn aus dem Geschäft nicht hätte abführen müssen, dürfe er auch den Verlust nicht auf den Kommittenten abwälzen[114].

Außer diesen vereinzelt stehenden Entscheidungen sind es vor allem zwei Gruppen von Fällen, in denen die Rechtsprechung die traditionelle Haftungsformel konstant beiseite schiebt.

(1) Zum einen handelt es sich um den Fall, daß jemand gutgläubig fremde Sachen verarbeitet, veräußert oder verbraucht hat und nunmehr vom früheren Eigentümer mit der Kondiktion auf Wertersatz in Anspruch genommen wird. Nach feststehender, vom Reichsgericht begründeter und vom Bundesgerichtshof entschlossen fortgesetzter Rechtsprechung kann der Kondiktionsschuldner nicht den Kaufpreis absetzen, den er einem Dritten für die Sachen entrichtet hat[115]. Man stützt dies

---

[111] OLG München OLGR 38, 126.

[112] LG Stade MDR 1963, 925; AG Soltau NJW 1955, 674; AG Büdingen NJW 1965, 1381; siehe auch Nicklisch, NJW 1966, 434.

[113] RGZ 170, 65 (67 ff.).

[114] RGZ 49, 59 (62 f.); 138, 122 (124).

[115] RGZ 106, 4 (7); RG SeuffA 66 Nr. 132; BGHZ 9, 333 (335 f.); BGHZ 14, 7 (9 f.); BGH LM Nr. 5 zu § 177 BGB ; BGH NJW 1960, 1712 (1715); OLG Celle MDR 1958, 845 (846); zustimmend: Staudinger(-Seufert) § 818 Anm. 45 b; RGRK (Scheffler) § 818 Anm. 38; Soergel/Siebert(-Mühl) § 818 Anm. 44; Palandt(-Thomas) § 818

u. a. auf die Erwägung, daß die Geldkondiktion hier nur als Rechtsfortwirkung des durch die Verfügung des Schuldners untergegangenen Eigentums eintrete; der Schuldner könne bei ihr nicht besser stehen als gegenüber der Vindikation, der er vorher ausgesetzt gewesen sei. Auch gehe es nicht an, daß er sein Erwerbsrisiko aus dem Vertrag mit einem Dritten auf den daran unbeteiligten Entreicherten überwälze[116].

(2) Die zweite Gruppe bilden die Fälle gegenseitiger Verträge, in denen dem einen Teil die Leistung ohne Verschulden unmöglich wird und nunmehr der andere Teil seine Leistung oder Anzahlung nach § 323 III in Verbindung mit § 812 BGB zurückverlangt. Hier erlaubt die Rechtsprechung dem Beklagten nicht, den Untergang des von ihm zu Leistenden oder die Kosten, die er bereits zur Erbringung seiner Leistung aufgewendet hatte, als Verlust abzusetzen, weil damit im Ergebnis das Preisrisiko entgegen der für den Vertrag geltenden Gefahrverteilung auf den Gläubiger der Leistung abgewälzt werde. So hatte bereits das Reichsgericht argumentiert im Falle einer Hypothekenabtretung, die nicht mehr zur Ausführung gekommen war, weil die Hypothek inzwischen in der Zwangsversteigerung erloschen war. Gegenüber der Rückforderung der Anzahlung konnte der Zedent das Erlöschen der Hypothek nicht als Wegfall der Bereicherung geltend machen[117]. Der Bundesgerichtshof hat diese Rechtsprechung fortgesetzt in Fällen, in denen der Vertragspartner bereits Kosten für die Herstellung bestellter Maschinen aufgewendet hatte, die dann wegen des Zusammenbruchs 1945 nicht mehr geliefert werden konnten[118].

C. KRITISCHE LEHREN

Es hat von Anfang an nicht an Stimmen gefehlt, die an der entschiedenen Begünstigung des Bereicherten durch die herrschende Auffassung Kritik übten.

Anstoß wurde etwa genommen daran, daß nach dieser Auffassung dem Kondiktionsschuldner Nachteile angerechnet werden, deren Ersatz er aktiv im Klagewege nicht verlangen kann. Es dürften nur solche Nach-

---

Anm. 6 B c, 6 C; Enneccerus/Lehmann § 227 III 4; Larenz, Schuldrecht II § 64 II; weitere Nachweise bei Strutz, NJW 1968, 141.

[116] BGHZ 9, 333 (335); 14, 7 (9 f.). Vgl. auch von Caemmerer, Festschrift Rabel 385 f.; Heinrich Lehmann, JZ 1954, 701 und Festschrift Nipperdey (1955) 31 f.; Staudinger(-Seufert) § 818 Anm. 45 b; RGRK (Scheffler) § 818 Anm. 38.

[117] RGZ 63, 423 (427 f.); siehe auch RG JW 1928, 3110.

[118] BGH LM Nrn. 2 und 6 zu § 818 Abs. 3 BGB.

teile anspruchsmindernd berücksichtigt werden, die gleichzeitig eine ausgleichspflichtige Bereicherung des Kondiktionsgläubigers bildeten[119]. Schon früh wurde auch die Meinung vertreten, daß jedenfalls Schäden, die das Erlangte beim Bereicherten verursacht hat, nicht angerechnet werden dürften[120]. Auch wird gelegentlich bemängelt, daß die Abgrenzung zwischen der milden Haftung nach § 818 III und der verschärften Haftung nach §§ 818 IV, 819 zu starr und einseitig die Interessen des Empfängers begünstige: man müsse daran denken, haftungsschärfend u. U. auch fahrlässige Unkenntnis des Empfängers vom Mangel des Rechtsgrundes oder die Beteiligung des Empfängers an der Entstehung des leistungsauslösenden Irrtums zu berücksichtigen[121]. Vor allem aber finden sich immer wieder Autoren, die für bedenklich halten, daß nach der herrschenden Lehre jedermann — auch in den Fällen des § 816 — durch unwirtschaftliche Verwendung des Erlangten oder durch Verbrauch ohne bleibenden Wert auf fremde Kosten wirtschaften und genießen könne[122].

Alle diese Ansichten sind freilich mehr als kursorische Bemerkungen zu Einzelfragen vorgetragen worden und mochten die herrschende Lehre schon deswegen nicht erschüttern, weil sie deren theoretischen Unterbau kaum antasteten. Tiefergreifende und ausführliche Kritik, die auch die dogmatischen und rechtspolitischen Grundlagen der Nachteilsanrechnung neu zu formulieren sucht, haben vor allem VON TUHR, WILBURG und FLUME vorgebracht.

I. Von Tuhr: Unterscheidung zwischen Leistungs- und Eingriffskondiktion

ANDREAS VON TUHR war der erste, der die Lösung des BGB einer eingehenden kritischen Untersuchung unterzog[123]. Er billigte die Entlastung

[119] SCHNEIDER, JherJ 61 (1912) 180, 182, 193 f. — Für beiderseits erfüllte nichtige Verträge deckte sich diese Auffassung mit der bekannten Zwei-Kondiktionen-Theorie, die vor allem von OERTMANN § 818 Anm. 3 a verfochten wurde.

[120] OERTMANN § 818 Anm. 3 a β.

[121] Vgl. RABEL, RabelsZ 10 (1936) 427; RAAPE, AcP 152 (1952/53) 464. — Das Bundesbeamtengesetz (§ 87 II) und ihm folgend die entsprechenden Ländergesetze erstrekken die verschärfte Haftung für überzahlte Beamtenbezüge ausdrücklich auf den Fall, daß der Mangel des Rechtsgrundes offensichtlich war oder der Empfänger ihn hätte kennen müssen; ebenso § 43 h II der Ausbildungs- und Prüfungsordnung für Patentanwälte i. d. F. vom 21. 3. 1969 (BGBl. I 222).

[122] SIBER, Schuldrecht 445 f.; siehe auch HEINRICH LANGE, NJW 1951, 486: „Privilegierung des Leichtsinns"; A. BLOMEYER, AcP 154 (1955) 544.

[123] VON TUHR, Zur Lehre von der ungerechtfertigten Bereicherung, in: Festschrift Bekker (1907) 291 ff.

des Bereicherten im Falle des ersatzlosen Untergangs oder Verlustes des erhaltenen Gegenstandes, stieß sich aber an der unterschiedslosen Anrechnung aller sonstigen mit dem Erwerb zusammenhängenden Nachteile im Vermögen des Bereicherten. Seine Grundthese war, daß angesichts des Rückgabeverlangens alle diese Nachteile für den Bereicherten eine Form des Vertrauensschadens darstellten[124]. Von hier aus befürwortete er eine differenzierende Lösung, je nachdem, ob es sich um rechtsgrundlose Leistung oder Bereicherung in sonstiger Weise, namentlich um Fälle des § 816 handele.

Für die Leistungskondiktion unterstützte von Tuhr die herrschende Auffassung. Bei ihrer Regelung habe der Gesetzgeber vor der gleichen Interessenkollision wie bei der Zulassung der Irrtumsanfechtung durch § 119 gestanden, da auch der Rückforderung der Leistung essentiell ein Irrtum des Leistenden — nämlich über seine Leistungspflicht — zugrunde liege. Hier wie dort gestatte das Gesetz die verkehrsstörende Berufung auf den Irrtum ohne Rücksicht auf dessen Entschuldbarkeit und auf mögliche nachteilige Folgen im Vermögen des Geschäftsgegners. So wie es deshalb dem Anfechtungsgegner zum Ausgleich dafür den Ersatz seines Vertrauensschadens nach § 122 zubillige, wolle es auch den Leistungsempfänger nach § 818 III vor den schädlichen Folgen der unvermuteten Rückforderung schützen. Dem entspreche die weitgehende Berücksichtigung der Nachteile durch die herrschende Praxis[125].

Dieser Grundgedanke gilt indessen nach von Tuhr nicht für die Bereicherungsansprüche aus anderem Grunde, namentlich nicht für § 816, bei denen die Bereicherung nicht auf einem Geben des Kondizierenden, sondern auf einem Nehmen des Bereicherten beruht. Störer des Verkehrslebens sei hier nicht der Entreicherte, weil er die Vermögensverschiebung rückgängig machen wolle, sondern der Bereicherte, der rechtswidrig — wenn vielleicht auch schuldlos — in einen fremden Rechtskreis eingegriffen habe. Hier verdiene der Bereicherte keinen Schutz, wenn er größere Ausgaben gemacht, Chancen oder Rechte versäumt oder sich auf neue verpflichtende Unternehmungen eingelassen habe. Ein solcher Schaden, der jeden treffen könne, der seine Vermögensverhältnisse überschätzt habe, dürfe nicht auf den Ersatzberechtigten abgewälzt werden[126].

Im Ergebnis sollte also nach von Tuhr der Bereicherte bei der Leistungskondiktion durch alle Nachteile im oben beschriebenen Umfang, bei der

---

[124] von Tuhr aaO 294 ff.
[125] von Tuhr aaO 314 ff.
[126] von Tuhr aaO 316 ff.

Eingriffskondiktion indessen nur durch ersatzlosen Verlust oder Untergang des Erhaltenen entlastet werden.

II. Wilburg: Haftung nach Veranlassung

Die Grundthese VON TUHRS, daß in § 818 III ein Fall des negativen Interesses geregelt werde, fand bald die Zustimmung RABELS[127], blieb jedoch sonst zunächst unbeachtet. Erst nach nahezu 30 Jahren wurde sie wieder aufgenommen von WILBURG[128], freilich mit anderen Ergebnissen.

Auch WILBURG akzeptiert als haftungsbefreienden Wegfall der Bereicherung den ersatzlosen Verlust des erhaltenen Gegenstandes. Hinsichtlich der Nachteile im sonstigen Vermögen des Bereicherten jedoch kritisiert er die herrschende Auffassung, die an das Problem mit dem Ursächlichkeitsmaßstab herangeht, als „mechanische Anschauung", die sich über Grund und Zweck der verschiedenen Typen der Bereicherungsklage hinwegsetze[129]. Anrechnungsfähig sind nach WILBURG nicht alle beliebigen Nachteile, die mit der Vermögensverschiebung in ursächlichem Zusammenhang stehen, sondern nur echte Vertrauensschäden, d. h. nur solche Schäden, die der Bereicherte durch die Rückgabepflicht erleiden würde, weil er sich im Vertrauen auf die Unwiderruflichkeit des Erwerbs eingerichtet hatte[130]. Weil es aber um die Regulierung von Vertrauensschäden gehe, könnten die Schäden nicht schlechthin dem Kondiktionsgläubiger auferlegt werden. Der maßgebende Gesichtspunkt für die Belastung müsse vielmehr sein, in welchem Maße das Verhalten des einen und des anderen Teils bei der Vermögensverschiebung und deren Folgen mitgewirkt habe; außerdem sei dem Verhalten der Parteien alles gleichzustellen, was sich in ihrer Einflußsphäre ereigne. Angeregt von der Regelung der Irrtumsanfechtung im österreichischen ABGB (§ 871) kommt WILBURG so zu dem Satz, die Schäden dürften auf den Kondiktionsgläubiger abgewälzt werden, wenn dieser die Vermögensverschiebung „veranlaßt", d. h. durch ein objektiv von den Regeln des Verkehrs abweichendes Verhalten verursacht habe. Liege solche Veranlassung dagegen auf der Seite des Schuldners oder auf der Seite beider oder keines der beiden vor, so sei die Anrechnung der

---

[127] RABEL, ZSchwR N. F. 27 (1908) 291 ff., 320; siehe auch OERTMANN § 818 Anm. 3 a (a. E.).

[128] WILBURG, Die Lehre von der ungerechtfertigten Bereicherung nach österreichischem und deutschem Recht (1934) 138 ff.

[129] WILBURG aaO 143.

[130] WILBURG aaO 153.

Nachteile unzulässig[131]. Wer die Veranlassung zu dem unbegründeten Erwerb gegeben habe, könne — dies entgegen von Tuhr — nicht nach festen Regeln im voraus, sondern nur von Fall zu Fall entschieden werden[132].

Wilburg exemplifiziert seine Ansicht an verschiedenen Fällen, die gemäß der herrschenden Auffassung nach pauschaler Regel — meistens zugunsten des Bereicherungsschuldners — gelöst werden. Nicht anzurechnen seien etwa Schäden, die das Erlangte beim Bereicherten anrichte, weil sie nicht wirkliche Vertrauensschäden darstellten[133]. Dagegen soll bei § 816 I der Schuldner den an einen Dritten gezahlten Kaufpreis als Vertrauensschaden anrechnen dürfen, wenn der klagende Eigentümer zu seinem Verlust selbst Veranlassung gegeben, z. B. seine Sache nicht ordnungsgemäß verwahrt hatte[134].

Differenzieren will Wilburg auch bei den Fällen abgeirrter Zwangsvollstreckung, wenn der nur scheinbar befriedigte Vollstreckungsgläubiger auf den zwischenzeitlichen Vermögensverfall seines Schuldners hinweist. In der Regel sei hier wohl der klagende Eigentümer, der seine Sache einem anderen in Verwahrung gegeben habe, Anlaß der ungerechtfertigten Vollstreckung, so daß ihm die Versäumung anderer Vollstreckungsgelegenheiten entgegengehalten werden könne. Anders liege es aber, wenn der vollstreckende Gläubiger eine begründete Warnung nicht beachtet habe oder wenn die Sache nicht der Verwahrung des Schuldners anvertraut gewesen sei, sondern z. B. irrtümlich in den Räumen des unbeteiligten Eigentümers selbst gepfändet worden sei. In solchem Falle könne von einer Veranlassung auf seiten des Eigentümers nicht die Rede sein und der Vollstreckungsgläubiger dürfe sich auf einen Vertrauensnachteil nicht berufen[135].

Ähnlich liege es bei irrtümlicher Zahlung, wenn der Bereicherte im Vertrauen auf den Erwerb etwa seine Forderung gegen den wirklichen Schuldner habe verjähren lassen. In dem Maße, in dem er die Zahlung von dem Nichtschuldner selbst gefordert und dadurch dessen Irrtum veranlaßt habe, könne er seinen Vertrauensschaden nicht auf die Rückforderung verrechnen[136].

---

[131] Wilburg aaO 147 f.
[132] Wilburg aaO 149.
[133] Wilburg aaO 153.
[134] Wilburg aaO 158 f.
[135] Wilburg aaO 159 ff.
[136] Wilburg aaO 162.

Zwei Faktoren müssen also nach diesem Vorschlag zusammenkommen, damit die Nachteilsanrechnung gerechtfertigt ist: es muß ein wirklicher Vertrauensschaden vorliegen, und es muß — was von Fall zu Fall zu beurteilen ist — der Gläubiger derjenige sein, der den Vermögensübergang und damit mittelbar den Vertrauensschaden veranlaßt hat.

Später hat WILBURG einige weitere Gesichtspunkte eingeführt, die nach seiner Meinung für die Anrechnung des Vertrauensschadens eine Rolle spielen sollten[137]: So könne die Schutzwürdigkeit des Empfängers von Fall zu Fall unterschiedlich sein nach der Art der Kondiktion, genauer: nach dem Grad der Begünstigung, die einerseits für den Empfänger in der erhaltenen Leistung, andererseits für den Kondiktionsgläubiger in der Anfechtbarkeit des Erwerbs liege. Der Widerruf einer Schenkung wegen Dürftigkeit bedeute z. B. eine derart gesteigerte Rücksicht auf den Schenker, daß der Beschenkte durch sie keinesfalls einen Schaden erleiden dürfe[138]. Auch die Nähe der Beziehung, in welcher der entstandene Nachteil zur kondizierten Leistung stehe, müsse von Fall zu Fall berücksichtigt werden. Vor allem mit diesem Gesichtspunkt läßt sich nach WILBURG die Anrechung solcher Ausgaben rechtfertigen, die ein Erwerb bestimmungsgemäß oder typischerweise nach sich zieht, so z. B. Ausgaben für eine verbesserte Lebenshaltung nach erhöhten Gehaltszahlungen oder Unterhaltszahlungen sowie ungewöhnliche Luxusausgaben nach einem Losgewinn[139]. Beachtet werden soll schließlich auch, wie schwer nach der sozialen Lage der Beteiligten die Belastung mit dem Schaden den einen oder den anderen Teil treffen würde[140]. Aus dem Zusammenwirken aller dieser Gesichtspunkte könne im Einzelfall auch eine Teilung des Schadens angebracht sein[141].

III. Flume: Einstehen für Vermögensentscheidungen in eigener Sache

Anders als seine Auffassung von der *Grundlage* der Bereicherungsansprüche, die zum heutigen Stand der Bereicherungslehre entscheidend

---

[137] In seiner Bearbeitung des KLANGschen Kommentars zum österreichischen ABGB, VI (2. Aufl. 1951) zu §§ 1431—1437.

[138] WILBURG aaO 481.

[139] WILBURG aaO 481 f.

[140] WILBURG aaO 482.

[141] WILBURG aaO 481.

beigetragen hat, sind WILBURGS Thesen zum Bereicherungs*wegfall* ohne Gefolgschaft geblieben[142]. FLUME, dem wir die nächste größere Arbeit über diesen Problemkreis verdanken[143], wählt für seine Untersuchung einen ganz anderen Ausgangspunkt. Für ihn ist die Wurzel zu weitgehender Nachteilsanrechnung nicht das herrschende Dogma von der abstrakten Vermögensdifferenz als Gegenstand des Bereicherungsanspruchs, sondern im Gegenteil dessen mangelhafte Durchführung.

Daß der Bereicherungsanspruch abstrakt auf das gesamte Vermögen des Empfängers abgestellt sei, ist nach FLUME die allein dem Gesetz entsprechende — und billigenswerte — Auffassung[144]. Er meint jedoch, daß gerade das konsequente Zu-Ende-Denken dieser Prämisse zu einer Einschränkung der Nachteilsanrechnung führen müsse. Seine Argumentation: Wenn die Kondiktion am gesamten Vermögen des Empfängers orientiert ist, muß auch berücksichtigt werden, daß häufig gerade „das vermögensmäßige Gebaren" des Vermögensinhabers eine Mehrung oder Minderung des Vermögens herbeiführt. Dann geht es aber nicht an, die vermögensmäßigen Entscheidungen des Bereicherten, die er in eigener Sache trifft, allgemein im Falle des Mißerfolges dem Kondiktionsgläubiger aufzubürden. Es muß also danach geschieden werden, was von den nachteiligen Vermögensänderungen dem grundlosen Erwerb und was der Person des Empfängers zuzurechnen ist[145]. Der wertneutrale Ursächlichkeitsmaßstab der herrschenden Praxis liefert diese Unterscheidung nicht. Maßgebend ist vielmehr, ob die persönliche vermögensmäßige Entscheidung des Empfängers unbeeinflußt von der causa des Erwerbs getroffen worden ist und deshalb nur dem Verhalten des Empfängers, nicht dem grundlosen Erwerb zuzurechnen ist[146].

Mit dieser Leitlinie verneint FLUME die Anrechenbarkeit von Schäden durch das Erlangte etwa in dem Fall, daß der grundlos geleistete Hund beim Empfänger einen Teppich zerbeißt: „Wenn der Empfänger den Hund hält, so ist das Halten des Hundes seine Entscheidung, ganz gleich, ob der Hund cum oder sine causa geleistet ist."[147] Der Leistung, nicht der Person des Empfängers, seien aber zuzurechnen die Nebenkosten des

---

[142] Vorsichtig zustimmend nur RABEL, RabelsZ 10 (1936) 426 f.

[143] FLUME, Der Wegfall der Bereicherung in der Entwicklung vom römischen zum geltenden Recht, in: Festschrift Niedermeyer (1953) 103 ff. (148 ff.).

[144] FLUME aaO 147, 151, 153.

[145] FLUME aaO 151—154.

[146] FLUME aaO 154 f.

[147] FLUME aaO 155.

Erwerbs, die erhöhte Steuerbelastung und die Aufgabe von Rechten oder Chancen im Vertrauen auf die Beständigkeit des Erwerbs[148].

Besondere Aufmerksamkeit widmet FLUME der Frage, wie sich Untergang, Verlust, Verbrauch oder Weiterveräußerung des empfangenen Gegenstandes auf den Bereicherungsanspruch auswirken. Hier wendet er sich vor allem dagegen, daß die herrschende Auffassung dem Kondiktionsgläubiger alle Verluste zuschiebt, die dem Empfänger aus dem wirtschaftlichen Einsatz des Erlangten entstehen[149]. Nach FLUME muß unterschieden werden, „ob der Empfänger den Erwerb erlangt hat im Hinblick auf eine sein Vermögen mindernde Gegenleistung, die das Äquivalent des Empfangenen sein soll, ... oder ob der Empfang nicht im Kontakt mit der Vereinbarung einer solchen Gegenleistung steht“[150].

Bei der zweiten Gruppe — z. B. Erwerb auf Grund nichtiger Schenkung oder nichtigen Testaments, irrtümliche Auszahlung zu hoher Gehaltsbezüge — stehe der Erwerb nicht im Kontakt mit dem bisherigen Vermögen des Empfängers, sei vielmehr „unvermittelt als Vermögenszugang gegenüber seinem eigenen Vermögen“ erfolgt und deshalb auch von diesem scheidbar. Jede Vermögensminderung durch Verlust, Untergang oder unwirtschaftliche Verwendung ohne Ersparnis von Ausgaben (Schenkungen, überflüssige Ausgaben) sei daher dem Erwerb selbst zuzurechnen und mindere die Haftung gemäß § 818 III[151].

Anders seien die Fälle zu beurteilen, in denen zum bisherigen Vermögen des Empfängers ein „Kontakt“ bestehe, d. h. im wesentlichen bei nichtigen gegenseitigen Verträgen. Wenn jemand mit seinem Willen einen gegenseitigen Vertrag abschließe, so fälle er damit — auch wenn der Vertrag nichtig sei — die vermögensmäßige Entscheidung, statt des Wertes seiner Leistung die Gegenleistung haben zu wollen[152]. Wenn etwa der Käufer sich dafür entscheide, anstelle des Kaufpreises als Teil seines Vermögens nunmehr die Ware zu haben, so habe er, auch wenn der Vertrag aus irgendwelchen Gründen nichtig sei, bereits mit der Vereinbarung sein Vermögen in Höhe des Kaufpreises für die zu erlangende Ware eingesetzt; das Schicksal der Ware sei damit Teil des Schicksals seines Vermögens und ihm, dem Käufer, zuzurechnen, weil er sich für diesen Austausch in seinem Vermögen entschieden habe[153]. Wenn die Ware bei dem

[148] FLUME aaO 156.
[149] FLUME aaO 157 ff.
[150] FLUME aaO 157.
[151] FLUME aaO 157 f.
[152] FLUME aaO 163.
[153] FLUME aaO 165.

Käufer untergehe, unproduktiv verwendet oder unter ihrem Wert weiterveräußert werde, so müsse dies für den Kondiktionsanspruch als Vermögensanspruch ohne Belang sein. In Höhe des Kaufpreises habe er sein Vermögen willentlich für die Ware eingesetzt, und so müsse auch sein Vermögen durch die Wertminderung getroffen werden[154].

FLUME kommt deshalb zu dem Satz: Beim nichtigen gegenseitigen Vertrag führt ein Verlust oder eine Wertminderung des Erwerbs niemals zu einer Minderung des Anspruchs nach § 818 III unter den Wert der Gegenleistung, die der Erwerber wissentlich — wenn auch rechtsgeschäftlich nichtig — vereinbart hat; dabei ist es unerheblich, ob die Gegenleistung bereits erbracht ist, denn in ihrer Höhe hat der Empfänger sein Vermögen bereits durch den Vertragsschluß eingesetzt[155].

Die Kehrseite dieser These von der willentlichen Vermögensentscheidung ist, daß FLUME bei Willensmängeln oder fehlender Geschäftsfähigkeit dem Irrenden, Getäuschten, Bedrohten oder Geschäftsunfähigen das Risiko der erhaltenen Leistung in Höhe der versprochenen Gegenleistung nicht aufbürden will. In diesen Fällen haftet also zwar der andere Teil für die erhaltene Leistung stets in Höhe der von ihm versprochenen Gegenleistung, der Irrende — abgesehen von seiner Haftung nach § 122 —, der Getäuschte oder der Geschäftsunfähige für die seinerseits erhaltene Leistung aber nur insoweit, als er sie oder ihren Wert noch in den Händen hat[156].

Die Lehre FLUMES kommt bei nichtigen gegenseitigen Verträgen zu denselben Ergebnissen wie die herrschende Saldotheorie, wenn Leistung und Gegenleistung bereits erbracht sind. Sie gestattet ferner in Übereinstimmung mit der herrschenden Praxis dem nach § 816 I 1 auf den Verfügungserlös in Anspruch Genommenen nicht, den an einen Dritten gezahlten Kaufpreis abzusetzen, da auch insoweit eine eigene Vermögensentscheidung des Bereicherten vorliegt[157]. Ihre praktische Pointe liegt darin, daß sie dem Leistungsempfänger das Bereicherungsrisiko in Höhe der von ihm versprochenen Gegenleistung auch dann auferlegt, wenn er seinerseits noch nicht geleistet hat.

FLUMES Thesen sind von HEINRICH LEHMANN vorbehaltlos gebilligt[158],

---

[154] FLUME aaO 166—169.

[155] FLUME aaO 167.

[156] FLUME aaO 172—174.

[157] FLUME aaO 172.

[158] H. LEHMANN, Festschrift Nipperdey (1955) 31 ff.; siehe auch ENNECCERUS/LEHMANN § 227 III 7.

von anderen mit Interesse vermerkt worden[159], jedoch überwiegend wohl auf Skepsis gestoßen[160].

IV. Neueste Vorschläge

Die grundsätzliche Kritik an der herrschenden Praxis ist im großen und ganzen zunächst ohne direkten Erfolg geblieben. Immerhin scheint man in den letzten Jahren gegenüber der Begründung und den Ergebnissen der bisherigen Interpretation des § 818 III doch empfindlicher geworden zu sein.

1. Beschränkung auf Vertrauensschutz. — In der Lehrbuch- und Kommentarliteratur haben vor allem ESSER und LARENZ versucht, eine von der traditionellen Lehre distanzierte Position zu gewinnen[161]. Beiden Autoren erscheint die Ursächlichkeitsformel der Rechtsprechung für die Bestimmung der abzugsfähigen Nachteile untauglich, weil sie dem Schuldner gestatte, alle beliebigen, nur aus Anlaß des Erwerbs in seinem Vermögen entstandenen Schäden auf den Gläubiger abzuwälzen. Vor allem ESSER verweist demgegenüber auf den Grundgedanken der unterschiedlichen Haftungsregelung nach § 818 III und nach §§ 818 IV, 819, 820: denjenigen zu schützen, der auf die Beständigkeit seines Erwerbs vertrauen kann, weil er die Rechtsgrundlosigkeit nicht kennt und die Kondiktion noch nicht rechtshängig ist[162]. Die Risikoverteilung muß nach ESSER und LARENZ daher von dem Satz ausgehen: Abzugsfähig sind Nachteile, die gerade im Zusammenhang damit eintreten, daß der Schuldner auf die Beständigkeit seines Erwerbs vertraut hat[163].

Die Formel ist inzwischen in große Kommentare eingegangen und könnte schon deswegen in der Praxis künftig eine gewisse Bedeutung gewinnen[164]. Welche Unterschiede zur traditionellen Auffassung sich aus ihr für die einzelnen Arten der Minderungsposten ergeben können, ist freilich noch ungewiß. Bisher hat man mit ihr im wesentlichen nur begrün-

---

159 Vgl. A. BLOMEYER, AcP 154 (1955) 534 ff.

160 Vgl. ESSER, Schuldrecht (2. Aufl. 1960) § 199. 4 b; LARENZ, Schuldrecht II § 64 II (S. 394 f.).

161 ESSER, Schuldrecht II § 105 II 1; LARENZ, Schuldrecht II § 64 II.

162 ESSER aaO § 105 II 1 c.

163 ESSER aaO § 105 II 1 c; LARENZ aaO § 64 II.

164 SOERGEL/SIEBERT(-MÜHL) § 818 Anm. 33; STAUDINGER(-SEUFERT) § 818 Anm. 35.

det, daß Schäden, die das Erlangte im Empfängervermögen anrichtet, nicht über § 818 III dem Gläubiger aufgebürdet werden dürfen[165].

2. *Der Vertrauenstatbestand bei Austauschverträgen.* — Der jüngste Versuch, die bisherige Interpretation des § 818 III zu korrigieren, stammt von DIESSELHORST[166]. Auch dieser Autor geht davon aus, daß § 818 III vornehmlich Vertrauensschutz bezweckt. Er verweist jedoch besonders auf die Rolle, die dieser Gesichtspunkt bei der Rückabwicklung ungültiger Austauschgeschäfte zu spielen hat. Bei Austauschgeschäften sei es nämlich so, daß der Vertragspartner, der auf die Gültigkeit des Vertrags und damit auf die Rechtsbeständigkeit der ihm erbrachten Leistung vertraue, notwendig auch glaube, zur Leistung des Entgelts verpflichtet zu sein. Wenn etwa der Käufer den gekauften Ring verschenke, verschleudere oder versehentlich fortwerfe, befinde er sich nicht nur in dem Glauben, Eigentümer zu sein, sondern auch in der Vorstellung, wenn er über den Ring verfüge, tue er dies auf eigene Kosten. Stelle sich nachträglich die Unwirksamkeit des Kaufvertrages heraus, so bestehe deshalb kein Grund, den Käufer wegen seines guten Glaubens bereicherungsrechtlich auf weniger als den versprochenen Preis haften zu lassen[167]. Dasselbe muß nach DIESSELHORST gelten, wenn der gutgläubige Leistungsempfänger das Geleistete durch eigene Nachlässigkeit zerstört oder verliert. Auch insofern schließe sein guter Glaube die Vorstellung ein, mit dem Erhaltenen auf eigenes Risiko umzugehen; § 818 III verlange nicht, dem Kondiktionsschuldner diese Folgen seines „Verschuldens gegen sich selbst" abzunehmen[168]. Für entgeltliche Leistungsbeziehungen kommt DIESSELHORST so zu dem Satz: „Der Gesichtspunkt des Gutglaubensschutzes rechtfertigt es nicht, die Haftung eines Bereicherungsschuldners ... unter den Betrag der von ihm eingesetzten Gegenleistung herabsinken zu lassen."[169]

V. Zusammenfassung

Es hat sich gezeigt, daß gegen die herrschende Interpretation des § 818 III schon frühzeitig und dann regelmäßig wiederkehrend substanti-

---

[165] LARENZ aaO § 64 II (S. 395); SOERGEL-SIEBERT(-MÜHL) § 818 Anm. 33 und 39; STAUDINGER(-SEUFERT) § 818 Anm. 35 und 37; ebenso ESSER, Schuldrecht, noch in der 2. Aufl. (1960) § 199. 3; siehe neuerdings aber unten N. 169.

[166] DIESSELHORST, Die Natur der Sache als außergesetzliche Rechtsquelle — verfolgt an der Rechtsprechung zur Saldotheorie (1968).

[167] DIESSELHORST 49, 58 f.

[168] DIESSELHORST 59, 106 f.

[169] DIESSELHORST 58 f.; zustimmend neuestens ESSER, Schuldrecht II § 105 II 2; in die gleiche Richtung andeutungsweise schon PAWLOWSKI 72 f.

ierte Kritik geübt worden ist, die freilich auf die Praxis bisher nur geringen Einfluß gehabt hat. Zwei Gesichtspunkte treten hervor, die man von der traditionellen Auffassung vernachlässigt findet:

Einmal der Gedanke, daß § 818 III ein Problem des Vertrauensschadens behandelt. Damit begründet man, daß nicht schlechthin alle beliebigen Nachteile, sondern nur wirkliche Vertrauensschäden angerechnet werden dürften; daß die Anrechnung unterschiedlich ausfallen könne, je nachdem, ob der Erwerb auf entgeltlicher oder unentgeltlicher Leistung beruht, weil der Vertrauenstatbestand in diesen Situationen jeweils unterschiedlich liege; und schließlich, daß für die Anrechnung der festgestellten Vertrauensschäden eine Differenzierung nach den verschiedenen Typen der Bereicherungsansprüche oder nach Art und Umfang der Beteiligung der Parteien an der Vermögensverschiebung und dem eingetretenen Nachteil naheliege.

Zum anderen findet sich in der kritischen Literatur die Erwägung, daß der Bereicherte für eigene Vermögensentscheidungen einstehen und nicht Mißerfolge daraus ohne weiteres auf den Bereicherungsgläubiger abwälzen können soll.

Mit diesen Überlegungen wird die vorliegende Untersuchung sich im vierten Kapitel auseinandersetzen müssen. Zunächst soll jedoch in den folgenden Kapiteln untersucht werden, inwieweit dem Lösungsvorrat ausländischer Rechte Anregungen entnommen werden können.

2. Kapitel

Ausländische Rechte

A. SCHWEIZ

I. Die Grundlagen der Bereicherungshaftung

Das Bereicherungsrecht der Schweiz gleicht in seinen Grundzügen der deutschen Regelung. Sedes materiae sind die Artt. 62 ff. OR. Das Gesetz stellt an den Anfang den Generalsatz: „Wer in ungerechtfertigter Weise aus dem Vermögen eines anderen bereichert worden ist, hat die Bereicherung zurückzuerstatten" (Art. 62 II OR). Als besonderen Anwendungsfall hebt es die Zahlung einer Nichtschuld hervor (Art. 63 OR). Der Anwendungsbereich dieser Vorschriften umfaßt — von einer noch zu erörternden Ausnahme abgesehen — die auch im deutschen Recht anerkannten Bereicherungstatbestände, vor allem also ungerechtfertigte Leistungen, darunter auch Leistungen auf Grund ungültiger Verträge, und unberechtigte Eingriffe in fremde Rechte[1].

Die gesetzliche Regelung der Schweiz beruht wie die deutsche auf gemeinrechtlichem Bereicherungsdenken[2]. Auch die dogmatische Konzeption zeigt alle Merkmale der in Deutschland von der Pandektenlehre begründeten Auffassung: die Betrachtung der Bereicherung als Vermögensdifferenz, als „variable Größe"; den Hinweis auf die Parallele zum Schadensbegriff[3].

---

[1] Vgl. BECKER Art. 62 OR Anm. 13, 20; OSER/SCHÖNENBERGER Art. 62 OR Anm. 12; GUHL 176 ff.; VON BÜREN 296 ff.

[2] BECKER vor Artt. 62—67 OR Anm. 1; OSER/SCHÖNENBERGER vor Artt. 62—67 OR Anm. 2; JANNER 5; WITTMANN 20 f.

[3] Vgl. OSER/SCHÖNENBERGER Art. 64 OR Anm. 3; BECKER Art. 62 OR Anm. 4; VON TUHR/SIEGWART 421; GUHL 176; VON BÜREN 295, 313.

II. Das Haftungsmaß

Der gemeinrechtliche Ursprung äußert sich auch bei der Regelung des Umfangs der Rückerstattung. Nach Art. 64 OR kann die Rückerstattung von dem Gutgläubigen insoweit nicht gefordert werden, „als der Empfänger nachweisbar zur Zeit der Rückforderung nicht mehr bereichert ist". Der Sinn der Haftungsbeschränkung auf die fortdauernde Bereicherung ist auch nach schweizerischer Auffassung, daß die Rückerstattungspflicht keinesfalls zu einer Schädigung des gutgläubigen Empfängers führen darf[4]. Bei der Bemessung der herauszugebenden Bereicherung ist deshalb nach dem Bundesgericht darauf Bedacht zu nehmen, „daß der gutgläubige Empfänger nach der Rückerstattung nicht schlechter dastehen darf, als wenn die Zuwendung nicht stattgefunden hätte"[5].

Mit dieser Richtlinie wird Art. 64 OR jedenfalls im Ansatz ebenso verstanden wie § 818 III BGB von den deutschen Gerichten. Der gutgläubige Bereicherungsschuldner wird frei, wenn der erhaltene Gegenstand bei ihm ersatzlos untergeht oder abhanden kommt[6] oder ohne Ersparnis von Aufwendungen verbraucht wird, ebenso, soweit er das Erhaltene verschenkt oder unter seinem Wert veräußert[7]. Darüberhinaus sind aber auch alle Nachteile im weiteren Vermögen des Bereicherten anzurechnen, die in einem „rechtlich relevanten" Kausalzusammenhang mit dem grundlosen Erwerb stehen[8]. Dazu sollen gehören die Kosten des Erwerbs und der Rückerstattung[9], Schäden, die der erhaltene Gegenstand im übrigen Vermögen angerichtet hat[10], vor allem aber der vom Bundesgericht im Anschluß an VON TUHR so genannte „Rückforderungsschaden": Nachteile, die dem Bereicherten durch die Rückforderung erwachsen, weil er im Vertrauen auf die Endgültigkeit des Erwerbs eine andere sein Vermögen beeinträchtigende Verfügung getroffen oder eine Maßnahme zur Wahrung seines Vermögens unterlassen hat[11].

---

[4] BGE 73 II 108 (109); 82 II 430 (439); VON TUHR/SIEGWART 421.

[5] BGE 82 II 430 (439).

[6] Wenn etwa der Notar als Vertreter des Empfängers die Leistung unterschlägt, besteht die Bereicherung des Empfängers nur noch in seinem Ersatzanspruch gegen den Notar, BGE 45 II 447; siehe auch BG BlZR 3 (1904) Nr. 42: Veruntreuung des Erhaltenen durch Angestellte des Empfängers geht im Ergebnis zu Lasten des Leistenden.

[7] BGE 27 II 106; OSER/SCHÖNENBERGER Art. 64 OR Anm. 5; VON TUHR/SIEGWART 421 f.; VON BÜREN 313.

[8] BGE 73 II 108; Handelsgericht Zürich und Bundesgericht BlZR 33 (1934) Nr. 150 S. 325 f.; VON TUHR/SIEGWART 423.

[9] VON TUHR/SIEGWART 424 f.; OSER/SCHÖNENBERGER Art. 65 OR Anm. 9.

[10] BGE 64 II 121 (131); 73 II 108 (109); VON TUHR/SIEGWART 423.

[11] BGE 64 II 121 (131); 73 II 108 (109); VON TUHR/SIEGWART 408.

Auf der anderen Seite scheint man in der Literatur ebenso wie die deutsche herrschende Praxis dahin zu tendieren, dem, der wegen Veräußerung oder Verbrauchs fremder Sachen auf Wertersatz in Anspruch genommen wird, nicht zu gestatten, den an einen Dritten gezahlten Kaufpreis gegenzurechnen[12]. Diese Regel erleidet freilich eine wichtige, bereits im Sachenrecht begründete Ausnahme. Nach Art. 934 I ZGB können abhanden gekommene Sachen (wie nach § 935 BGB) jedem Empfänger abgefordert werden. Wenn sie jedoch in öffentlicher Versteigerung, auf dem Markt oder von einem mit Waren gleicher Art handelnden Kaufmann übertragen worden waren, braucht der erste und jeder spätere gutgläubige Besitzer sie nur gegen Erstattung des von ihm gezahlten Preises herauszugeben (Art. 934 II ZGB). Veräußert der gutgläubige Besitzer die Ware wirksam oder verbraucht er sie, so muß er dieses Lösungsrecht auch der dann einsetzenden Wertkondiktion entgegenhalten dürfen[13]. Denn für Eingriffstatbestände sieht man auch in der Schweiz die Kondiktion lediglich als „Ergänzung und Abrundung absoluter Rechtspositionen"[14].

III. Unterschiede zum deutschen Recht

Gleicht das schweizerische Recht dem deutschen in den wesentlichen Grundzügen, so sind doch in Einzelheiten einige Abweichungen zu verzeichnen.

1. Der Anwendungsbereich bei nichtigem Vertrag. — Ein wichtiger Unterschied besteht darin, daß man im Sachenrecht vom Abstraktionsgrundsatz abgegangen ist. Für das Liegenschaftsrecht folgt dies bereits aus Art. 974 II ZGB; für den Fahrniserwerb ist die kausale Gestaltung seit 1929 feste Rechtsprechung des Bundesgerichts[15].

Die Wirksamkeit der Übereignung hängt also von der Gültigkeit des Grundgeschäfts ab. Deshalb bestimmt über die Haftung des Leistungsempfängers nicht Bereicherungsrecht, sondern das Sachenrecht im ZGB, solange sich die erhaltene Sache noch ausscheidbar beim Empfänger befindet[16]. Nach den einschlägigen Regeln des Sachenrechts haftet der gutgläubige unrechtmäßige Besitzer zwar keinesfalls für Verlust oder Beschädigung der Sache, solange er sie seinem vermuteten Rechte gemäß

[12] Carry 214 f.
[13] So im Ergebnis Obergericht Zürich BlZR 19 (1920) Nr. 45.
[14] von Büren 297.
[15] BGE 55 II 302; 56 II 203 (210); 65 II 62 (65); 67 II 149 (161).
[16] Guhl 179 f.; von Büren 296.

gebraucht und nutzt (Art. 938 ZGB). Im übrigen aber kann er gegenüber dem Herausgabeverlangen nur Ersatz seiner Verwendungen für die Sache, und zwar nur der notwendigen und nützlichen Verwendungen, beanspruchen (Art. 939 I ZGB). Bereicherungshaftung setzt erst ein, wenn die erhaltene Sache beim Empfänger verarbeitet, vermischt, veräußert oder verbraucht worden ist[17]. Ob daraus freilich die Konsequenz zu ziehen ist, daß von diesem Zeitpunkt ab Art. 64 OR mit allen seinen dem Empfänger günstigen Folgen angewendet werden muß, ist bisher in Rechtsprechung und Literatur nicht behandelt worden.

2. Der Tatbestand der Gutgläubigkeit. — Eingeschränkt wird der Anwendungsbereich der milden Bereicherungshaftung ferner dadurch, daß nach Art. 64 OR das Haftungsprivileg schon dann versagt, wenn der Empfänger „mit der Rückerstattung rechnen mußte", d. h. wenn er an der Berechtigung der Bereicherung Zweifel haben mußte[18].

3. Verwendungen. — Eine besondere Regelung gilt für die Anrechnung von Verwendungen. Art. 65 I OR stellt den Empfänger insofern dem unrechtmäßigen Besitzer gleich: Anrechnungsfähig sind nur notwendige und nützliche Verwendungen; für andere, die der Bereicherte zu seiner Annehmlichkeit oder zu persönlichen Zwecken vorgenommen hat, besteht nur ein Wegnahmerecht (Art. 65 II OR).

4. Die Stellung des Richters. — Der wesentlichste Unterschied zum deutschen Recht liegt aber darin, daß dem Schweizer Richter trotz des allgemein postulierten weitgehenden Anrechnungsprinzips für den Einzelfall ein gewisses Beurteilungsermessen zugeschrieben wird. Die Eigenart der Schweizer Kodifikationen, dem Richter in zahllosen Fällen ein Ermessen zuzubilligen[19], zeitigt offenbar auch hier Wirkungen, obwohl das Gesetz in den Bereicherungsvorschriften eine solche ausdrückliche Ermächtigung nicht enthält. Die freiere Stellung des Schweizer Richters kann sich zudem hier besonders auswirken, weil verglichen mit deutschen Verhältnissen die schweizerische Judikatur spärlich ist und sich deshalb noch nicht sehr verfestigt hat.

Ansatzpunkt für das richterliche Ermessen ist der Begriff der als Vermögensdifferenz betrachteten Bereicherung. Es wird darauf hingewie-

---

[17] von Tuhr/Siegwart 415 f.; Guhl 179 f.; von Büren 296. — Nach Homberger Art. 938 Anm. 12 soll freilich bei verbrauchbaren Sachen auch der Verbrauch durch Art. 938 ZGB geschützt sein, d. h. auch keinen Bereicherungsanspruch auslösen.

[18] Oser/Schönenberger Art. 64 OR Anm. 8; von Büren 314.

[19] Beispiele bei Meyer-Hayoz Art. 4 ZGB Anm. 60 ff.

sen, daß, ebenso wie das Gesetz für die Bemessung des Schadensersatzes den Richter ausdrücklich auf eine freie Würdigung der Umstände verweist (Art. 43 I OR), auch der Umfang der zu erstattenden Bereicherung in vielen Fällen nur durch richterliches Ermessen festgestellt werden könne[20]. Das Bundesgericht hat dazu einmal formuliert: „Eine ein für allemal gültige Formel zur Ermittlung der Bereicherung läßt sich nicht aufstellen, sondern es müssen unter dem Gesichtspunkt der Billigkeit, die das Gebiet der Bereicherungsansprüche in ausgeprägtem Maße beherrscht, die Umstände des konkreten Falles berücksichtigt werden."[21]

Ein weiterer Ansatzpunkt ist die Formel, daß die Nachteile anzurechnen sind, die mit dem grundlosen Erwerb in rechtlich relevantem, d. h. in adäquatem Kausalzusammenhang stehen. Der Adäquanz-Theorie entnimmt aber der Schweizer Jurist weniger eine stringente Rechtsregel als eine kurze Umschreibung dessen, was „die praktische Vernunft und das Taktgefühl des Richters"[22] als zurechnungswürdig erscheinen lassen. Ein Instanzgericht hat diese Auffassung für das Bereicherungsrecht unter Billigung des Bundesgerichts einmal in die Worte gekleidet: „Dafür, ob ein Ereignis ‚ungewöhnlich' sei und ‚außerhalb der Lebenserfahrung' liege, gibt es kein untrügliches objektives Merkmal, und letzten Endes wird der Richter unter Würdigung aller Umstände des einzelnen Falles nach freiem Ermessen zu entscheiden haben, ob ihm der Kausalzusammenhang als adäquat erscheine."[23]

IV. Zusammenfassung

Das Schweizer Recht geht auf gleicher historischer und dogmatischer Grundlage davon aus, daß der gutgläubige Bereicherungsschuldner möglichst gegen jeglichen Nachteil aus der Rückforderung geschützt werden muß; wo die milde Bereicherungshaftung überhaupt Platz greift, tendiert es daher im wesentlichen zu denselben Ergebnissen wie die deutsche herrschende Lehre und Praxis. Im Einzelfall wird die Anrechnung nach dem adäquaten Kausalzusammenhang jedoch weniger als Folge einer präetablierten Rechtsregel denn als Ergebnis eines richterlichen Angemessenheitsurteils verstanden. Dadurch wahren sich die Gerichte von vorn-

---

[20] von Tuhr/Siegwart 421.
[21] BGE 73 II 108.
[22] von Tuhr/Siegwart 90.
[23] Handelsgericht Zürich BlZR 33 (1934) Nr. 150 S. 326.

herein die Möglichkeit zu flexiblerer und differenzierterer Praxis der Anrechnung.

B. ÖSTERREICH

I. Die Grundlagen der Bereicherungshaftung

Das österreichische ABGB von 1811 kennt — anders als die Gesetzbücher Deutschlands und der Schweiz — eine allgemeine Bereicherungsklage noch nicht. Es enthält eine Reihe von Vorschriften, die Kondiktionscharakter haben, vor allem die §§ 1431—1437 über die Rückforderung einer nicht geschuldeten Leistung, die ergänzt werden durch Vorschriften über Leistungsrückforderung nach nichtigem Vertrag (§ 877) und beim Ausbleiben der Gegenleistung (§§ 921, 1447). Außerdem gibt es — im Anschluß an Gedanken der Naturrechtslehrer — eine allgemeine Klage auf Herausgabe oder Wertersatz dem, dessen „Sache zum Nutzen eines anderen verwendet worden ist" (§ 1041 ABGB)[24].

Mit diesen Vorschriften bewältigt das österreichische Recht die verschiedenen Tatbestände, die im deutschen Recht Bereicherungsansprüche nach §§ 812 ff. BGB auslösen[25]. Lange Zeit war freilich nicht recht geklärt, welche Rolle der Verwendungsklage nach § 1041 ABGB exakt zuzuschreiben sei[26]. Heute hat man sich in der Lehre unter dem Eindruck der Konzeption WILBURGS weitgehend dahin geeinigt, daß § 1041 ABGB außer den eigentlichen Versionsfällen — Bereicherung über eine Mittelsperson — den Fall der Bereicherung aus fremdem Rechtsgut ohne Leistung des Rechtsinhabers regelt, während die §§ 1431 ff. ABGB (und die ihnen nahestehenden §§ 877, 921, 1447) bei grundlosen Leistungen eingreifen[27]. In der Praxis allerdings bleiben die Grenzen zwischen diesen beiden Bereichen fließend; die Rechtsprechung neigt gelegentlich sogar dazu, § 1041 und § 1431 ABGB zu einer einheitlichen Restitutionsregel zusammenzuziehen[28].

---

[24] Über die nachrömische Entstehungsgeschichte der Verwendungsklage siehe WELLSPACHER 12—74; DAWSON 84—91; KUPISCH, Die Versionsklage (1965).

[25] Mit der Einschränkung, daß man wie in der Schweiz nicht dem Abstraktionsgrundsatz anhängt, § 380 ABGB; vgl. EHRENZWEIG I 2, § 208 (S. 191); KLANG § 380 Anm. 1, § 424 Anm. II 1 (S. 299 f.).

[26] Vgl. darüber KUPISCH 96—107; WILBURG, Bereicherung 59—73.

[27] Vgl. KLANG(-WILBURG) §§ 1431—1437 Anm. I b (S. 440); KLANG(-STANZL) §§ 1035 bis 1044 Vorbem. S. 889, § 1041 Anm. A I (S. 909); BYDLINSKI, JBl. 1969, 252. In diesem Sinne auch OGH SZ XXVII Nr. 221.

[28] Vgl. OGH SZ XIV Nr. 65; OGH JBl. 1954, 96 und 120; 1969, 272.

II. Das Haftungsmaß

Die Grenzen der Haftung nach diesen Vorschriften sind weniger eindeutig abgesteckt.

1. Die Verwendungsklage. — Für die Verwendungsklage bestimmt § 1041 ABGB, daß die zum Nutzen eines anderen verwendete Sache herauszugeben oder ihr Wert zu ersetzen ist, „obgleich der Nutzen in der Folge vereitelt worden ist". Verwendet in diesem Sinne ist eine Sache, wenn sie zum Nutzen eines anderen gebraucht, verbraucht oder veräußert worden ist[29]. Ist der Verwendungserfolg aber einmal eingetreten, so soll der Wertersatzanspruch durch einen späteren Wegfall des Nutzens oder andere Nachteile, die ihn aufwiegen, nicht berührt werden; er bleibt auf den ursprünglichen Geldbetrag fixiert[30].

Diese für den Schuldner strenge Regel wird freilich dadurch gemildert, daß der Verwendungserfolg nicht einfach nach seinem objektiven Wert, sondern nach dem individuellen tatsächlichen Nutzen für den Schuldner zu vergüten ist: Wer fremde Sachen unter Wert verkauft, haftet nur bis zur Höhe des Erlöses[31]; wer statt der gewohnten Kohle versehentlich den Koksvorrat eines anderen verheizt, hat nur den Wert einer entsprechenden Menge Kohle zu ersetzen[32].

2. Die Leistungskondiktion. — Für die Haftung bei der Leistungskondiktion unterscheidet § 1437 ABGB zwischen dem redlichen und dem unredlichen Empfänger. Unredlich ist, wer „den Irrtum des Gebers gewußt hat oder aus den Umständen vermuten mußte". Der Haftungsumfang soll sich nach den Vorschriften richten, die zwischen dem Eigentümer und dem Besitzer gelten. Nach diesen Vorschriften haftet der unredliche Besitzer für die durch seinen Besitz entstandenen Schäden und hat die aus dem Besitz erlangten Vorteile zurückzustellen (§ 335 ABGB). Für Verwendungen kann er nur wie ein Geschäftsführer ohne Auftrag Ersatz verlangen (§ 336 ABGB). Der redliche Besitzer dagegen soll nach § 329 ABGB keinen Schadensersatz schulden für den Gebrauch, Verbrauch oder die „Vertilgung" der Sache, doch muß er über den dadurch erlangten

---

[29] KLANG(-STANZL) § 1041 Anm. B (S. 917).

[30] So jedenfalls bisher die überwiegende der zu § 1041 AGBG vertretenen Ansichten: vgl. EHRENZWEIG II 1, § 415 II 5 und III; WILBURG, Bereicherung 139 f.; KLANG (-PISKO) (1. Aufl. 1934) § 1041 Anm. III g (S. 916 f.).

[31] OGH SZ XIV Nr. 42 und XXV Nr. 167 mit der Begründung: Mehr wäre Schadensersatz; KLANG(-STANZL) § 1041 Anm. E II 2 (S. 920).

[32] OGH SZ VII Nr. 150.

Nutzen abrechnen[33]. Er kann ferner Ersatz der notwendigen und nützlichen Verwendungen verlangen; sonstigen Aufwand, den er „zum Vergnügen und zur Verschönerung“ gemacht hat, bekommt auch der gutgläubige Besitzer nur ersetzt, soweit dadurch die Sache objektiv an Wert gewonnen hat (§§ 331, 332 ABGB).

3. Lehre und Praxis. — Diese an sich eindeutigen Regeln werden in der österreichischen Lehre durchaus unterschiedlich interpretiert. Die divergierenden Interpretationen beruhen großenteils auf unterschiedlichen Auffassungen über den allgemeinen Rechtscharakter der Restitutionsansprüche. Von der einen Seite werden sie als Bereicherungsansprüche im gemeinrechtlichen Sinne, von der anderen mehr als vindikationsähnliche, sich auf den ursprünglichen Erwerb konzentrierende Ansprüche verstanden[34], und je nachdem wird eine stärkere oder geringere Berücksichtigung der dem Empfänger durch den Erwerb entstandenen Nachteile befürwortet. Die Judikatur hat sich in keiner Richtung festgelegt. Einerseits wird wohl von „Bereicherung“ gesprochen, andererseits zieht man aus dem Bereicherungsgedanken doch nicht ohne weiteres die von der deutschen Praxis entwickelten Folgerungen[35].

Im einzelnen ergibt sich aus den nicht immer klaren Äußerungen in der Literatur zusammen mit der — im Vergleich zur deutschen Rechtsprechung — nicht sehr umfangreichen Judikatur etwa folgendes Bild:

Der Kondiktionsschuldner wird grundsätzlich frei, wenn der ursprüngliche Bereicherungsgegenstand bei ihm ersatzlos zerstört wird oder abhanden kommt[36]. So etwa, wenn der bevollmächtigte Angestellte die erhaltene Leistung unterschlägt, bevor sie zum Nutzen des eigentlichen Leistungsadressaten verwendet wurde[37]. Die Rückgabepflicht beschränkt sich in diesen Fällen auf den Ersatz oder Ersatzanspruch, den der Empfänger durch den Verlust oder die Zerstörung erlangt hat[38].

Verwendet der Empfänger den Gegenstand für sich, so haftet er auf Wertersatz, der freilich das Maß des tatsächlich erlangten individuellen

---

[33] OGH GlU XXI Nr. 9365; GlUNF XVII Nr. 6806; SZ XIV Nr. 65; KLANG (-WILBURG) §§ 1431—1437 Anm. X A 1 (S. 478).

[34] Vgl. einerseits KLANG(-SWOBODA) (1. Aufl. 1935) zu §§ 1431 ff., andererseits vor allem EHRENZWEIG II 1, § 416 (S. 733).

[35] Bezugnahmen auf den Bereicherungsgedanken z. B. bei OGH SZ XI Nr. 86 (S. 261 ff.); XI Nr. 211 (S. 607); XIV Nrn. 42 und 65; XXIV Nr. 204; ZBl. 1935 Nr. 294; JBl. 1933, 147; 1954, 96 und 120.

[36] KLANG(-WILBURG) §§ 1431—1437 Anm. X A I (S. 478).

[37] OGH GlUNF XIII Nr. 5167.

[38] KLANG(-WILBURG) §§ 1431—1437 Anm. IX F 1 b (S. 476) und X A 1 (S. 478).

Nutzens nicht übersteigen darf. Bei entgeltlicher Veräußerung schuldet der Empfänger also nur Herausgabe des erzielten Erlöses, wenn dieser den objektiven Wert nicht erreicht[39], bei Schenkung, Verbrauch oder Verarbeitung Wertersatz in Höhe des ersparten Aufwandes[40].

Weniger einmütig sind die Antworten für den Fall, daß der einmal erlangte, in Geld zu vergütende Nutzen wieder verlorengeht — wenn etwa die mit indebite erhaltenem Geld eingekaufte Ware wegen eines Preissturzes nur unter Verlust abgesetzt werden kann oder wenn grundlos Arbeitsleistungen erbracht werden für die Herstellung eines Produkts, das später auf dem Lager einem Brand zum Opfer fällt —, sowie für den Fall, daß der Empfänger im sonstigen Vermögen — durch falsche Dispositionen, übermäßige Ausgaben, versäumte Chancen, Schäden durch das Erlangte — Nachteile erleidet.

Für die einen, die den Wortlaut des Gesetzes genau nehmen, soll der spätere Wegfall des Nutzens die Kondiktion nicht mehr berühren[41]. Wer fremde Leistung oder fremdes Gut seinem Vermögen so einverleibt hat, daß er Vergütung effektiv gezogenen Nutzens schuldet, der soll nach dieser Meinung auch allein das Risiko dieser Verwendung und seiner weiteren Vermögensentwicklung tragen[42]. Man beruft sich hierfür auf § 1041 ABGB, der dies für die Verwendungsklage ausdrücklich festlegt und dessen Grundgedanke auch für die Fälle der §§ 1431 ff. gelte, wie auch auf die Billigkeit; der Kondiktionsschuldner sei für die Entgegennahme der Bereicherung in der Regel mindestens ebenso verantwortlich wie der Gläubiger für die Hergabe und müsse daher die indirekten Folgen des Erwerbs selbst tragen. Das Ergebnis dieser Lehre lautet: Der Kondiktionsanspruch bleibt endgültig fixiert, sobald er einmal auf Ersatz eines Nutzens in Geld gerichtet ist[43]. Ebenso soll nach den Vertretern dieser Ansicht auf sonstige Nachteile nur dann Rücksicht genommen werden, wenn sie nach § 1437 ABGB in Verbindung mit den Regeln der Eigentumsklage als ersatzfähige Verwendungen gelten[44].

---

[39] OGH SZ XIV Nr. 42; SZ XXV Nr. 167; Ehrenzweig II 1, § 417 II A 1 d mit § 415 IV 1; Klang(-Pisko) (1. Aufl. 1934) § 877 Anm. III 1 a (S. 161); Klang(-Wilburg) §§ 1431—1437 Anm. IX F 1 b (S. 476).

[40] OGH SZ VII Nr. 150; Ehrenzweig II 1, § 415 III; Klang(-Stanzl) § 1041 Anm. E II 3 (S. 921).

[41] Vgl. Ehrenzweig II 1, § 415 II 5; Pfersche 144—148, 201, 207.

[42] Vgl. Ehrenzweig II 1, § 415 III; Pfersche 145 ff.

[43] Ebenso wie die in der deutschen Pandektenlehre und bei den Beratungen zum BGB in der Minderheit gebliebene Ansicht, siehe oben S. 7, 8 f.

[44] Ehrenzweig II 1, §§ 416, 417 II A 1.

Die Gegenansicht, die in den Kondiktionsfällen des ABGB Beispiele für die nach ihrer Auffassung auch im österreichischen Recht existierende Bereicherungsklage gemeinrechtlichen Musters sieht, folgert aus dem Begriff der Bereicherung, der gutgläubige Schuldner dürfe nur auf den noch vorhandenen Vermögensüberschuß haften. Sie ist daher geneigt, alle Nachteile des Schuldners zu berücksichtigen, die mit dem Erwerb im Zusammenhang stehen[45].

In diese einander seit langem starr gegenüberstehenden Ansichten hat jetzt Wilburg Bewegung gebracht. In seiner Kommentierung der §§ 1431 ff. ABGB im repräsentativen Klangschen Kommentar (1951) vertritt er ausführlich seine bereits geschilderte Lehre[46], deren wesentliche Aussage die ist, daß über die Anrechnung nur von Fall zu Fall ohne starre Bindung an eine der bislang vertretenen Theorien nach einer Interessenabwägung entschieden werden kann[47].

Die Rechtsprechung hat sich bisher auf keine dieser Auffassungen festgelegt. Die Zahl der veröffentlichten höchstrichterlichen Entscheidungen ist, verglichen mit der deutschen Judikatur, gering, die Begründungen sind häufig lapidar[48], häufig betont pragmatisch. Die meisten veröffentlichten Entscheidungen betreffen ungerechtfertigte Geldleistungen. In diesen Fällen neigt die Rechtsprechung dazu, den tatsächlichen Erhalt des Geldes als endgültige Bereicherung des Empfängers anzusehen. Der Empfänger haftet auf Rückzahlung einer gleichen Summe, ohne daß nach dem weiteren Schicksal des erhaltenen Wertes in seinem Vermögen viel gefragt würde[49]. Der Grund für diese Haltung dürfte eine Art tatsächlicher Vermutung

---

[45] Führender Vertreter dieser Auffassung war Swoboda, Bereicherung, Geschäftsführung ohne Auftrag, Versio in rem (1918) und bei Klang, ABGB IV (1. Aufl. 1935) zu § 1437, S. 452—464. Swoboda vertrat diese Ansicht freilich nur für die §§ 1431 ff., nicht auch für § 1041, weil er diese Vorschrift nicht zu den Anwendungsfällen des „Bereicherungsgedankens" rechnete. Jedoch brachte er unter die §§ 1431 ff. auch solche Fälle, die nach der heute vorherrschenden Auffassung unter § 1041 gehören.

[46] Oben S. 28 ff.

[47] Klang(-Wilburg) §§ 1431—1437 Anm. X B 4 (S. 480 ff.) und C.

[48] So war etwa in OGH GlUNF VIII Nr. 3065 dasselbe Problem zu entscheiden wie im „Bierkutscherfall" (RGZ 98, 64): Jemand verkauft Ware im eigenen Namen und läßt die Lieferung durch einen Dritten ausführen, dem er vorgespiegelt hat, in seinem Namen verkauft zu haben. Kann der Empfänger der Ware der auf Bereicherung gestützten Vergütungsklage des Dritten entgegenhalten, daß er den Kaufpreis in gutem Glauben an den gezahlt habe, der ihm gegenüber als Verkäufer aufgetreten ist? Nach Ansicht des OGH nicht (anders RG aaO). Seine Begründung lautete schlicht: Im Verhältnis des Dritten zum Empfänger ist die Bereicherung jedenfalls vorhanden.

[49] Vgl. OGH SZ VII Nr. 218; XI Nr. 86; XIV Nr. 65; GlUNF X Nr. 3750; Rspr. 1926 Nr. 26; LG Wien ZBl. 1927 Nr. 207 (S. 602).

sein, nämlich die, daß der Empfänger Geld in aller Regel vorteilhaft für sich verwendet[50]. Für den Fall, daß der Empfänger Eigentum an dem Geld erworben hat, also spätestens vom Zeitpunkt der Vermischung ab, befürwortet die Rechtslehre diese Rechtsprechung mit der Erwägung, der Nutzen des Geldes für den Empfänger bestehe schon in der unbeschränkten wirtschaftlichen Verwendungsmöglichkeit[51], oder nimmt sie doch hin, weil praktische Erwägungen der weiteren Verfolgung des Sachverhalts früher oder später ein Ende setzen müßten[52].

Anders hat die Rechtsprechung bisher jedoch in zwei Fallgruppen entschieden: Einmal bei falscher Berechnung von Gehalts- oder Pensionsbezügen, deren Rückforderung der Empfänger entgegenhalten darf, daß er das Geld für erhöhten Lebensaufwand verbraucht habe[53]; zum anderen bei Zahlung an Geschäftsunfähige, denen generell der Einwand unvorteilhafter Verwendung zugebilligt wird[54]. Die maßgebenden Begründungen hierfür sind eng an der jeweiligen Falltypik orientiert. Für die erste Gruppe ist es nach der Rechtsprechung der Alimentationszweck der Gehalts- oder Pensionszahlung, die Tatsache, daß ein größerer Betrieb bei der Gehaltsberechnung über mehr Sachkunde als sein Arbeitnehmer verfügt, und schließlich die soziale Lage des Empfängers, dem eine Thesaurierung seiner Bezüge im Hinblick auf eine mögliche Rückforderung nicht zugemutet werden könne[55]. Bei der zweiten Gruppe ist es nach der Rechtsprechung der vom Gesetz klar artikulierte Schutz der Geschäftsbeschränkten, der die Eingrenzung ihrer Haftung auf die tatsächlich noch vorhandene Bereicherung notwendig macht[56].

III. Zusammenfassung

Angesichts der divergierenden Auffassungen in der Rechtslehre und der wenig grundsätzlich argumentierenden Judikatur fällt es schwer, eine komprimierte Bilanz der Haltung zu ziehen, die in Österreich zu dem Problem des Bereicherungswegfalls eingenommen wird. Immerhin lassen

---

[50] So die zusammenfassende Würdigung der Rechtsprechung in SZ XI Nr. 86.

[51] Klang(-Pisko) (1. Aufl. 1934) § 877 Anm. III 2 a (S. 161 f.); Klang(-Gschnitzer) (2. Aufl. 1951/63) § 877 Anm. III 2 a (S. 158); Ehrenzweig II 1, § 417 II A 1 e.

[52] Klang(-Wilburg) §§ 1431—1437 Anm. X B 2 (S. 480).

[53] Ausführlich OGH SZ XI Nr. 86; ebenso SZ XIII Nr. 262.

[54] OGH SZ XXIV Nr. 204; GlUNF VIII Nr. 3246; XVI Nr. 6514; ZBl. 1935 Nr. 294; anders nur OGH Rspr. 1926 Nr. 16.

[55] Vgl. OGH SZ XI Nr. 86 (S. 262 f., 264, 265).

[56] Siehe z. B. OGH SZ XXIV Nr. 204.

sich zwei Eigenarten des österreichischen Rechts hervorheben, die im Vergleich mit der deutschen Praxis Beachtung verdienen.

Die eine liegt in der Tendenz, die Verfolgung des Schicksals der Bereicherung beim Empfänger früher abzubrechen, nämlich dann, wenn das Rückforderungsrecht die Gestalt eines summenmäßigen Geldanspruchs angenommen hat, sei es von vornherein, wenn Geld oder ein in Geld zu vergütender Nutzen erlangt wurde, sei es später, sobald der Wert des ursprünglich erlangten konkreten Gegenstandes dem Vermögen des Empfängers ununterscheidbar einverleibt wurde. Darin kommt ein gewisser Pragmatismus zum Ausdruck, der es von vornherein ablehnt, dem ursprünglichen ungerechtfertigten Erwerb bis in alle seine weiteren Entwicklungen nachzugehen. Dahinter steht aber auch das Gefühl, daß der Empfänger das Risiko unwirtschaftlicher Verwendung des Erlangten in gewissem Maße selbst tragen muß.

Die zweite Besonderheit liegt darin, daß die Rechtsprechung sich für die Nachteilsanrechnung nicht auf generelle Formeln verläßt, sondern bereit ist, die Entscheidung auf vielfältige und praktische Erwägungen zu stützen, die sich gerade aus der anstehenden Falltypik ergeben.

C. FRANKREICH

I. Die Grundlagen der Bereicherungshaftung

Der französische Code civil kennt eine allgemeine Bereicherungsklage mit einheitlicher Haftungsregelung nicht. Seine Verfasser beschränkten sich darauf, einzelne Situationen, die man heute als Falltypen des Bereicherungsrechts begreift, über das ganze Gesetz verstreut jeweils gesondert zu regeln. Solche ausdrücklichen Regeln gelten für die Rückforderung nichtgeschuldeter Leistungen („répétition de l'indu", Artt. 1376—1381), für den Verwendungsersatz bei verschiedenen Rechtsverhältnissen (Artt. 548, 861, 862, 1437, 1673, 1957, 2080, 2175) und für den Ausgleich nach eigentumsändernder Verbindung, Vermischung und Verarbeitung von Sachen (Artt. 554, 555 III, 566, 570, 571)[57].

Nach der heute herrschenden Auffassung sind diese Einzelregelungen freilich konkrete Evidenz eines im Hintergrund stehenden allgemeineren Prinzips, nämlich des Satzes, daß niemand auf Kosten eines anderen ohne Rechtsgrund („sans cause" oder „sans cause légitime") bereichert sein

---

[57] Artikel ohne weitere Angabe sind hier und im folgenden die des Code civil.

dürfe[58]. Daß dieser Satz einen Anspruch auf Auskehrung eines ungerechtfertigten Vorteils auch ohne weitere gesetzliche Konkretisierung begründen kann, hat der Kassationshof in dem berühmten Fall „Boudier“ entschieden[59]. Seit dieser Entscheidung hat das französische Recht neben den im Gesetz ausdrücklich normierten Fällen eine von der Rechtsprechung entwickelte allgemeine Bereicherungsklage, die zunächst als „action de in rem verso“ bezeichnet wurde, heute aber vorwiegend als Klage aus „enrichissement sans cause“ behandelt wird[60].

Die allgemeine Bereicherungsklage kann sämtliche Falltypen des Bereicherungsrechts in sich aufnehmen, sei es, daß die Bereicherung durch eine Leistung des Entreicherten, durch Handlungen des Bereicherten oder eines Dritten oder sonstwie geschieht. Ihr Anwendungsbereich ist praktisch allerdings insoweit begrenzt, als für bestimmte Falltypen die bereits genannten ausdrücklichen gesetzlichen Vorschriften zuständig sind. Von ihnen haben die größte Bedeutung die Regeln über die Rückforderung nichtgeschuldeter Leistungen (Artt. 1376 ff.). Sie gelten allgemein für grundlose Geldzahlungen und andere Sachleistungen, also für einen großen Teil der Fälle, in denen das deutsche Recht eine Leistungskondiktion gewährt[61]. Die allgemeine Bereicherungsklage wird eingesetzt nach grundlos geleisteten Diensten, in den Fällen der Bereicherung aus fremdem Rechtsgut (als „Eingriffskondiktion“) und vor allem in „Versionsfällen“, wenn also der Beklagte über eine Mittelsperson durch eine Leistung des Klägers bereichert worden ist[62].

II. Das Haftungsmaß

Das Maß der Haftung ist nur für die Rückforderung einer Nichtschuld des näheren geregelt (Artt. 1379—1381). Die dort vorgesehenen Regeln gelten jedoch als repräsentativ auch für die Behandlung der übrigen Fälle — in gewissem Maße auch für den Haftungsumfang bei der allgemeinen Bereicherungsklage.

---

[58] PLANIOL/RIPERT(-ESMEIN) VII Nr. 752; BEUDANT(-RODIÈRE) Nr. 1715; MARTY/RAYNAUD Nr. 347; COLIN/CAPITANT Nr. 1314.

[59] Req., S. 1893. 1. 281, mit Anm. LABBÉ, D. P. 1892. 1. 596.

[60] Vgl. dazu PLANIOL/RIPERT(-ESMEIN) VII Nr. 752; MARTY/RAYNAUD Nrn. 347 f.; COLIN/CAPITANT Nrn. 1310 ff.

[61] Vgl. PLANIOL/RIPERT(-ESMEIN) VII Nrn. 737 f.; MARTY/RAYNAUD Nrn. 624 ff.; COLIN/CAPITANT Nr. 1300; Juris-Classeur Civil Artt. 1376—1381 Nrn. 4—39.

[62] Zu den Versionsfällen siehe KÖNIG, Der Bereicherungsanspruch gegen den Drittempfänger einer Vertragsleistung nach französischem Recht (1967).

1. Die répétition de l'indu. — Die Rückforderung einer nicht geschuldeten Leistung ist im Ansatz vindikationsähnlich. Sie erfaßt nach Artt. 1378, 1379 primär die geleistete Sache, bei Bösgläubigkeit des Empfängers — d. h. bei Kenntnis vom Nichtbestehen der Leistungsverpflichtung — auch die Früchte der Sache.

a) Für den Verlust, den Untergang oder die Verschlechterung der Sache bestimmt Art. 1379: „Si la chose indûment reçue est un immeuble ou un meuble corporel, celui qui l'a reçue s'oblige à la restituer en nature, si elle existe, ou sa valeur, si elle est périe ou détériorée par sa faute; il est même garant de sa perte par cas fortuit, s'il l'a reçue de mauvaise foi."

Der Wortlaut der Vorschrift erweckt den Anschein, als ob der gutgläubige Empfänger immerhin für verschuldeten Untergang oder Verlust verantwortlich sei. Nach der herrschenden Meinung ist die Vorschrift jedoch folgendermaßen zu verstehen: Wer die Leistung in gutem Glauben erhält, haftet, solange er gutgläubig bleibt, für ihren Verbleib oder ihre Erhaltung in keinem Falle, gleichgültig, aus welchem Grunde er zur Rückleistung außerstande ist. Wird er später bösgläubig, so haftet er von diesem Zeitpunkt ab für sein Verschulden. Wer von Anfang an bösgläubig ist, haftet auch für zufälligen Verlust oder Untergang, es sei denn, daß der Verlust auch beim Entreicherten eingetreten wäre[63]. Die Haftung des allzeit Gutgläubigen beschränkt sich also auf die Sache, soweit und wie sie noch vorhanden ist, und ihre Surrogate. Man begründet dies damit, daß der Gutgläubige keine Verwahrungspflicht zugunsten des Rückfordernden habe und sein Umgang mit der Sache daher niemals schuldhaft sein könne[64].

b) Ähnlich schützt Art. 1380 den gutgläubigen Empfänger, wenn er die erhaltene Sache veräußert: Solange er gutgläubig ist, schuldet er Wertersatz nur in Höhe des erlangten Preises — bei Schenkung also gar nichts; der Bösgläubige hat schlechthin den Wert zu ersetzen[65].

c) Die vorstehenden Regeln gelten nicht, wenn Geld oder vertretbare Sachen geleistet wurden. Erhaltenes Geld ist stets in gleicher Summe zurückzuzahlen, vertretbare Sachen stets in gleicher Qualität zu erstatten oder nach ihrem Wert zu vergüten[66]. Mit diesem Satz knüpft das fran-

---

[63] PLANIOL/RIPERT(-ESMEIN) VII Nr. 746 mit weiteren Nachweisen (S. 33 N. 2); anders DEMOGUE Nr. 117.

[64] PLANIOL/RIPERT(-ESMEIN) VII Nr. 746 (S. 33 N. 2).

[65] PLANIOL/RIPERT(-ESMEIN) VII Nr. 746; MARTY/RAYNAUD Nr. 634; COLIN/CAPITANT Nr. 1307.

[66] DEMOGUE Nr. 81 (S. 128 f.); PLANIOL/RIPERT(-ESMEIN) VII Nr. 746 (S. 34); MARTY/

zösische Recht an alte Lehren des römischen und gemeineuropäischen Rechts an, die auch anderwärts fortgewirkt haben (siehe oben S. 6 f., 46 f.). Heute wird die Regel vor allem mit Gründen der Praktikabilität gerechtfertigt. Weil es unmöglich sei, den anfangs durch Geld oder vertretbare Sachen verkörperten Wert durch alle seine Metamorphosen im Vermögen des Empfängers weiterzuverfolgen, müsse der Anspruch auf das einmal Erhaltene fixiert werden[67]. Diese endgültige Fixierung soll nach unwidersprochen gebliebener Lehre auch dann eintreten, wenn sich eine ursprüngliche Sachschuld, etwa durch Veräußerung des zurückzugebenden Gegenstandes, in eine Wertersatzpflicht verwandelt hat[68].

d) Ausgenommen von strikter Haftung sind — wie auch in Österreich — Geschäftsunfähige und Minderjährige. Sie haften in jedem Falle, also auch bei Geldleistungen, nach ausdrücklicher Vorschrift nur, soweit die erhaltene Leistung tatsächlich zu ihrem Vorteil verwendet worden ist, und das hat der Kondiktionsgläubiger zu beweisen (Artt. 1241, 1312). Die Lehre von der unbedingten Haftung bei Geldersatz ist aber für die französischen Juristen so attraktiv, daß sie sich auch bei Geschäftsunfähigen und Minderjährigen wieder durchsetzt, sobald der Empfänger mit der Leistung nur einmal einen greifbaren Vorteil erlangt hat, gleichgültig, ob es ihm gelungen ist, sich diesen Vorteil auch später zu erhalten. Hat er das grundlos erhaltene Geld für Einkäufe verwendet, so bleibt er auch dann auf die ganze Summe verpflichtet, wenn die Anschaffungen später zerstört werden oder im Wert sinken[69]. Man sagt, der grundlos Leistende „n'est pas responsable de l'avenir et des causes étrangères, mais seulement de la dissipation“[70].

e) Von den Nachteilen, die dem Empfänger in seinem sonstigen Vermögen entstanden sein können, regelt der Code civil zwei Fälle:

(1) Verwendungen müssen dem Empfänger — auch dem bösgläubigen — ersetzt werden, wenn sie notwendig oder nützlich waren (Art. 1381), die nützlichen freilich nur bis zur Höhe des der Sache verschafften und bei Rückgabe noch vorhandenen Mehrwerts[71].

Raynaud Nr. 633; Beudant(-Rodière) Nr. 1729 a. E.; Encyclopédie Dalloz, „Répétition de l'Indu“ Nr. 40.

[67] Demogue Nr. 81 (S. 128); Beudant(-Rodière) Nr. 1751; Goré 314.

[68] Demogue Nr. 81 (S. 129).

[69] Planiol/Ripert(-Esmein) VI Nr. 323; Demogue Nr. 81 (S. 128).

[70] Planiol/Ripert(-Esmein) aaO.

[71] Planiol/Ripert(-Esmein) VII Nr. 746 (S. 36); Colin/Capitant Nr. 1307; Beudant (-Rodière) Nr. 1736; Demogue Nr. 123.

(2) Einen besonderen Fall des Vermögensschadens berücksichtigt Art. 1377 II: Hat jemand eine fremde Schuld irrtümlich als eigene beglichen, so ist seine an sich gegen den Gläubiger gegebene Rückforderungsklage ausgeschlossen, wenn der Gläubiger in gutem Glauben sein Recht gegen den wahren Schuldner aufgegeben hat („... a supprimé son titre par suite du paiement"). Man hatte hier ursprünglich wohl vor allem an die Vernichtung oder das Durchstreichen der Schuldurkunde gedacht. Die Rechtsprechung billigt dem Empfänger den Schutz des Art. 1377 II indes auch zu, wenn er die Forderung gegen den wahren Schuldner verjähren läßt, bestellte Sicherheiten freigibt oder verfallen läßt[72]. Man geht jedoch nicht so weit, jegliche gutgläubig versäumte Rechtswahrnehmung dem Empfänger zugute zu halten; daß die verpfändete Sache inzwischen wertlos geworden ist oder daß der wahre Schuldner oder der Bürge inzwischen zahlungsunfähig geworden ist, das entlastet nach wohl überwiegender Auffassung den irrtümlich befriedigten Gläubiger nicht; Art. 1377 II meint danach nur den wirklichen Rechtsverlust, nicht auch die versäumte Rechtsdurchsetzung[73].

f) Inwieweit neben diesen im Gesetz geregelten Fällen auch andere Nachteile gegengerechnet werden können, ist in der Rechtsprechung gar nicht, in der Literatur nur vereinzelt behandelt worden. Bei älteren Autoren findet man die Ansicht, der Empfänger könne immer Schädigungen durch das Erlangte absetzen[74]. Auch werden gelegentlich die Erwerbsunkosten für absetzbar erklärt[75]. Am ehesten gesichert erscheint die Ansicht, daß der Empfänger die Kosten der Rückgewähr dem Kondiktionsgläubiger in Rechnung stellen dürfe[76]. Begründung bei PLANIOL/

[72] Civ., D. P. 1913. 1. 96 = S. 1913. 1. 89; Caen, D. P. 1892. 2. 177; Douai, S. 1942. 2. 36. — Eine alte Entscheidung des Kassationshofs verneinte allerdings für den Fall des Verjährens die Anwendbarkeit des Art. 1377 II, Req., D. 1859. 1. 362 = S. 1860. 1. 32. Die moderne Lehre ist jedoch einmütig für den Vertrauensschutz auch in diesem Falle, vgl. PLANIOL/RIPERT(-ESMEIN) VII Nr. 742; COLIN/CAPITANT Nr. 403; BEUDANT (-RODIÈRE) Nr. 1724 (S. 343 N. 1).

[73] Caen, D. P. 1892. 2. 177; Anm. zu Civ., S. 1913. 1. 89 ebendort; PLANIOL/RIPERT (-ESMEIN) VII Nr. 742; a. A. DEMOGUE Nr. 90, der in Art. 1377 II einen Anwendungsfall des Bereicherungsgedankens sieht und daher alle im Vertrauen auf die Rechtsbeständigkeit der Leistung eingegangenen Nachteile anrechnen will, andererseits aber auch daran denkt, den Vertrauensschutz ganz zu versagen, wenn der Empfänger die Leistung besonders energisch angefordert hatte.

[74] So z. B. DEMOLOMBE Nr. 390.

[75] Encyclopédie Dalloz, „Répétition de l'Indu" Nr. 65; DEMOGUE Nr. 124.

[76] PLANIOL/RIPERT(-ESMEIN) VII Nr. 746—g; DEMOGUE Nr. 124; Encyclopédie Dalloz aaO Nr. 65.

RIPERT(-ESMEIN): „En dehors de toute faute prouvée de l'un ou de l'autre, la restitution ayant lieu au profit exclusif du demandeur, tous les frais doivent être à sa charge.“[77]

g) Außer in diesen Situationen können Nachteile im sonstigen Vermögen nur angerechnet werden, wenn sie einen selbständigen kompensationskräftigen Ersatzanspruch des Bereicherten gegen den Entreicherten begründen. Die Möglichkeiten, daß dem Bereicherten ein solcher Anspruch zusteht, sind im französischen Recht allerdings größer als im deutschen, weil die Generalklausel des französischen Deliktsrechts, Artt. 1382/1383, deliktische Ersatzansprüche in jedem Fall fahrlässiger und rechtswidriger Vermögensschädigung zuläßt, also auch bei „reinen Vermögensschäden“, die infolge des Enumerationsprinzips in § 823 BGB in Deutschland unter Umständen unersetzt bleiben müßten[78]. Auf die Möglichkeit solcher Kompensation des Rückgewähranspruchs mit außervertraglichen Ersatzansprüchen wird denn auch in der Literatur immer wieder hingewiesen[79]. Als Beispiel zitiert man regelmäßig eine ältere Entscheidung des Conseil d'Etat: Einem Pensionär waren irrtümlich 15 Jahre lang zu hohe Bezüge gezahlt worden, die er für seinen Lebensunterhalt verbraucht hatte. Der Conseil d'Etat wies die Rückforderungsklage ab; ein solcher jahrelanger Irrtum könne nur auf „faute de service“ beruhen, „qui engage la responsabilité de l'état“[80].

2. *Die allgemeine Bereicherungsklage.* — Der Haftungsumfang bei der von der Lehre und der Rechtsprechung entwickelten allgemeinen Bereicherungsklage wird weitgehend, wenn auch nicht ausschließlich, bestimmt durch die dogmatische Fassung, die man der Klage gegeben hat.

a) Bereicherungsgegenstand kann jeder Vermögensvorteil sein, bestehe er im Erwerb von Rechten, in der Wertsteigerung vorhandener Rechte oder Gegenstände, in der Entgegennahme von Arbeitsleistungen, in der Befreiung von Verbindlichkeiten, im Gebrauch oder in der Verwertung fremder Sachen, kurz: „tout avantage appréciable en argent“[81].

Das eigentliche Ziel der Klage ist indessen auch nach französischer Auffassung nicht die Restituierung einzelner solcher Vorteile oder die Um-

---

[77] PLANIOL/RIPERT(-ESMEIN) aaO.

[78] Zur Generalklausel des französischen Rechts und dem Enumerationsprinzip des deutschen Rechts siehe VON CAEMMERER, Festschrift Juristentag 49 ff., 65 ff.

[79] PLANIOL/RIPERT(-ESMEIN) VI Nr. 324, VII Nr. 746—f; BEUDANT(-RODIÈRE) Nr. 1752; DEMOGUE Nr. 154.

[80] S. 1904. 3. 121 (Nivaggioni).

[81] BEUDANT(-RODIÈRE) Nr. 1751; MARTY/RAYNAUD Nr. 350; PLANIOL/RIPERT(-ESMEIN) VII Nr. 753.

kehrung des Erwerbsvorgangs, sondern ähnlich abstrakt wie im deutschen Recht die Abschöpfung einer Vermögensmehrung, die Wiederherstellung des richtigen Verhältnisses zwischen dem Vermögen des Klägers und dem des Beklagten („rétablissement de l'équilibre entre deux patrimoines")[82]. Es gilt daher die Regel: Der Empfänger haftet nur, soweit das „enrichissement", verstanden als Mehrung seines gesamten Vermögens, im Zeitpunkt der Klage noch andauert[83]. Ob dies der Fall ist, kann sich nur aus einer Gesamtbetrachtung seiner Vermögenslage ergeben: „pour savoir s'il y a enrichissement, il faut apprécier dans l'ensemble la situation de l'enrichi"[84]. Bis zum Klagezeitpunkt schuldet der Bereicherte „une somme variant à chaque instant après son enrichissement"[85]. Das Risiko für den Bereicherungsverbleib trägt bis dahin der Bereicherungsgläubiger[86].

Die Beschränkung der Haftung auf die noch fortdauernde Bereicherung gilt der französischen Lehre so sehr als das wesentliche Merkmal des allgemeinen Bereicherungsanspruchs, daß man den Fall des bösgläubigen Bereicherten, der über die Bereicherung hinaus auf Schadensersatz haften soll, innerhalb dieses Systems für undenkbar („impensable") hält; soweit Schadensersatz in Betracht kommt, verläßt man nach französischer Auffassung das Gebiet des allgemeinen Bereicherungsrechts und tritt über in den Bereich des allgemeinen Deliktsrechts[87].

Mit dieser dogmatischen Konzeption hat die französische Lehre den gleichen Ansatz gefunden, der nach deutscher Praxis zur weitgehenden Nachteilsanrechnung geführt hat. Sie scheint auch geneigt zu sein, von diesem Ansatz in gleicher Weise weiterzudenken, nämlich in dem Sinne, daß dem Bereicherten grundsätzlich alle Nachteile zugute gerechnet werden, die sein Vermögen bis zum Klagezeitpunkt treffen und mit dem Bereicherungsvorgang in einen Zusammenhang gebracht werden können[88]. Freilich hat man sich in Frankreich mit diesem Haftungsproblem nicht annähernd so eingehend beschäftigt wie die deutsche Jurisprudenz, und

---

[82] Vgl. Goré 64, 309; Mosoiu 225 ff.

[83] Goré 65 f.; Planiol/Ripert(-Esmein) VII Nr. 753; Marty/Raynaud Nr. 350; Beudant(-Rodière) Nr. 1751; H. und L. Mazeaud Nr. 712; Civ., D. 1960. 753 mit Anm. Esmein.

[84] Demogue Nr. 151.

[85] Demogue Nr. 172.

[86] Demogue Nr. 170; Almosnino 74 f.

[87] Beudant(-Rodière) Nr. 1758; Goré 312; Marty/Raynaud Nr. 355.

[88] Vgl. Planiol/Ripert(-Esmein) VII Nrn. 753, 765; Marty/Raynaud Nrn. 350, 355; Beudant(-Rodière) Nrn. 1751, 1758; Demogue Nrn. 151, 170; Goré 65 f., 309 ff.; Mosoiu 228 f.; Almosnino 74 f.

man greift auch gern auf die Artt. 1376 ff. zurück für die Wegfalltatbestände, die dort ausdrücklich geregelt sind. Daraus zusammen ergibt sich folgendes Bild:

Der Bereicherte wird frei, wenn der ursprüngliche Bereicherungsgegenstand bei ihm ersatzlos zerstört wird oder verlorengeht[89]. Selbstverständlich kann er im gleichen Maße wie bei der répétition de l'indu Verwendungen angerechnet verlangen[90]. Eine Bereitschaft zur Berücksichtigung weiterer Minderungsposten zeigt sich im übrigen in allgemeinen Formulierungen und der immer wiederkehrenden Berufung auf drei — offenbar die einzigen — Gerichtsentscheidungen, die ausdrücklich zur Gegenrechnung von Verlusten Stellung genommen haben.

Die erste Entscheidung stammt aus dem Jahre 1903: Ein Gesellschafter einer Handelsgesellschaft hatte ein Darlehen aufgenommen und zur Abdeckung seiner Schulden gegenüber der Gesellschaft verwendet. Später erhöhte sich sein Schuldsaldo aber wieder. Da von ihm nichts zu erlangen war, versuchte der Darlehensgläubiger, sein Geld über eine Bereicherungsklage von der Gesellschaft hereinzuholen. Der Kassationshof wies die Klage ab. Die Gesellschaft sei nicht mehr bereichert, zum einen, weil der später wieder passiv gewordene Saldo des Gesellschafters noch höher als der Darlehensbetrag war, zum anderen, weil die Gesellschaft selbst inzwischen in Konkurs gefallen war[91].

Im zweiten Fall (1906) hatte ein Kaufmann die ihm verpfändete Rohseide zwirnen lassen und dann auf Grund des erhöhten Wertes der Ware dem Eigentümer zusätzlichen Kredit gewährt, der später wegen Zahlungsunfähigkeit nicht mehr hereinzubringen war. Da der Werkvertrag anscheinend nichtig war, wurde der Gläubiger von dem Seidenzwirner mit der Bereicherungsklage auf Erstattung des Wertes in Anspruch genommen, den die Ware durch die Bearbeitung gewonnen hatte. Er wandte erfolgreich ein, daß er nicht mehr bereichert sei, weil er aus der weiteren Kreditgewährung einen Verlust erlitten habe, der die Werterhöhung des Pfandes übersteige[92].

Im dritten Fall (1908) forderte der Unterpächter eines Landgutes mit der Bereicherungsklage Ersatz für werterhöhende Verwendungen, nachdem der Eigentümer das Gut nach Auflösung des Haupt- und des Unter-

[89] PLANIOL/RIPERT(-ESMEIN) VII Nrn. 753, 765; DEMOGUE Nr. 173; GORÉ 314.

[90] PLANIOL/RIPERT(-ESMEIN) VII Nrn. 753, 765; DEMOGUE Nrn. 173bis, 174; BEUDANT(-RODIÈRE) Nrn. 1730 ff. (ausführlich zum Impensenersatz).

[91] Req., D. P. 1904. 1. 391.

[92] Lyon, D. P. 1906. 2. 132.

pachtvertrages zurückgenommen hatte. Seine Klage gegen den Eigentümer wurde abgewiesen, weil der zahlungsunfähige Hauptpächter erstens Pachtzins schuldig geblieben war und zweitens das Gut vorher heruntergewirtschaftet hatte und beides zusammen den Wert der Verwendungen aufwog[93].

Alle drei Fälle zeigen, daß die französische Praxis und die Lehre, die sie zitiert, bereit sind, bereicherungsmindernde Umstände in weitem Umfange zu berücksichtigen, soweit sie sich an das streng bereicherungsrechtliche Konzept der Klage halten[94].

b) Mit der Regel, daß die Bereicherung im Zeitpunkt der Klage noch vorhanden sein muß, und ihrer Anwendung zugunsten des Bereicherten ist freilich nur eine Seite des Haftungsproblems erfaßt. Denn unbekümmert darum übernimmt man ganz einmütig von der Regelung der répétition de l'indu auch für die Bereicherungsklage den Satz, daß eine Bereicherung, die in Geld oder vertretbaren Sachen bestand, nicht wegfallen kann. Hat der Beklagte ohne Rechtsgrund Geld oder vertretbare Sachen erhalten, so muß die gleiche Menge in gleicher Güte zurückerstattet oder dem Werte nach vergütet werden, gleichgültig, ob das Erhaltene bei dem Beklagten noch einen bereichernden Posten bildet oder durch Verluste wieder kompensiert worden ist[95]. Das gleiche soll gelten, wenn die Bereicherung in der Befreiung von einer Schuld bestand[96]. Das ist zwar ein Bruch in der dogmatischen Konzeption der allgemeinen Bereicherungsklage, aber die Haftung auch in diesen Fällen auf die fortdauernde Bereicherung zu beschränken, hieße für den französischen Juristen „abuser de la logique et ne pas tenir compte des difficultés de fait"[97].

c) Die praktische Bedeutung des Bereicherungsrechts ist im französischen Recht außerdem geringer als im deutschen, weil die allgemeine Bereicherungsklage — abgesehen von Versionsfällen — nicht für die Rückabwicklung fehlgeschlagener Verträge herangezogen wird. Dieser praktisch sehr wichtige Bereich fällt nach verbreiteter Auffassung unter die

---

[93] Req., D. P. 1912. 1. 217.

[94] Vor übertriebenen Schlußfolgerungen aus dem Bereicherungsprinzip warnen allerdings H. und L. MAZEAUD Nr. 713: die Rechtsordnung wolle den geschäftsfähigen Bereicherten nicht vor sich selbst, sondern nur vor äußeren Ereignissen schützen, die die Bereicherung mindern. Nachteile als Folge eigener Dispositionen des Bereicherten dürften daher nicht angerechnet werden.

[95] PLANIOL/RIPERT(-ESMEIN) VII Nr. 753 (S. 53 f.); DEMOGUE Nr. 81 (S. 128 f.), Nr. 171; BEUDANT(-RODIÈRE) Nr. 1751; GORÉ 314.

[96] PLANIOL/RIPERT(-ESMEIN) VII, DEMOGUE, GORÉ aaO.

[97] DEMOGUE Nr. 171 (S. 281).

strengeren Vorschriften über die Rückforderung nichtgeschuldeter Leistungen (Artt. 1376 ff.)[98] oder doch — nach anderer Ansicht[99] — unter selbständige, nicht bereicherungsrechtliche Regeln, die sich aus der anfänglichen Unwirksamkeit oder der nachträglichen Auflösung des Vertrages ergeben sollen, die aber im Haftungsmaß nicht anders aussehen als die Artt. 1376 ff.

III. Zusammenfassung

Neben den Vorschriften über die Leistung auf eine nichtbestehende Schuld, die den Empfänger weniger weitgehend schützen als § 818 III BGB, hat das französische Recht eine allgemeine Bereicherungsklage entwickelt. Deren dogmatische Konzeption bietet den Ansatz zu ebenso weitgehender Nachteilsanrechnung wie die deutsche Bereicherungslehre. Die Reichweite dieses schuldnerfreundlichen Haftungsrahmens ist jedoch in zweierlei Hinsicht eingeschränkt: Einmal weicht auch die echt „bereicherungsrechtliche" Konzeption der praktischen Erwägung, daß der Anspruch wie bei der Rückforderung nichtgeschuldeter Leistungen endgültig fixiert ist, wenn er — von Anfang an oder später nach Unmöglichkeit der Sachherausgabe — auf eine Geldsumme gerichtet ist. Zum anderen versucht man nicht, mit der allgemeinen Bereicherungsklage und deren Haftungsgedanken die Rückabwicklung von Verträgen zu bewältigen.

D. ENGLAND

I. Die Grundlagen der Restitutionshaftung

Im Gegensatz zu den kontinentaleuropäischen Rechten hat das englische Recht weder durch die Gerichte noch durch Gesetzesrecht ein allgemeines Bereicherungsrecht entwickelt, das als gesondertes Rechtsgebiet neben das Vertragsrecht und das Deliktsrecht gestellt werden könnte. Erst vor kurzem erschien in England ein Lehrbuch unter dem Titel „The Law of Restitution", das zum ersten Mal aus den verschiedensten Rechtsgebieten Sachverhalte und Rechtssätze zusammenfaßte, die in den kontinentalen Rechten den Stoff des allgemeinen Bereicherungsrechts ausmachen[100].

---

[98] So etwa PLANIOL/RIPERT(-ESMEIN) VII Nr. 738; H. und L. MAZEAUD Nr. 656; CARBONNIER Nr. 201; Encyclopédie Dalloz, „Répétition de l'Indu" Nr. 13.

[99] So etwa BEUDANT(-RODIÈRE) Nr. 1721.

[100] GOFF/JONES, The Law of Restitution (1966).

Bis dahin war dem englischen Juristen ein eigenständiges Anspruchssystem dieser Art nicht geläufig. Was in dem neuen Lehrbuch zusammengestellt und systematisiert worden ist, fand er zur Hauptsache unter dem Sammelbegriff „Quasi-Contracts", zu einem geringeren Teil bei verschiedenen Rechtsbehelfen des Equity-Rechts behandelt, ohne freilich auch nur innerhalb dieser Kategorien auf ein geordnetes System und eine Darstellung gemeinsamer Grundelemente zu stoßen[101].

1. Quasi-Kontrakte. — Die Einreihung „bereicherungsrechtlicher" Fälle unter den Begriff der Quasi-Kontrakte war indirekt eine Folge des alten strikten Aktionensystems. Denn seit dem Beginn des 17. Jahrhunderts war man dazu übergegangen, Rückforderungen irrtümlicher Leistungen unter die allgemeine Vertragsklage — „action of indebitatus assumpsit" — zu bringen. Dies war die gegebene Klageform gewesen, wenn jemand einem ausdrücklichen Versprechen zuwiderhandelte. Später wurde sie auch gegeben, wenn der Beklagte stillschweigend oder konkludent ein Versprechen abgegeben hatte[102]. Schließlich ging man noch einen Schritt weiter und erlaubte unter dem Namen „implied assumpsit" Ansprüche, bei denen das Versprechen des Schuldners geradeheraus fingiert wurde („contracts implied by law"). Damit war die Klage für Bereicherungssituationen verwendbar geworden. Der Empfänger ungerechtfertigter Vorteile konnte so angesehen werden, als ob er für den Fall, daß er zum Empfang des Vorteils nicht berechtigt gewesen sein sollte, Herausgabe des Vorteils versprochen hätte[103].

Heute erscheinen unter dem Begriff der Quasi-Kontrakte hauptsächlich Fälle der Rückgewähr, wenn Geld, Dienste oder vertretbare Sachen geleistet worden sind. Aber auch Verwendungen auf fremdes Eigentum, die Begleichung fremder Schulden und Eingriffstatbestände können quasikontraktliche Ansprüche auslösen.

Die Zusammenfassung unter dem Namen „Quasi-Contracts" bedeutet aber nicht, daß hiermit eine einheitliche Bereicherungsregel formuliert worden wäre, deren Anwendbarkeit dann im einzelnen durch Auslegung

---

[101] Vgl. etwa WINFIELD, The Law of Quasi-Contracts (1952) (behandelt auf S. 112 ff. auch „equitable remedies"); MUNKMAN, The Law of Quasi-Contracts (1950). Neuerdings etwas systematischer STOLJAR, The Law of Quasi-Contracts (1964) 16 ff. Aus deutscher Sicht WOLFGANG FRIEDMANN, Die Bereicherungshaftung im anglo-amerikanischen Rechtskreis (1930).

[102] Diese Ausdehnung der Klage wird dem berühmten „Slade's Case" zugeschrieben: (1602) 4 Co. Rep. 92, 76 E. R. 1074.

[103] Zur Geschichte siehe WINFIELD 3 ff.; GOFF/JONES 5 ff.; DAWSON 10 ff.; RHEINSTEIN 22 ff., 31 ff.

festzustellen wäre. „Quasi-Contracts" ist vielmehr nur ein Sammelbegriff für eine Vielzahl verschiedener Anspruchsregeln, die sich in der Rechtsprechung getrennt voneinander allmählich jeweils zu einzelnen Fallgruppen entwickelt haben. So kennt das englische Recht nicht etwa den Tatbestand der „grundlosen Leistung" oder auch nur — enger — der „Leistung auf Grund unwirksamen Vertrages", sondern man unterscheidet sorgsam etwa zwischen irrtümlicher Erfüllung einer Nichtschuld („payment under mistake"), Leistungen unter Drohung oder Zwang („compulsion", „coercion") und Leistungen auf Grund mißbräuchlicher Ausnutzung besonderer Umstände („undue influence"), oder man macht — bei der Rückabwicklung von Verträgen — Unterschiede danach, ob der Vertrag etwa wegen Irrtums, Formmangels, wegen mangelnder Geschäftsfähigkeit, wegen Gesetz- oder Sittenwidrigkeit, wegen einer Vertragsverletzung oder wegen einer von keiner Partei zu vertretenden Veränderung der Umstände nicht wirksam entstanden war oder später fehlgeschlagen ist; und auch innerhalb dieser Kategorien gelten unter Umständen unterschiedliche Regeln, je nachdem, ob Geld, Arbeit, bewegliche Sachen oder Grundstücke geleistet worden sind[104].

Das oben erwähnte Lehrbuch von GOFF und JONES ist ein für das englische Recht neuartiger Versuch, gemeinsame Elemente dieser Tatbestände sichtbar zu machen und „vor die Klammer" zu ziehen. Im einzelnen können die verschiedenen Rückgewährvoraussetzungen aber erheblich voneinander abweichen. Das macht sich auch bei der Behandlung des Vorteilswegfalls bemerkbar.

2. *Equity.* — Die Common-Law-Gerichte hatten es durch die Ausdehnung der assumpsit-Klage verstanden, einen großen Teil der Bereicherungsfälle unter ihrer Jurisdiktion zu behalten. Sie waren hierzu nicht zuletzt durch die Konkurrenz der Equity-Gerichtsbarkeit getrieben worden, die in ihrem Bereich einige Rechtsbehelfe entwickelt hatte, um ungerechtfertigte Vermögensvorteile dem eigentlich Berechtigten zuzuführen.

Zu den Situationen, in denen ein Ausgleich nach Equity-Recht gesucht werden kann, gehören zum einen Ausgleichsforderungen zwischen mehreren Schuldnern und Rückgriffsrechte, etwa des Bürgen gegen den Hauptschuldner[105]. Zum anderen ergreift das Equity-Recht mit dem Behelf des „constructive trust" — also eines fingierten Treuhandverhältnisses — unberechtigte Verfügungen über anvertrautes Gut. Der Berechtigte kann

---

[104] Vgl. die Aufgliederung bei GOFF/JONES, Teil 2 (S. 61 ff.) und STOLJAR 16 ff.

[105] Vgl. die typischen Fälle bei WINFIELD 112 ff.

mit einer „tracing order“ auf die Sache beim Dritterwerber zugreifen, wenn dieser bösgläubig oder unentgeltlich erworben hat, oder die Surrogate beim Verfügenden in Anspruch nehmen, solange sie in dessen Vermögen unterscheidbar vorhanden sind[106]. Voraussetzung für ein solches Verfolgungsrecht ist, daß zwischen Berechtigtem und Verfügendem eine Treuebeziehung („fiduciary relation“) bestand, der die Verfügung zuwiderläuft. Als fiduciary relation werden in der Regel die Rechtsbeziehungen zwischen Stellvertreter und Vollmachtgeber, Vormund und Mündel, Rechtsanwalt und Klient sowie zwischen dem leitenden Angestellten und seinem Arbeitgeber qualifiziert[107].

Wird eine tracing order gewährt, so liegt dem der Gedanke zugrunde, daß der Berechtigte, wenn er auch nicht oder nicht mehr Eigentümer „at law“ ist, doch hinsichtlich des veruntreuten Wertes und seiner Surrogate jedenfalls nach Equity als Eigentümer anzusehen ist. Die Konsequenz dieser gleichsam „dinglichen“ Auffassung zeigt sich im Konkurs des in Anspruch Genommenen: Der Berechtigte kann veruntreutes Vermögen oder sein Surrogat aussondern[108]. Sie macht sich aber auch bei der Frage nach dem Haftungsumfang bemerkbar.

II. Das Haftungsmaß

1. Change of Position und Estoppel. — „Wegfall der Bereicherung“ ist für den englischen Juristen „change of position“. Man fragt, wer den Nachteil haben soll, wenn sich die Lage des Bereicherten inzwischen so geändert hat, daß er nach der Rückgewähr schlechter als vor dem Erwerb dastehen würde[109].

a) Die Antwort des geltenden englischen Rechts begünstigt — verglichen mit dem deutschen Recht — den Rückfordernden. Sie ist vermutlich nicht unbeeinflußt davon, daß die Restitutionsansprüche zur Hauptsache im Vertragsrecht angesiedelt worden sind. Auf das Innehaben eines Vorteils im Zeitpunkt der Klage kommt es in einem solchen System nicht so sehr an. Wichtig ist vielmehr, ob der Beklagte überhaupt einmal etwas, was ihm endgültig nicht zusteht, erhalten hat. An diesen Tatbestand wird ein „implied promise“ zur Rückleistung geknüpft. Dann aber beruht der Rückgewähranspruch konstruktiv auf dem — wenn auch fingierten —

---

[106] Im einzelnen Goff/Jones 38 ff., 43 ff.; Kötz 30 ff., 76 ff., 88 ff.
[107] Nähere Angaben bei Goff/Jones 40 f., insbes. N. 43.
[108] Vgl. Goff/Jones 34; Kötz 30 ff., 77.
[109] Vgl. Goff/Jones 482, 487.

Vertragsversprechen und nicht mehr eigentlich auf dem Innehaben eines Vorteils[110]. Die Vertragskonstruktion trübt also notwendig den Blick für die Vermögenslage des Bereicherungsschuldners.

In einigen alten Entscheidungen war man allerdings dem Schuldner wohlwollender gesonnen. Der große Richter Lord MANSFIELD hatte 1760 in dem Fall *Moses* v. *MacFerlan* die Figur des implied contract offen als bloßes gedankliches Hilfsmittel dargestellt („the law implies a debt and gives this action ... as it were upon a contract"), wenn der Beklagte verpflichtet sei „by the ties of natural justice and equity to refund the money"[111]. Er hatte auch hinzugefügt, der Beklagte könne „every equitable allowance" beanspruchen, kurz, „he may defend himself by everything which shows that the plaintiff ex aequo et bono is not entitled to the whole of his demand, or to any part of it"[112].

Diese Formulierung erlaubte es, zugunsten des nicht mehr bereicherten Beklagten Billigkeitsgesichtspunkte in weitem Ausmaß ins Feld zu führen. Im Fall *Brisbane* v. *Dacres*[113] hatte ein Schiffskapitän der englischen Kriegsmarine ihm zustehendes Frachtgeld zu einem Drittel an seinen Admiral abgeführt, weil er sich auf Grund interner Erlasse dazu verpflichtet glaubte. Seiner Rückforderung begegneten die Richter mit dem Satz, daß Rechtsirrtum einen Anspruch ausschließe. Lord MANSFIELD fügte dem hinzu: „It would be most contrary to aequum et bonum if he were obliged to repay. For see how it is! If the sum be large, it probably alters the habits of his life, he increases his expenses, he has spent it over and over again; perhaps he cannot repay it at all, or not without great distress. Is he then, five years and eleven months after, to be called on to repay it?"[114]. Ähnliche Argumente entschieden den Fall *Skyring* v. *Greenwood*[115]: Ein Artilleriemajor hatte fünf Jahre lang zu viel Gehalt bekommen. Die Rückforderung blieb ohne Erfolg. Chief Justice ABBOTT bemerkte: „It is of great importance to any man that he should not be led to suppose that his annual income is greater than it really is. Every prudent man accomodates his mode of living to what he supposes to be

---

[110] In diesem Sinne auch MAUDSLEY, Vand. L. Rev. 19 (1965/66) 1132 ff.

[111] *Moses* v. *MacFerlan* (1760), 2 Burr. 1005, 97 E. R. 676.

[112] Lord MANSFIELD aaO 1010; ähnlich in *Sadler* v. *Evans* (1766), 4 Burr. 1984, 1986, 98 E. R. 34, 35.

[113] (1813), 5 Taunt. 143, 128 E. R. 641.

[114] Lord MANSFIELD aaO 162.

[115] (1825), 4 B. & C. 281, 107 E. R. 1064.

his income. It therefore works a great prejudice to any man, if ... he may be called upon to pay them [the sums] back"[116].

Lord MANSFIELDS Einfluß währte jedoch nur bis in die erste Hälfte des 19. Jahrhunderts. Späteren Juristengenerationen erschien der in *Moses* v. *MacFerlan* gewählte Ansatz allzu kühn und schweifend. Die Klage auf „natural justice and equity" zu stützen, vertrug sich nicht mit striktem Aktionendenken und drohte, die Grenzen zum eigentlichen Equity-Recht zu verwischen. Später, nachdem 1873 das Aktionensystem beseitigt und Law und Equity jurisdiktionell vereinigt worden waren, wurde die Zweiteilung der Schuldentstehungsgründe in tort und contract wieder lebendig. Da die meisten Bereicherungsfälle offensichtlich nicht deliktischer Natur waren, konnten sie nur als vertragliche qualifiziert werden. Der Höhepunkt dieser Entwicklung war der Fall *Sinclair* v. *Brougham*[117]. Hier lehnte das House of Lords quasi-kontraktliche Ansprüche gegen eine Bausparkasse aus satzungswidrig betriebenen Bankgeschäften ab, weil die Beklagte ja wegen der ultra-vires-Doktrin in diesen Fällen auch ein tatsächliches Zahlungsversprechen nicht wirksam hätte abgeben können.

Seit einiger Zeit mehren sich die Stimmen, die in der Annahme eines Quasi-Kontrakts eine bloße — und zudem unnötige — Hilfskonstruktion sehen, aus der keine entscheidenden Schlußfolgerungen auf das Bestehen eines Rückgewähranspruchs gezogen werden dürfen. Die einmal erfolgte Verengung des Blickfeldes beim „Grund" der quasi-kontraktlichen Ansprüche hat aber offenbar immer noch eine entsprechende kontraktierende Rückwirkung auf die Bereitschaft, nachteilige Änderungen in der Stellung des Schuldners zu dessen Entlastung zu berücksichtigen. Man faßt heute drei als grundlegend betrachtete Präjudizien[118] dahin zusammen, daß „change of position" für sich allein grundsätzlich keinen Einwand gegen das Restitutionsverlangen begründet[119].

b) Eine nachhaltige Veränderung der Lage des Empfängers kann jedoch über den Estoppel-Einwand erheblich werden, wenn dem Rückfordernden ein gewisser Vertrauenstatbestand zur Last gelegt werden kann: Wer durch Worte oder schlüssiges Verhalten einem anderen eine bestimmte

---

[116] ABBOTT, C. J., aaO 289.

[117] [1914] A. C. 398 (H. L.).

[118] *Durrant* v. *The Ecclesiastical Commissioners* (1880), 6 Q. B. D. 234; *Baylis* v. *Bishop of London*, [1913] 1 Ch. 127 (C. A.); *R. E. Jones, Ltd.* v. *Waring & Gillow, Ltd.*, [1926] A. C. 670 (H. L.).

[119] GOFF/JONES 482 ff.; STOLJAR 31 ff.; MAUDSLEY, Vand. L. Rev. 19 (1965/66) 1132 ff.; siehe auch GOFF, Mod. L. Rev. 24 (1961) 97; JONES, L. Q. R. 73 (1957) 57 ff.

Sachlage als bestehend hinstellt, ist gehindert („estopped"), sich später auf das Gegenteil zu berufen, wenn der andere im Vertrauen auf das frühere Verhalten Dispositionen getroffen hat, die ihm jetzt zum Nachteil ausschlagen würden[120]. Für das Recht der Quasi-Kontrakte bedeutet das: Der Kläger kann „estopped" sein, eine Leistung zurückzufordern, wenn der Beklagte im Vertrauen auf die Rechtsbeständigkeit über das Erhaltene disponiert hat und der Kläger sich mit der Rückforderung in einen Widerspruch zu seinem früheren Verhalten setzen würde.

Es liegt in der Natur dieses Einwandes, daß er von Fall zu Fall wesentlich von dem Verhalten und der Stellung der Parteien bei dem ungerechtfertigten Erwerb abhängig ist. Deshalb sagt man, daß eine Leistung für sich allein keinen Estoppel gegen den Leistenden begründet: „a mere mistaken payment in itself cannot give rise to an estoppel"[121]. Der englische Richter untersucht vielmehr, besonders bei irrtümlichen Leistungen, wer im konkreten Fall für den Irrtum verantwortlich war und wem dieser nach den zugrunde liegenden Beziehungen wirtschaftlich zuzurechnen ist. Auch kommt zur Sprache, ob dem einen oder anderen Teil der Vorwurf einer Pflichtverletzung gemacht werden kann. Trifft den Kläger ein Vorwurf, so kann unter Umständen das der entscheidende Gesichtspunkt für eine Berücksichtigung der dem Beklagten drohenden Nachteile sein; trifft ihn jedenfalls gegenüber dem beklagten Empfänger kein Verschulden, dann kann unter Umständen allein deswegen der Einwand ausgeschlossen sein.

Im einzelnen haben die Gerichte beim Estoppel-Einwand recht viel Spielraum. Man ist zum Beispiel beklagtenfreundlich, wenn irrtümlich gezahlte Gehaltsbezüge zurückgefordert werden oder sonstige wiederkehrende Zahlungen für den privaten Unterhalt verbraucht worden sind. So war im schon erwähnten Fall *Skyring* v. *Greenwood* tatsächlich nicht mehr geschehen, als daß der Beklagte über einige Jahre zu viel Gehalt bezogen hatte, weil die auszahlende Stelle einen internen Einstufungserlaß übersehen hatte. Das genügte den Richtern, die Rückforderung abzuweisen, wobei sie hinzufügten, daß hier nicht nur ein Irrtum der Klägerin vorgelegen habe, sondern in der falschen Gehaltsberechnung eine Pflichtverletzung gegenüber dem Beklagten[122]. Ähnlich im Fall *Holt* v. *Mark-*

[120] Zum Estoppel-Einwand allgemein siehe SNELL(-MEGARRY/BAKER) 29 f.; HANBURY 46 ff., 94 ff.

[121] GOFF/JONES 491.

[122] (1825), 4 B. & C. 281 (291), 107 E. R. 1064 (1067).

ham[123]: Eine Militärzahlstelle hatte dem Beklagten — einem Offizier — bei der Verabschiedung aus dem Militärdienst in Unkenntnis einer einschlägigen Verordnung eine zu hohe Abfindung ausgezahlt. Als der Irrtum nach 18 Monaten entdeckt wurde, forderte man das Geld zurück, zunächst jedoch mit falscher Begründung, die der Beklagte in einem ausführlichen Brief richtigstellte. Nach weiteren zwei Monaten wurde erneut zurückgefordert, jetzt mit richtiger Begründung. Inzwischen hatte der Beklagte den noch vorhandenen Teil des Geldes investiert und dabei verloren. Die Rückforderungsklage hatte keinen Erfolg. Zwei Richter waren der Meinung, daß der Beklagte, nachdem er auf seinen Brief von den Klägern für längere Zeit nichts mehr gehört hatte, annehmen durfte, die Zweifel an der Rechtmäßigkeit der Abfindung seien nunmehr zu seinen Gunsten geklärt worden[124]. Ein Richter sah bereits in der Zahlung und dem Verstreichen von 18 Monaten einen Estoppel zugunsten des Beklagten[125].

In einem anderen Fall[126] hatte die Beklagte gutgläubig Geld für den Familienunterhalt verbraucht, das ihr Mann bei der Klägerin unterschlagen und ihrem Konto überwiesen hatte. Der Richter meinte, Estoppel liege hier zwar nicht vor, wies die Klage aber unter anderem deshalb ab, weil die Klägerin die Unterschlagungen durch mangelhafte Organisation selbst verschuldet habe. Wenn aber von zwei Betrogenen einer den Schaden haben müsse, dann derjenige, der den Betrug durch seine Nachlässigkeit ermöglicht habe.

Man ist beklagtenfreundlich auch, wenn dem Kläger ein Verstoß gegen besondere Sorgfaltspflichten vorgeworfen werden kann. So im Fall *Deutsche Bank* v. *Beriro*[127], in dem ein Importeur im Auftrag eines ausländischen Kunden eine Bank mit dem Inkasso eines Wechsels beauftragt hatte. Irrtümlich benachrichtigte die Bank den Importeur, daß der Wechsel bezahlt sei, und zahlte ihm den Betrag aus. Als sich später herausstellte, daß der Wechsel in Wahrheit nicht honoriert worden war, hatte der Importeur den Betrag seinem Handelspartner bereits unwiderruflich gutgeschrieben. Der Richter meinte, die Bank sei auf Grund ihres Verhaltens „estopped", die Zahlung zurückzufordern; auch habe sie durch ein Versehen eines ihrer Angestellten ihre Pflichten gegenüber ihrem Auf-

---

[123] [1923] 1 K. B. 504 (C. A.).

[124] Bankes und Warrington, L. JJ., aaO 511 und 512.

[125] Scrutton, L. J., aaO 514.

[126] *Transvaal and Delagoa Bay Investment Co.* v. *Atkinson*, [1944] 1 All E. R. 579 (K. B.).

[127] (1895), 73 L. T. 669 (C. A.).

traggeber verletzt, indem sie ihn über den Wechseleinzug falsch informiert habe. Mit diesem Irrtum habe der Beklagte nichts zu tun: „Upon what ground of law or of equity can they say that they can get rid of the consequences of their breach of duty because they had made a mistake?"[128]

Kühler stehen die Gerichte den Belangen des Bereicherten gegenüber, wenn keine besondere Pflichtenbeziehung zwischen den Parteien bestand. So hatte im Falle *Weld-Blundell* v. *Synott*[129] der erste Hypothekar eines Grundstücks von dem Erlös eines Zwangsverkaufs versehentlich zu wenig für sich behalten und somit zuviel an den zweiten Hypothekar ausgeschüttet. Dieser wandte gegenüber der Rückforderung u. a. ein, er habe wegen der Zahlung versäumt, den Grundeigentümer selbst rechtzeitig in Anspruch zu nehmen. Der Richter meinte dagegen: „I do not think an estoppel arises unless it can be shown that there was neglect or misconduct on the plaintiff's part in making the misrepresentation"[130]. Das aber könne dem Kläger nicht vorgeworfen werden, denn der erste Hypothekar schulde dem zweiten keine besondere Sorgfalt bei der Ausrechnung der Erlösanteile[131].

Viel Aufmerksamkeit findet auch der vom House of Lords entschiedene Fall *R. E. Jones, Ltd.* v. *Waring & Gillow, Ltd.*[132]: Ein Mann namens Bodenham hatte bei der Beklagten, einem angesehenen Londoner Möbelhaus, Möbel gekauft, aber wieder zurückgeben müssen, weil er die vereinbarte erste Zahlung von 5000 Pfund nicht leistete. Er ging deshalb zu der Klägerin, einer Handelsfirma, stellte sich als Vertreter eines Automobilwerks vor, das einen neuen Wagen herausbringen werde, und bot der Klägerin die Exklusivvertretung für Südengland und Süd-Wales an. Es gelang ihm unter Vorlage von Prospekten und Zeichnungen, die Klägerin zu veranlassen, 500 Wagen zu bestellen. Als Anzahlung empfing er einen Scheck über 5000 Pfund, ausgestellt an die Beklagte, die er als eigentlichen Financier des ganzen Unternehmens bezeichnet hatte. Die Beklagte kassierte den Scheck und lieferte die Möbel wieder aus. Als später der Schwindel offenbar wurde und die Klägerin die Schecksumme zurückverlangte,

---

[128] Mathew, J., in der Vorinstanz, aaO 670 f.

[129] [1940] 2 K. B. 107.

[130] Asquith, J., aaO 114.

[131] Asquith, J., aaO 115; ähnlich Denning, L. J., in *Larner* v. *London County Council*, [1949] 2 K. B. 683 (C. A.): „The fact that the recipient has spent the money beyond recall is no defence unless there was some fault, as, for example, breach of duty on the part of the paymaster and none on the part of the recipient" (688 f.).

[132] Oben N. 118 auf S. 62.

wandte die Beklagte ein, sie könne die Möbel jetzt nur unter Wertverlust zurückholen. Zwei der Lordrichter wollten dem Einwand zustimmen. Wenn einer der Betroffenen den Schaden aus dem Betrugsmanöver haben müsse, dann die Klägerin, die durch die Scheckausstellung die Täuschung der Beklagten überhaupt erst ermöglicht habe[133]. Die Mehrheit wies den Einwand jedoch zurück. Die Klägerin sei für Bodenhams Verhalten nicht verantwortlich. Eine Pflicht zu sorgfältigem Verhalten und zu richtiger Information habe zwischen ihr und der Beklagten nicht bestanden. Wenn die Beklagte den Scheck entgegengenommen habe, ohne Bodenham über die plötzliche Herkunft seiner Mittel Fragen zu stellen, hätte sie auf eigene Gefahr gehandelt: „At bottom they took Bodenham's story for what it was worth, and cashed the cheque at their own peril."[134]

Der Einwand des Beklagten, er habe im Vertrauen auf den Erwerb unwiderruflich disponiert, findet schließlich gar kein Gehör, wenn der Beklagte die irrtümliche Leistung selbst veranlaßt oder gar eingefordert hat. So im leading case *Durrant* v. *The Ecclesiastical Commissioners*[135]: Hier war der Kläger auf Grund falscher Eintragung in der Kirchensteuerrolle zur Zahlung des Kirchenzehnten für Grundstücke herangezogen worden, die ihm nicht gehörten. Als er sein Geld zurückforderte, war die Frist für die Inanspruchnahme des wirklichen Eigentümers verstrichen. Der Richter lehnte es ab, diesen change of position zugunsten der beklagten Kirche zu berücksichtigen. Die Lage der Kirche habe sich zwar inzwischen zu ihrem Nachteil verändert. Es liege jedoch kein Verhalten des Klägers vor, das deswegen eine Abweisung der Klage rechtfertigen könnte.

Ähnlich in einem anderen Fall, in dem zwei Baumwollmakler miteinander für fremde Rechnung, aber im eigenen Namen kontrahiert hatten. Der verkaufende Makler hatte dann versehentlich eine zu hohe Rechnung geschickt; der Käufer verlangte die Überzahlung zurück. Der Verkäufer wandte ein, er habe das Geld inzwischen seinem Auftraggeber auf dessen Schuldsaldo gutgeschrieben und deshalb diesem weiteren — jetzt wohl uneinbringlichen — Kredit gewährt. Das sei keine Entschuldigung, meinte der Richter. Er — der Beklagte — sei allein für die falsche Berechnung verantwortlich; auch habe er das Geld im eigenen Namen eingenommen und deshalb darüber nach seinem Gutdünken verfügen können; die Gut-

---

[133] AaO 682.
[134] Lord Sumner aaO 697.
[135] Oben N. 118 auf S. 62.

schrift habe er im eigenen Interesse vorgenommen, um seine Vorlage wieder hereinzubekommen[136].

c) Die vorstehenden Entscheidungen lassen erkennen, welche vielfältigen zusätzlichen Momente der englische Richter würdigt, wenn der Beklagte durch die Rückgewähr einen Nachteil erleiden würde. Es gibt nur einen eng begrenzten Bereich, in dem der Vorteilswegfall den Rückgewährschuldner ohne weiteres entlastet:

Empfängt jemand als Beauftragter („agent") für einen anderen einen Vorteil unter Umständen, die einen Rückgewähranspruch aus Quasi-Contract begründen, so kann nach englischem Recht der Berechtigte die Klage statt gegen den Geschäftsherrn auch gegen den Beauftragten richten, selbst wenn dieser offen als Empfangsvertreter aufgetreten ist[137]. Hat der Beauftragte aber in gutem Glauben an die Rechtsbeständigkeit der Leistung zugunsten des Geschäftsherrn über das Erhaltene verfügt, so ist er von der Haftung frei, so, wenn er erhaltenes Geld dem Geschäftsherrn ausgehändigt oder im Rahmen eines laufenden Kontos unwiderruflich kreditiert hat oder wenn er das Erhaltene auf Geheiß des Geschäftsherrn für dessen Zwecke ausgegeben hat[138]. Keine Entlastung soll eintreten, wenn der Beauftragte das Erhaltene auf eine schon vorher bestehende eigene Forderung gegen den Geschäftsherrn verrechnet; anders jedoch, wenn er daraufhin dem Geschäftsherrn neuen Kredit einräumt[139].

Die Haftungsbefreiung wegen Weitergabe des Erlangten gilt freilich nur für den Beauftragten, der offen als Empfangsbeauftragter für einen anderen auftritt, so etwa für Banken, die Bargeld und Überweisungen für ihre Kunden annehmen, für Makler, die Kaufgeld entgegennehmen, für Anwälte oder Gerichtsvollzieher, kurz, in allen Fällen, in denen der Empfänger einer Leistung erkennbar nur als Zwischenperson fungiert[140].

2. Andere Ansatzpunkte. — Aus den bisherigen Darlegungen ergibt sich, daß das englische Recht dem Einwand, der erhaltene Vorteil sei nicht mehr vorhanden oder kompensiert durch Nachteile, sehr viel reser-

---

136 *Newall* v. *Tomlinson* (1871), L. R. 6 C. P. 405.

137 Vgl. Bowstead(-Griew), Agency 278 ff.

138 Bowstead(-Griew) aaO; Goff/Jones 492 ff. mit weiteren Rechtsprechungsnachweisen. Die Regel wird zurückgeführt auf den Fall *Buller* v. *Harrison* (1777), 2 Cowp. 565, 98 E. R. 1243, in dem sie von Lord Mansfield formuliert wurde.

139 *Buller* v. *Harrison* aaO; *Kleinwort Sons & Co.* v. *Dunlop Rubber Co.* (1907), 97 L. T. 263 (H. L.); weitere Entscheidungen bei Goff/Jones 494 N. 64—66.

140 *Newall* v. *Tomlinson* (oben N. 136); *Continental Caoutchouc and Gutta Percha Co.* v. *Kleinwort Sons & Co.* (1904), 20 T. L. R. 403 (C. A.).; *Kleinwort Sons & Co.* v. *Dunlop Rubber Co.* (oben N. 139).

vierter gegenübersteht als das deutsche. Das Bild bliebe jedoch unvollständig, wenn nicht die im englischen Recht besonders zahlreichen rückgewährfeindlichen Regeln erwähnt würden, die eine Rückgewähr a limine ausschließen, über die der Bereicherte aber damit indirekt auch gegen andere Nachteile geschützt wird, die über die Rückgewähr als solche hinausgehen würden.

a) Schließt ein Minderjähriger einen Vertrag zur Deckung des notwendigen Lebensbedarfs, so ist er nach heute überwiegender Ansicht gebunden, schuldet jedoch niemals mehr als eine angemessene Vergütung[141]. Alle sonstigen Verträge Minderjähriger sind unwirksam, doch stellt das englische Recht aus Sorge, dem nichtigen Vertrag vielleicht indirekt zur Wirksamkeit zu verhelfen, den Minderjährigen hinsichtlich der Rückgabe erhaltener Leistungen außerordentlich günstig.

Ist die erhaltene Leistung oder ihr Surrogat beim Minderjährigen noch unterscheidbar vorhanden, so tendiert man nach Equity-Regeln dazu, den Minderjährigen — ähnlich wie bei einem constructive trust — zur Herausgabe anzuhalten[142]. Die Rückabwicklung darf der anderen Partei aber nicht zu einem rein obligatorischen Geldanspruch verhelfen, weil man befürchtet, daß dies einer Durchsetzung des unwirksamen Vertrages allzu nahe kommen würde. Man sagt: „Restitution stops where repayment begins"[143]. Der Minderjährige wird deshalb frei, wenn er die erhaltene Leistung oder ihr Surrogat nicht mehr herausgeben kann, also bei ersatzlosem Verlust, aber auch bei nützlichem oder unnützem Verbrauch. Er haftet ferner von vornherein nicht, wenn die Rückabwicklung ihrer Natur nach nur in einer Geldleistung bestehen könnte, so wenn Dienste geleistet sind oder Geld gezahlt worden ist, das in seinem übrigen Vermögen aufgegangen ist.

Diese Rechtslage basiert im wesentlichen auf zwei Präjudizien aus dem Anfang dieses Jahrhunderts. Im einen Fall ging es um eine Anzahlung, die ein minderjähriger Händler auf einen Vertrag, den er später nicht ausführte, erhalten hatte[144], im anderen um ein Darlehen an einen Minderjährigen[145]. In beiden Fällen wurde eine Rückzahlungspflicht kate-

---

[141] CHESHIRE/FIFOOT 348 ff., 351 f.; ANSON(-GUEST) 193 ff.

[142] Vgl. *Stocks* v. *Wilson,* [1913] 2 K. B. 235; GOFF/JONES 316 ff.; ANSON(-GUEST) 198 ff.

[143] ANSON(-GUEST) 197 unter Berufung auf eine Formulierung Lord SUMNERS im Falle *Leslie (R.), Ltd.* v. *Sheill,* [1914] 3 K. B. 607 (618) (C. A.).

[144] *Cowern* v. *Nield,* [1912] 2 K. B. 419.

[145] *Leslie (R.), Ltd.* v. *Sheill* (oben N. 143).

gorisch abgelehnt. „This would be nothing but enforcing a void contract.“[146]

b) In anderen Fällen der Nichtigkeit oder des späteren Fehlschlagens von Verträgen hat das englische Recht aus einer ihm eigenen Abneigung, abgeschlossene Tatbestände wieder aufzurollen, an verschiedenen Stellen Regeln entwickelt, die von vornherein Restitutionsansprüche generell ausschließen, mit denen man aber mehr oder weniger unbewußt den Leistungsempfänger auch gegen Verluste aus der Rückabwicklung schützen will.

aa) Aus dem Equity-Recht stammt der bereits im letzten Jahrhundert ausgebildete Satz: Wer sich von einem Vertrag lösen will — etwa wegen Irrtums —, darf dies nur unter der Voraussetzung, daß er seinen Vertragspartner in den Zustand vor Vertragsschluß versetzen kann („restitutio in integrum“), und zwar gleichgültig, ob die Abstandnahme vom Vertrag in einer Leistungsverweigerung oder in der Rückforderung des bereits Geleisteten besteht[147]. Bisher hat man in diesem Zusammenhang freilich hauptsächlich an Gegenleistungsfälle gedacht: Wer Rückabwicklung verlangt, muß zurückgeben oder wenigstens in Geld erstatten können, was er selbst erhalten hat[148]. Der Begriff der „restitutio in integrum“ ist aber elastisch genug, um unter gegebenen Umständen auch andere Formen des „Rückforderungsschadens“ zu erfassen.

bb) Die weniger flexiblen Common-Law-Gerichte hatten die Rückgewähr daneben aber noch an einige erheblich restriktivere Voraussetzungen geknüpft, die auch heute noch eine Rolle spielen. In vielen Fällen gilt die Regel, daß eine Leistung auf Grund nichtigen oder fehlgeschlagenen Vertrages nur dann zurückgefordert werden kann, wenn die Gegenleistung völlig ausgeblieben ist. Es muß „total failure of consideration“ vorliegen; wenn der Rückfordernde auch nur eine noch so unvollständige Teilleistung bereits erhalten hat, kann er dem Vertragsgegner seine eigene volle Leistung nicht mehr entziehen[149].

---

[146] Lord SUMNER in *Leslie (R.), Ltd.* v. *Sheill* (oben N. 143) 619. Kritisch dazu jetzt GOFF/JONES 314 f., die zwar gutheißen, daß der Minderjährige keinesfalls Wertersatz für Sachen oder Dienstleistungen schulden soll, die ihn aber haften lassen wollen, wenn er Geld erhalten hat, ohne die versprochene Gegenleistung zu erbringen.

[147] *Erlanger* v. *New Sombrero Phosphate Co.* (1878), L. R. 3 App. Cas. 1218 (H. L.); CHESHIRE/FIFOOT 246 f.; GOFF/JONES 24, 114 ff.

[148] Vgl. die Ausführungen bei GOFF/JONES 114 f. und z. B. *Clarke* v. *Dickson* (1848), E. B. & E. 148, 120 E. R. 463; *Erlanger* v. *New Sombrero Phosphate Co.* (vorige Note).

[149] Die Regel geht zurück auf den alten Fall *Hunt* v. *Silk* (1804), 5 East 449, 102 E. R. 1142; aus jüngerer Zeit: *Fibrosa Spolka Akcyjna* v. *Fairbairn Lawson Combe Barbour*, [1943] A. C. 32 (H. L.); sie ist sogar der Leistungsrückforderung eines Minderjährigen

Das ist lange mit technischen Eigentümlichkeiten des Common Law erklärt worden[150]. Mitgespielt hat bei der Entwicklung dieser Regel aber sicher auch das Gefühl, daß der Leistungsempfänger, der mit seiner Gegenleistung bereits begonnen hatte, in der Regel Aufwendungen gemacht hat, die nunmehr nutzlos wären. Der Law Reform (Frustrated Contracts) Act von 1943[151] trägt dem Rechnung. Dieses Gesetz erweitert gegenüber dem früheren Recht die Möglichkeiten der Rückabwicklung vertraglicher Leistungen, wenn die Durchführung des Vertrages durch Ereignisse, die keine Partei zu vertreten hat, vereitelt wird, und zwar unabhängig davon, ob erst eine Seite oder teilweise auch schon die andere Seite erfüllt hatte. Dafür ermächtigt es aber das Gericht ausdrücklich, nach seinem billigen Ermessen („if it considers it just to do so having regard to all the circumstances of the case") auf den Rückgewähranspruch ganz oder teilweise Ausgaben anzurechnen, die der Beklagte für die Ausführung des Vertrages bereits gemacht hatte[152].

cc) Eine ähnliche Regel wie die über „total failure of consideration" hatte sich im Irrtumsrecht entwickelt. Die Anfechtung wegen Irrtums ist nach englischem Recht u. a. möglich, wenn der Irrtum von der anderen Vertragspartei — wenn auch schuldlos — veranlaßt worden war[153]. Man gab dem Irrenden das Anfechtungsrecht in diesem Falle lange Zeit aber nur, wenn der Vertrag von der Gegenseite noch nicht ausgeführt war[154]. Diese Regel ist durch den Misrepresentation Act von 1967 aufgegeben worden — unter Ausnahme von Kaufverträgen und langfristigen Mietverträgen über Grundstücke. Bezeichnend ist die Begründung, welche die Reformkommission für die Beibehaltung der Regel in den Ausnahmefällen gegeben hatte: Beim Grundstückskauf habe der Verkäufer den Kaufpreis häufig bald in einem anderen Grundstück angelegt und sei so zur Rückzahlung außerstande. Auch sei der Verkauf eines Hauses in der

---

entgegengesetzt worden: *Valentini* v. *Canali* (1889), 24 Q. B. D. 166; *Pearce* v. *Brain*, [1929] 2 K. B. 310.

150 Nämlich mit der Unmöglichkeit, die gezahlte Summe auf das Geleistete und das Nichtgeleistete aufzuteilen: „The English common law does not undertake to apportion a prepaid sum in such circumstances. It must be for the legislature do decide whether provision should be made for an equitable apportionment ..."; Viscount Simon im *Fibrosa*-Fall (vorige Note) 49 f.

151 6 & 7 Geo. 6, ch. 40; vgl. dazu Anson(-Guest) 475 ff.

152 Sect. 1 (2) und 1 (3).

153 Vgl. Anson(-Guest) 207 ff., 220 ff.; Cheshire/Fifoot 225 ff., 237 ff.; Goff/Jones 101 ff. mit den dort zitierten Entscheidungen.

154 Leading Case war *Seddon* v. *North Eastern Salt Co.*, [1905] 1 Ch. 326; gefolgt von *Angel* v. *Jay*, [1911] 1 K. B. 666.

Regel verbunden mit der Gewährung von Hypotheken und einer Reihe anderer Transaktionen. Die Vertragsaufhebung könne so eine unerwünschte Kettenreaktion auslösen[155].

dd) Zu den wiederaufnahmefeindlichen Regeln gehört auch der Satz, daß eine irrtümliche Leistung nicht zurückgefordert werden kann, wenn sich der Leistende in einem bloßen Rechtsirrtum („mistake of law") befunden hatte[156].

Diese Regel, etabliert durch eine alte Entscheidung[157], ist in England nicht ohne Widerspruch und nicht ohne Einschränkungen geblieben. Nach moderner englischer Auffassung ist sie gerechtfertigt lediglich als Konkretisierung des Satzes, daß „freiwillige" Leistungen nicht zurückgefordert werden dürfen: Der Leistende, der bei voller Kenntnis der Tatsachen ausreichende Gelegenheit hatte, Zweifel an seiner Leistungspflicht zu klären, soll die Rechtsbeständigkeit der Leistung nicht jederzeit nach seiner Wahl wieder in Frage stellen können[158].

In der Vergangenheit hat man die Regel jedoch mit weniger Hemmungen verwendet, und zwar u. a. auch in Fällen, in denen es nicht um die versäumte rechtliche Klärung der Leistungspflicht ging, sondern eigentlich darum, dem Beklagten nach einem change of position einen Rückforderungsschaden zu ersparen. So etwa im Fall *Brisbane* v. *Dacres*[159]: Als Hauptgrund für die Abweisung der Klage gab Gibbs, J., mistake of law an. Seine weiteren Ausführungen und die Lord Mansfields erweisen jedoch, daß die Richter dem Beklagten die zwischenzeitliche Ausgabe des Geldes zugute halten wollten[160]. Ebenso verfuhren die Richter im Fall *Holt* v. *Markham*[161]. Auch hier, wo es eigentlich darum ging, daß der Beklagte über einen Teil des Geldes nachteilig verfügt hatte, wurde „mistake of law" als zweites gleichrangiges Argument für die Abweisung der Klage herangezogen[162].

---

155 Law Reform Committee, Tenth Report (Innocent Misrepresentation) (1962) 4 f. (Cmnd. 1782).

156 Siehe darüber auch Zweigert/Kötz 282 ff.

157 *Bilbie* v. *Lumley* (1802), 2 East 469, 102 E. R. 448.

158 Goff/Jones 80 f.; Stoljar 44 f.

159 Oben N. 113.

160 Siehe Lord Mansfield, oben zu N. 114 auf S. 61; Gibbs, J., aaO 152 „He who pays it closes the transaction. He who receives it has a right to consider it as his without dispute: he spends it in confidence that it is his. And ... it would be most mischievous and unjust if he should be at liberty at any time within the statute of limitations to rip up the matter."

161 Siehe den Text zu N. 123 auf S. 64.

162 Bankes, L. J., aaO 510; Warrington, L. J., aaO 511 f.

ee) Einen besonders deutlichen Fall der Abneigung gegen die Wiederaufnahme abgeschlossener Tatbestände bietet das Wechselrecht. Der Bezogene, der den Wechsel bei Vorlage honoriert hat, kann grundsätzlich seine Zahlung von dem legitimierten Wechselinhaber zurückverlangen, wenn sich herausstellt, daß die Unterschrift des Ausstellers gefälscht war. Der Rückzahlungsanspruch wird ihm jedoch verweigert, wenn er ihn nicht spätestens am Tage nach der Zahlung geltend gemacht hat[163].

Lord MANSFIELD, auf dessen Entscheidung im Fall *Price* v. *Neal* die Regel zurückgeführt wird, begründete die Zurückweisung der Rückforderung vor allem mit der Erwägung, es sei Sache des Bezogenen, die Unterschrift des Ausstellers zu kennen oder sich über ihre Echtheit bei dem Aussteller zu informieren[164]. Später war es aber mehr der Gedanke, daß der Empfänger inzwischen Dispositionen getroffen, insbesondere die rechtzeitige Inanspruchnahme seiner Vormänner versäumt haben könnte und er deshalb vor einer Ausübung des Rückforderungsrechts bewahrt werden müsse[165].

c) Eine weitere rückgewährfeindliche Regel ergibt sich schließlich aus der bekannten Abneigung des englischen Rechts gegen aufgedrängte Bereicherung. Hat jemand irrtümlich Waren geliefert erhalten und verbraucht oder Dienstleistungen entgegengenommen, so ist das allein — anders als im deutschen Recht, vgl. § 818 II BGB — kein Grund, ihn zum Wertersatz anzuhalten. Vergütung schuldet der Empfänger vielmehr nur, wenn er die Leistung verlangt oder im Bewußtsein, daß er sie dem Leistenden zu bezahlen habe, entgegengenommen hatte[166]. Der praktische Effekt dieser Regel liegt u. a. darin, daß der Empfänger nicht aus unwirtschaftlicher Verwendung der empfangenen Leistung Schaden erleidet, wenn nachträglich überraschend jemand mit Vergütungsforderungen hervortritt.

3. Wegfall der Bereicherung bei Equity-Rechtsbehelfen. — Für Restitutionsansprüche aus dem Equity-Recht hätte eine geschmeidigere Berücksichtigung des Vorteilswegfalls erwartet werden können. Denn Equity war ja ursprünglich als Billigkeitskorrektur gegenüber dem starren Com-

---

[163] Vgl. BYLES(-MEGRAH) 136 f.; GOFF/JONES 496 ff.

[164] *Price* v. *Neal* (1762), 3 Burr. 1354 (1357), 97 E. R. 871.

[165] *Smith* v. *Mercer* (1815), 6 Taunt. 76, 128 E. R. 961; *Cocks* v. *Masterman* (1829), 9 B. & C. 902 (908 f.), 109 E. R. 335; *London and River Plate Bank* v. *Bank of Liverpool*, [1896] 1 Q. B. 7 (11 f.).

[166] Vgl. *Boulton* v. *Jones* (1857), 2 H. & N. 564, 157 E. R. 232; *Craven-Ellis* v. *Canons, Ltd.*, [1936] 2 K. B. 403 (C. A.); GOFF/JONES 29 ff., 275 ff.

mon Law gedacht, und bei Lord MANSFIELD war der quasi-kontraktliche Anspruch gerade durch die Verwertung von Billigkeitserwägungen besonders offen gehalten worden für die schuldentlastende Erwägung, daß sich die Lage des Bereicherten inzwischen zu seinem Nachteil geändert haben könnte[167].

In Wirklichkeit hat das Equity-Recht aber ein besonderes Konzept für die Berücksichtigung des Vorteilswegfalls nicht, oder doch nur ganz rudimentär, entwickelt. Soweit es das ungerechtfertigte Haben durch reine Geldforderungen ausgleicht, sind auch Ansätze zur selbständigen Nachteilsberücksichtigung nicht ersichtlich. Soweit mit der Figur des constructive trust eine Art dinglichen Verfolgungsrechts gewährt wird, folgt eine gewisse Begrenzung daraus, daß der beanspruchte Gegenstand oder sein Surrogat beim Verpflichteten noch unterscheidbar vorhanden sein muß[168]. Das „tracing" versagt also, wenn der fragliche Gegenstand unentgeltlich veräußert oder ersatzlos verbraucht wird[169]. Daß der Vorteilswegfall wenigstens insoweit wirksam wird, ist aber nur eine Folge der dem tracing zugrunde liegenden sachenrechtlichen Betrachtungsweise, nicht etwa eine bewußte Berücksichtigung der Tatsache, daß der Verpflichtete durch die Inanspruchnahme Schaden erleiden würde. Denn sobald eine Identifizierung nicht mehr möglich ist, versagt das tracing umgekehrt auch dann, wenn der Beklagte Ausgaben erspart hat, etwa wenn er mit dem „fremden" Geld eigene Schulden beglichen hat: Die Befreiung von einer Verbindlichkeit ist allgemeine Vermögensmehrung; sie schlägt sich nicht in dinglich identifizierbaren Gegenständen nieder und kann deshalb jedenfalls nicht mit einer tracing order zurückgeholt werden[170].

Freilich soll auch eine tracing order nicht gewährt werden, wenn es der Billigkeit widerspräche[171]. Es gibt jedoch — so scheint es — keinen Fall, in dem dieses außersachenrechtliche Argument entscheidend zur Versagung einer tracing order geführt hätte. Zudem kann, selbst wenn das tracing versagt, daneben aus Equity ein obligatorischer Geldanspruch gegen den Bereicherten gegeben sein. So in dem Fall *Re Diplock*[172]: Hier waren einige Millionen verschiedenen Krankenhäusern testamentarisch

---

[167] Siehe Text zu N. 111—114 oben S. 61.
[168] Siehe Text zu N. 106 oben S. 59 f.
[169] Vgl. GOFF/JONES 52.
[170] *Re Diplock*, [1948] Ch. 465 (545 f.) (C. A.).
[171] Vgl. GOFF/JONES 52.
[172] [1947] Ch. 716 (Ch. Div.); [1948] Ch. 465 (Court of Appeals); [1951] A. C. 251 (House of Lords, hier unter dem Namen: *Ministry of Health* v. *Simpson*).

vermacht worden. Die gesetzlichen Erben forderten die Vermächtnisse zurück, nachdem sie das Testament erfolgreich angefochten hatten. Einige Krankenhäuser hatten das Geld so ausgegeben, daß wohl das tracing versagte, nicht aber der daneben bestehende obligatorische Anspruch, den das Gericht den Erben zubilligte. Daß manche der Krankenhäuser mit dem Geld außergewöhnliche Ausgaben gemacht hatten, die sie mit ihren laufenden Mitteln nicht hätten bestreiten können, machte keinen Eindruck auf die Richter[173].

III. Zusammenfassung

Das englische Recht zeigt deutlich die Nachwirkungen früherer kategorischer Teilungen: in Common Law und Equity, in Vertrag, Eigentum und Delikt. Das wirkt sich einmal hinsichtlich der Voraussetzungen und des Gegenstands von Restitutionsansprüchen aus, aber auch hinsichtlich der Haftungsbefreiung. Das englische Recht hat bis heute eine eigenständige und alle Teilgebiete durchdringende Entlastungsregel nicht entwickelt. Die Estoppel-Doktrin schafft hier einige Abhilfe. Für Gehaltszahlungen hat sie bisher praktisch die gleichen Ergebnisse ermöglicht wie eine Regel, die schlicht an den Vorteilswegfall anknüpft; im übrigen aber hat sie für den Schuldner nur begrenzten Wert, weil sie einen besonderen Vertrauenstatbestand voraussetzt.

Andere Entlastungsregeln sind auf Sondergebiete beschränkt (Agency-Fälle; Haftung Geschäftsunfähiger) oder zwar zu allgemeinerer Anwendung fähig, aber bisher offenbar nicht genutzt worden (restitutio in integrum). Dieser Zustand wird etwas kompensiert durch eine alles durchziehende Abneigung des englischen Rechtsdenkens gegen die Wiederaufnahme abgeschlossener Transaktionen. Diese Abneigung verdichtet sich an manchen Stellen zu festen Regeln, die die Rückforderung a limine ausschließen und dabei nicht zuletzt von dem Gefühl diktiert sind, daß der Beklagte möglicherweise nicht mehr in den status quo ante versetzt werden kann.

Die Rechtslage wird heute in England weithin als unbefriedigend empfunden. Goff und Jones verlangen für alle Restitutionsansprüche — gleich, ob aus Quasi-Contract oder Equity — die Regel, daß eine gutgläubig getroffene nachteilige Disposition über das Erhaltene den Emp-

[173] Der Einwand wurde überhaupt erst in der dritten Instanz erörtert, dort aber kurzerhand zurückgewiesen: [1951] A. C. 251 (276).

fänger entlasten solle: „As between two innocent parties the loss should lie where it falls, in circumstances where the defendant has altered his position in good faith in consequence of the payment to him."[174]

Es ist freilich nicht anzunehmen, daß es in England jemals zu einer Entlastungsregel kommen wird, die so weitgehend wie das deutsche Recht ohne Rücksicht auf das Verhalten der Parteien bei dem Bereicherungsvorgang nüchtern auf einen Vergleich des Vermögens des Beklagten vor und nach der Bereicherung abstellt. GOFF und JONES etwa stellen ihren Vorschlag unter die weitere Voraussetzung, daß eine Verpflichtung zur Rückgewähr in einem solchen Fall „inequitable" sei[175]. Und ein anderer Autor, der ebenfalls im Grundsatz einen „change of position" als Entlastungsgrund anerkannt wissen will, sieht schon in der bisherigen Judikatur eine gesunde Berücksichtigung der Umstände des Einzelfalls[176].

Die englischen Juristen werden also, auch wenn sie in Zukunft dem change of position mehr Verständnis entgegenbringen sollten, vermutlich vorsichtig von Fall zu Fall weiterschreiten und dabei etwa berücksichtigen, welche Partei den Bereicherungsvorgang veranlaßt hat, ob der Empfänger Geschäfts- oder Privatmann ist, ob Sorgfaltspflichten verletzt worden sind, kurz, alle Umstände, die einen Anhalt dafür geben, ob den Schaden aus dem Verlauf der Dinge die eine oder die andere Partei tragen soll.

E. VEREINIGTE STAATEN VON AMERIKA

I. Allgemeines

Das amerikanische Rechtsdenken teilt mit dem englischen eine gewisse Zurückhaltung gegenüber der Wiederaufnahme abgeschlossener Tatbestände. Zwar hat es nicht alle Lehren übernommen, die in England Ausdruck dieser Haltung sind, so etwa nicht die, daß die Rückforderung auf Grund fehlgeschlagener Verträge „total failure of consideration" voraussetzt[177], und nicht die, daß die Anfechtung wegen misrepresentation nur so lange möglich ist, als der Vertrag noch nicht — auch nicht teilweise —

---

[174] GOFF/JONES 487.

[175] GOFF/JONES 486.

[176] STOLJAR 34 f.; ähnlich früher schon GOFF, Mod. L. Rev. 24 (1961) 95: change of position müsse zwar einen Einwand begründen können, jedoch nicht ohne weiteres, falls der Empfänger die Leistung — wenn auch ohne Schuld — irrtümlich selbst veranlaßt habe.

[177] Vgl. Text zu N. 149 ff. oben S. 69 f.; zum amerikanischen Recht siehe CORBIN § 1115 mit Nachweisen in N. 80.

erfüllt worden ist[178]. Man findet aber die Einschränkung der Rückforderung insbesondere bei Rechtsirrtum[179] — hinter dem sich auch hier nicht selten ein Wegfalltatbestand verbirgt[180] —, bei Zahlungen auf gefälschte Wechselunterschriften[181] und bei unverlangter Zuwendung[182]. Auch liest man in diesem Zusammenhang gelegentlich die allgemeine Bemerkung, der status quo solle möglichst nur dann in Frage gestellt werden, wenn seine Aufrechterhaltung wirklich unbillig wäre[183].

Wie in England macht man in den Vereinigten Staaten ferner die Abstandnahme von nichtigen oder fehlgeschlagenen Verträgen — gleichgültig ob sie in der Verweigerung oder der Rückforderung der Vertragsleistung besteht — davon abhängig, daß die andere Partei wieder in ihre frühere Lage versetzt wird[184]. Auch hier denkt man zwar hauptsächlich an die Rückstellung der erhaltenen Gegenleistung. Aber ebenso können andere Konstellationen das Anfechtungs- oder Rücktrittsrecht einschränken oder von einem Gegenausgleich abhängig machen: der Vertragsgegner hat auf der Grundlage des Kaufvertrages, der wegen Kalkulationsirrtums angefochten wird, irreversible Bindungen gegenüber Dritten übernommen[185], es sind ihm bereits Kosten für die Vertragsausführung entstanden[186], oder er hat auf die zurückzugebende Sache Verwendungen gemacht[187].

Anders als im englischen Recht hat sich im amerikanischen jedoch über diese einzelnen Ansatzpunkte hinaus für alle Restitutionsansprüche aus Common Law und Equity eine allgemeine Entlastungsmaxime entwickelt, die im folgenden näher dargelegt werden soll.

---

[178] Vgl. oben N. 154 mit Text auf S. 70; zum amerikanischen Recht siehe die Behandlung bei Corbin §§ 613 ff.

[179] Vgl. Restatement, Restitution §§ 44 ff.; Corbin § 617.

[180] So z. B. *Haynes* v. *McKee*, 43 N. Y. S. 1126 (S. Ct. 1897); *Diebel* v. *Diebel*, 133 N. W. 463 (Minn. 1911); *In re Miners' and Merchants' Bank of Nanty-Glo*, 169 Atl. 85 (Pa. 1933).

[181] Restatement, Restitution § 30; Woodward 126 ff.

[182] Vgl. Restatement, Restitution §§ 40 (c), 41, 42, 112.

[183] So z. B. *Hunt* v. *Hospital Service Plan of New Jersey*, 157 A. 2d 575 (Super. Ct. N. J. 1960).

[184] Siehe etwa *Grymes* v. *Sanders*, 93 U. S. 55 (1876); *Milford Yacht Realty Co.* v. *Milford Yacht Club*, 72 A. 2d 482 (Conn. 1950); Restatement, Restitution § 65; Restatement, Contracts §§ 349, 468, 480, 499, 510; Am. Jur. Bd. 17, Contracts §§ 512 ff. mit vielen Nachweisen.

[185] *Heifetz Metal Crafts, Inc.* v. *Peter Kiewit Sons Co.*, 246 F. 2d 435 (8th Cir. 1959).

[186] *Edwards* v. *Miller*, 228 Pac. 1105 (Okla. 1924).

[187] *Williams* v. *Rice*, 323 P. 2d 126 (Cal. App. 1958).

II. Die Grundlagen der Restitutionshaftung

In den Vereinigten Staaten bestand schon früh die Neigung, in der quasikontraktlichen Klage aus implied assumpsit wirklich nur einen gedanklichen Behelf zu sehen, mit dem sich eine Pflicht zur Auskehrung eines „unjust benefit“ (oder „unjust enrichment“) statuieren ließ. Auch ist Lord MANSFIELDS Charakterisierung der Klage in *Moses* v. *MacFerlan*[188] von amerikanischen Gerichten stets mit Zustimmung zitiert worden. Der Klage aus Quasi-Contract sind so mehr und mehr zahlreiche Elemente des Equity-Denkens beigelegt worden. Es wurde zur allgemeinen Redensart, daß die Klage zwar „legal in form“, aber „equitable in nature“ sei[189]. „The right to recover is governed by principles of equity although the action is at law.“[190] Umfassende Behandlungen des Rechts der Quasikontrakte erschienen 1893 und 1913[191]; sie konnten bereits davon ausgehen, daß allen quasikontraktlichen Rückerstattungsbehelfen eine ungerechtfertigte Bereicherung zugrunde liegt[192].

Mit der Zeit ließ diese Einstellung die scharfe Trennung der Rückerstattungsbehelfe in solche aus Quasi-Contract und solche aus Equity zurücktreten. Der vorläufige Schlußpunkt dieser Entwicklung wurde erreicht mit der Schaffung eines Restatement of the Law of Restitution (1936), in dem Quasikontrakte und entsprechende Rechtsbehelfe aus dem Equity-Recht in 215 Artikeln als einheitliches Rechtsgebiet zusammengefaßt und alle dargebotenen Einzelregeln unter das allgemeine Prinzip gestellt wurden: „A person who has been unjustly enriched at the expense of another is required to make restitution to the other“ (§ 1)[193].

III. Das Haftungsmaß — Allgemein

So wie das amerikanische Recht hinsichtlich der Grundlagen des Rückgewährungsanspruchs von den einengenden Kategorien des englischen Rechts freigekommen ist, hat es auch beim Haftungsmaß eine offenere

---

188 Siehe oben N. 111 mit Text.

189 Vgl. die Nachweise in C. J. S. Bd. 58, Money Received § 1.

190 *National Malleable Castings Co. v. Iroquois S. and J. Co.*, 165 N. E. 203 (Ill. 1929).

191 KEENER, Treatise on the Law of Quasi-Contracts (1893); WOODWARD, The Law of Quasi-Contracts (1913).

192 KEENER 19 ff.; WOODWARD 4 ff.

193 Dazu SEAVEY/A. W. SCOTT, L. Q. R. 54 (1938) 29 ff.

Einstellung gewonnen. Dies wurde wesentlich erleichtert dadurch, daß die Klage aus Quasi-Contract von vornherein als „equitable in nature" aufgefaßt und damit für Billigkeitserwägungen direkt zugänglich gemacht wurde. So lag es nahe, bei der Abwägung der „equities" des einzelnen Falles auch die Tatsache zu berücksichtigen, daß der Beklagte inzwischen keinen Vorteil mehr aus dem Erlangten hatte.

1. Geschichte. — Bei den amerikanischen Juristen war ohnehin von Anfang an der Gedanke lebendig, daß der Beklagte wohl das Erlangte zurückgeben oder vergüten müsse, aber keinen unbilligen Verlust erleiden dürfe. Der Einwand des Beklagten, er habe inzwischen keinen Vorteil mehr aus dem Erlangten und werde nach einer Inanspruchnahme deshalb schlechter stehen als vor dem fraglichen Vermögenszugang, stieß daher bei den Gerichten schon früh auf Verständnis[194]. Der New Yorker Court of Appeals etwa stellte 1873 als Regel fest, daß Rückgewähr nicht angeordnet werden dürfe, wenn „the payment has caused such a change in the position of the other party that it would be unjust to require him to refund"[195]. Aus diesem Gedanken hat sich recht schnell „change of position" (oder „change of circumstances") als allgemeiner Einwand entwickelt. WOODWARD konnte 1913 „change of position" als selbständigen Haftungsausschluß gegenüber allen auf Quasi-Contracts gestützten Erstattungs- oder Rückforderungsansprüchen darstellen[196]. Das Restatement of Restitution läßt den Einwand jetzt gegenüber schlechthin allen Restitutionsansprüchen gelten, die auf dem eigentlichen Equity-Recht oder auf Quasi-Contract beruhen und formuliert folgendermaßen (§ 142 I): „The right of a person to restitution from another because of a benefit received is terminated or diminished if, after the receipt of the benefit, circumstances have so changed that it would be inequitable to require the other to make full restitution."

Als „change of circumstances" sind bisher die gleichen Tatbestände behandelt worden, die im deutschen Recht als Wegfall der Bereicherung erscheinen: Untergang, Verlust oder Diebstahl des erhaltenen Gegenstandes[197], Verbrauch ohne Ersparnis oder Verkauf unter Wert[198], unge-

---

[194] Vgl. *Boas* v. *Updegrove*, 47 Am. Dec. 425 (Pa. 1847).

[195] *Nat. Bank of Commerce* v. *Nat. Mechanics' Banking Ass.*, 55 N. Y. 211 (1873); ebenso *Mayer* v. *New York*, 63 N. Y. 455 (1875).

[196] WOODWARD 38 ff.

[197] Restatement, Restitution § 142 Comment b); G. K. SCOTT, Harv. L. Rev. 62 (1948/49) 1013.

[198] Restatement, Restitution § 142 Comment b).

wohnter oder unproduktiver Aufwand[199], Ausgaben für das Erhaltene[200], unwiderrufliche bestimmungsgemäße Weitergabe des Erhaltenen an einen Dritten[201], bestimmungsgemäße Verwendung durch einen Treuhänder (Testamentsvollstrecker, Vormund usw.)[202], Eingehung von rechtlichen Bindungen, die überhaupt nicht oder nur unter Verlust wieder gelöst werden können[203], Aufgabe von Rechten und Sicherheiten[204], Versäumung rechtzeitiger Anspruchsdurchsetzung[205], Vernichtung von Beweisunterlagen[206], erhöhte Belastung mit Steuern und Gebühren[207], unvorteilhafte Anlage des erhaltenen Geldes[208], Gewährung von Kredit an Dritte, der später nicht beizutreiben ist[209], Schenkungen aus dem Erhaltenen[210], Ver-

---

[199] *Montgomery's Appeal*, 37 Am. Rep. 670 (Pa. 1880); *Picksley* v. *Starr*, 44 N. E. 163 (N. Y. 1896); *Seagle* v. *Barreto*, 179 N. Y. S. 856 (App. Div. 1920); *Hatton* v. *Howard Braiding Co.*, 129 Atl. 805 (R. I. 1925); *Mutual Life Ins. Co.* v. *Metzger*, 172 Atl. 610 (Md. 1934).

[200] *Andersen, Meyer & Co.* v. *Fur and Wool Trading Co.*, 14 F. 2d 586 (9th Cir. 1927); *Bechtel* v. *Bechtel*, 91 P. 2d 529 (Ore. 1939); *Petroleum Royalties Co.* v. *Hartford Accident and Indemnity Co.*, 106 F. 2d 440 (10th Cir. 1939); *Bowen* v. *Morgillo*, 23 A. 2d 719 (Conn. 1941); *Lang* v. *Giraudo*, 40 N. E. 2d 707 (Mass. 1942); *Ryan* v. *Plath*, 140 P. 2d 968 (Wash. 1943).

[201] *Bessler Movable Stairway Co.* v. *Bank of Leakesville*, 106 So. 445 (Miss. 1926); *Jefferson County Bank v. Hansen Lumber Co.*, 55 S. W. 2d 54 (Ky. 1932); *Butler* v. *Hastings*, 34 P. 2d 751 (Cal. App. 1934); *Weiner* v. *Roof*, 122 P. 2d 896 (Cal. 1942); *Bailey* v. *Rainan*, 257 P. 2d 94 (Cal. App. 1953); *Firestone Tire and Rubber Co.* v. *Central Nat. Bank*, 112 N. E. 2d 636 (Ohio 1953).

[202] *Beam* v. *Copeland*, 14 S. W. 1094 (Ark. 1890); *Haynes* v. *McKee* (oben N. 180); *Hatton* v. *Howard Braiding Co.* (oben N. 199); *In re Harned's Will*, 267 N. Y. S. 769 (Surr. 1933); *Title Ins. and Trust Co.* v. *McCracken County*, 92 S. W. 2d 89 (Ky. 1936).

[203] *Cincinnati* v. *Fox*, 49 N. E. 2d 69 (Ohio App. 1943); *Lake Gogebic Lumber Co.* v. *Burns*, 49 N. W. 2d 310 (Mich. 1951).

[204] *Behring* v. *Somerville*, 44 Atl. 641 (N. J. 1899); *Baxter* v. *Continental Illinois Nat. Bank and Trust Co.*, 26 N. E. 2d 179 (Ill. App. 1940).

[205] *Boas* v. *Updegrove* (oben N. 194); *Fegan* v. *Great Northern Ry. Co.*, 81 N. W. 39 (N. D. 1899); *Richey* v. *Clark*, 40 Pac. 717 (Utah 1895); *German Security Bank* v. *Columbia Finance and Trust Co.*, 85 S. W. 761 (Ky. 1905); *Atlantic Coast Line* v. *Schirmer*, 69 S. E. 439 (S. C. 1910); *Gibbons* v. *Perkins*, 230 N. Y. S. 273 (S. Ct. 1928); *Hunt* v. *Hospital Service Plan of New Jersey* (oben N. 183).

[206] *Leute* v. *Bird*, 268 N. W. 799 (Mich. 1936).

[207] *Haubert* v. *Navajo Refining Co.*, 264 Pac. 151 (Okla. 1928); *Sawyer* v. *Mid-Continent Petroleum Corp.*, 236 F. 2d 518 (D. N. M. 1956).

[208] *Smith* v. *Rubel*, 13 P. 2d 1078 (Ore. 1932); G. K. Scott, Harv. L. Rev. 62 (1948/49) 1011.

[209] *B. Ray Robbins Co.* v. *Valley Nat. Bank of Arizona*, 338 F. 2d 467 (9th Cir. 1964).

[210] *Old Colony Trust Co.* v. *Wood*, 74 N. E. 2d 141 (Mass. 1947).

untreuungen durch Leute des Empfängers[211], Kosten der Anbahnung und Ausführung des gescheiterten Vertrages[212], Kosten der Rechtsverteidigung[213].

2. *Ausgangspunkt und Art der Argumentation.* — Die Formulierung des Restatement läßt freilich schon erkennen, daß der Wegfall des erhaltenen Vorteils allein nicht ohne weiteres die Haftung aufhebt. Erfolgreich verteidigt sich der Beklagte vielmehr nur, wenn er dartun kann, daß die Rückgewähr wegen der veränderten Lage unbillig wäre.

Dies steht im Einklang mit der bereits gekennzeichneten Auffassung, daß die Klagen aus Quasi-Contract, und selbstverständlich auch die aus Equity, schon dem Grunde nach Billigkeitsbehelfe zur Rückholung fehlgelaufener Vermögenswerte sind[214]. Schlagwort in diesem Zusammenhang: Der Beklagte darf nicht behalten, was „in equity and good conscience" dem Kläger gehört[215]. Man stößt auch immer wieder auf den Satz, daß Rückgewähr nur gefordert werden könne, wenn dies nach Abwägung aller Umstände wirklich „equitable" sei[216]. Wenn im amerikanischen Recht von „unjust enrichment" gesprochen wird, dann hat „unjust" also nicht nur die technische Bedeutung von „rechtsgrundlos", sondern mehr die von „ungerecht".

Die Orientierung an der Billigkeit bedeutet, daß — anders als im deutschen Recht — nicht jeder Vorteil herauszugeben ist, für dessen Erlangung ein bestimmter Rechtsgrund nicht gefunden werden kann. Der Richter darf vielmehr die Herausgabe oder Erstattung bereits dem Grunde nach von weiteren Gerechtigkeitsmomenten des Einzelfalls abhängig machen, vor allem von der unterschiedlichen Rolle der Parteien bei dem Bereicherungshergang. Besondere Bedeutung gewinnt die Hereinnahme von Billigkeitsgesichtspunkten aber, wenn der Beklagte auf „change of circumstances" hinweisen kann. Die amerikanischen Juristen sehen in dieser Situation seit jeher ein Problem der Schadensanlastung. Wenn sich

---

[211] *Credit Alliance Corp.* v. *Sheridan Theatre Co.*, 202 N. Y. S. 217 (S. Ct. 1923); *Oakley Building and Loan Co.* v. *Murphy*, 84 N. E. 2d 749 (Ohio App. 1948); KEENER 334.

[212] *Edwards* v. *Miller* (oben N. 186); *Sawyer* v. *Mid-Continental Petroleum Corp.* (oben N. 207).

[213] *Ryan* v. *Plath* (oben N. 200).

[214] Vgl. darüber schon W. FRIEDMANN 91 f.

[215] Vgl. *Crocker-Woolworth Nat. Bank* v. *Nevada Bank*, 73 Pac. 456 (Cal. 1903); *Firestone Tire and Rubber Co.* v. *Central Nat. Bank* (oben N. 201); weitere Nachweise: C. J. S. (oben N. 189) § 1 N. 5; KEENER 20; COSTIGAN, Harv. L. Rev. 20 (1906/07) 205; COHEN, Harv. L. Rev. 45 (1931/32) 1335.

[216] *Hunt* v. *Hospital Service Plan of New Jersey* (oben N. 183); *Cincinnati* v. *Fox* (oben N. 203).

die Dinge so entwickelt haben, daß der Bereicherte nach der Rückgewähr schlechter dastehen würde als vor der Erlangung des Vorteils: soll dann den Schaden aus diesem Geschehen der Kläger tragen, indem er bei seinem ursprünglichen Verlust belassen wird, oder der Beklagte, indem er trotz drohender Schädigung zur Rückgewähr verpflichtet bleibt? Die Antwort lautet: Diejenige Partei wird mit dem Schaden belastet, die für ihn nach Abwägung aller Umstände in erster Linie verantwortlich erscheint. Bei dieser Abwägung wird das gesamte Verhalten der Parteien und ihre Stellung vor, bei und nach dem Bereicherungsvorgang im einzelnen gewürdigt. Aber auch andere Umstände — etwa die sozialen und finanziellen Verhältnisse der Parteien — können eine Rolle spielen.

WOODWARD und KEENER haben die Ergebnisse der Rechtsprechung nach folgendem Schema geordnet[217]: Trifft den Bereicherten die alleinige oder überwiegende Schuld an der Herbeiführung der Bereicherung, so muß er den Schaden tragen, indem er trotz change of position weiter haftet. Hat der Kläger seine Entreicherung allein oder überwiegend verschuldet, dann ist der Bereicherte nach change of position frei, vorausgesetzt, daß die Änderung seiner Vermögenslage nicht auch ohne die vorherige Erlangung des Vorteils eingetreten wäre[218]. Ebenso wird der Bereicherte frei, wenn der Vorgang keiner der Parteien zur Last gelegt werden kann oder beide gleich verantwortlich erscheinen: „Justice would not be served by shifting the loss to the shoulders of the defendant who is either less at fault than the plaintiff or at least no more blameful."[219]

Auch nach dem Restatement (§ 142 II) ist der Empfänger nur dann frei, wenn er nicht deliktisch gehandelt hat und ihn an der Erlangung, Innehabung oder Verwendung des Vorteils nicht mehr Verschulden trifft als den Rückfordernden.

Freilich muß berücksichtigt werden, daß der Begriff „Verschulden" („fault" oder „negligence") hier keinen fest umrissenen Inhalt hat, vor allem nicht unbedingt vorwerfbares „Fehlverhalten" der betroffenen Partei voraussetzt, sondern ganz allgemein eine Verantwortlichkeit für den Schaden kennzeichnet, die aus den gesamten Umständen hergeleitet werden kann.

---

[217] KEENER 59 ff.; WOODWARD 38 ff.; siehe auch W. FRIEDMANN 96 ff.; COSTIGAN, Harv. L. Rev. 20 (1906/07) 212 ff.

[218] Siehe auch *Boas* v. *Updegrove* (oben N. 194): „Where the blunder necessarily imposes a loss on some one it must be borne by the author of it."

[219] WOODWARD 39; siehe auch *Holly* v. *Missionary Society,* 180 U. S. 284 (1900): „A court of equity will not transfer a loss from one innocent party to another party equally innocent."

3. Beispiele. — Die folgenden Fälle sind repräsentative Beispiele für den Stil der Argumentation.

Im Fall *Richey* v. *Clark*[220] war die Klägerin Eigentümerin eines Grundstücks, das nach einer Auskunft ihres Anwalts zusammen mit anderen Grundstücken in der Nachbarschaft anteilig mit einer Hypothek zugunsten des Beklagten belastet war. Um gegenüber ihrer Bank kreditwürdiger zu erscheinen, beglich sie vorzeitig den vermeintlich auf sie entfallenden Betrag der Hypothek. Später stellte sich heraus, daß ihr Grundstück von der Hypothek nicht erfaßt worden war. Dem Rückzahlungsverlangen setzte der Beklagte „change of position" entgegen, weil er inzwischen unter Anrechnung des von der Klägerin Erhaltenen mit den anderen Grundeigentümern abgerechnet habe und dort jetzt nichts mehr fordern könne. Das Gericht erkannte den Einwand an. Es stützte seine eingehende Begründung darauf, daß die Klägerin die falsche Auskunft über die Belastung des Grundstücks von ihrem eigenen Anwalt erhalten hatte und daß sie es war, die den Beklagten zur Entgegennahme des Geldes gedrängt hatte, weil sie gegenüber ihrer Bank ein lastenfreies Grundstück vorweisen wollte.

Im Fall *Fegan* v. *Great Northern Ry. Co.*[221] hatte der Kläger als Bahnhofsvorsteher für Unterschlagungen des Kassierers aufkommen müssen, weil man zunächst dachte, sie seien während seiner Amtszeit vorgekommen. Als sich später herausstellte, daß eigentlich sein Amtsvorgänger für das Kassendefizit verantwortlich gewesen wäre, hatte die beklagte Bahngesellschaft ihren Anspruch gegen die Garantieversicherung des Amtsvorgängers verloren. Die Rückzahlungsforderung des Klägers wurde zurückgewiesen, weil man ihm zur Last legte, daß er es entgegen den geltenden Dienstanweisungen unterlassen hatte, die Bücher und Kassenbestände regelmäßig und gewissenhaft zu prüfen. Bei regelmäßiger und besserer Kontrolle hätte er die wahre Sachlage ohne weiteres so rechtzeitig entdeckt, daß die Beklagte den Regreßanspruch hätte realisieren können. Zwar wäre auch der Prüfer der Beklagten bei einem seiner regelmäßigen Besuche von Anfang an imstande gewesen, den wahren Zeitpunkt der Unterschlagung festzustellen; doch der Kläger hätte es viel leichter erkennen können, weil er sämtliche Unterlagen ständig zur Verfügung gehabt habe. Wenn aber der Schaden aus den Unterschlagungen nun einmal von einer der Parteien getragen werden müsse, dann entspreche es

---

[220] Oben N. 205.
[221] Oben N. 205.

„natural justice", den Kläger damit zu belasten, der durch seine viel größere Nachlässigkeit diese Situation herbeigeführt habe.

German Security Bank v. *Columbia Finance and Trust Co.*[222]: Eine Sanierungstreuhänderin hatte aus dem Vermögen des Schuldners einen Wechselgläubiger befriedigt, weil sie annahm, das Vermögen reiche zur Begleichung aller an den Schuldner gerichteten Forderungen aus. Als sich später herausstellte, daß das nicht zutraf, forderte die Treuhänderin die gezahlte Summe zur Treuhandmasse zurück. Inzwischen hatte der Wechselinhaber seine Rückgriffsrechte gegen die Indossanten verloren. Die Rückforderung wies das Gericht zurück: Es sei Pflicht der Treuhänderin gewesen, den Umfang des Schuldnervermögens festzustellen. Sie allein habe dazu auch die Möglichkeit gehabt; der Gläubiger habe sich auf ihr Urteil verlassen dürfen und sei deshalb in keiner Weise verantwortlich für den Irrtum, dem sie erlegen sei. Wenn der Schaden aber nun entweder auf den Gläubiger oder auf die Treuhänderin fallen müsse, dann habe ihn eher die Partei zu tragen, deren Nachlässigkeit den Schaden herbeigeführt habe, als diejenige, die keinerlei Verschulden treffe.

In *Jefferson County Bank* v. *Hansen Lumber Co.*[223] hatte jemand eine Ladung Holz gekauft — Zahlung bei der beklagten Bank gegen Aushändigung der Verladedokumente. Der Käufer zahlte aber bereits — ohne die Dokumente gesehen zu haben — auf die Nachricht des Verkäufers, daß die Ware abgesandt worden sei. In Wirklichkeit wurde die Ware nie abgeschickt. Der Verkäufer fiel später in Konkurs, nachdem die Bank den bereits gezahlten Kaufpreis an ihn weitergeleitet hatte. Der Käufer verlangte nach neun Monaten von der Bank den Kaufpreis zurück. Das Gericht wies ihn ab. Eingangs führte es aus, es sei zu bedauern, daß die geleistete Zahlung nach der Entwicklung der Dinge jetzt einen Schaden darstelle, den eine der Parteien tragen müsse. Dieser Schaden müsse demjenigen zur Last fallen, „to whose fault or negligence this loss is most fairly attributable". Das Gericht stellte dann fest, daß der Kläger, der ja auf Zug-um-Zug-Leistung hätte bestehen können, mit der Vorauszahlung äußerst voreilig gehandelt, außerdem aber auch mit der Rückforderung unnötig lange gezögert habe. Der Kläger verlange praktisch nicht mehr die Herausgabe einer ungerechtfertigten Bereicherung, sondern wolle der Beklagten den Schaden auferlegen, den er selbst verschuldet habe.

---

[222] Oben N. 205.
[223] Oben N. 201.

Der Fall *Moritz* v. *Horsman*[224] ist ein Beispiel dafür, wie im Rahmen der Billigkeit nicht nur die Beteiligung der Parteien am Bereicherungsvorgang, sondern auch ihre sonstigen Verhältnisse die Haftung beeinflussen können. Hier hatte der Beklagte als vermeintlicher gesetzlicher Erbe einen Teil des Nachlasses seines Adoptivvaters erhalten. Später stellte man fest, daß Adoptivkinder nach den maßgeblichen Gesetzen nicht zu den gesetzlichen Erben gehörten. Die leiblichen Nachkommen forderten daraufhin das dem Beklagten Zugeteilte zurück. Von den 13 000 Dollars, die der Beklagte erhalten hatte, besaß er noch 5 000 in Staatsanleihen; 3000 hatte er auf ein Wohnhaus und für Möbel angezahlt. Über den Rest konnte er keine genauen Angaben machen. Das Gericht berücksichtigte zu seinen Gunsten, daß er nur noch 5000 in den Händen hielt, daß er eine gewisse Zeit arbeitslos gewesen war, daß seine Frau über ein Jahr krank gewesen und deshalb viel Geld für Ärzte und Medikamente ausgegeben worden war, schließlich auch, daß Kläger und Beklagter gleichermaßen einem entschuldbaren Rechtsirrtum erlegen seien. Es wäre eine unbillige Härte — so meinte das Gericht —, den Beklagten unter solchen Umständen auf das gesamte Erhaltene haftbar zu machen. Das Gericht ging davon aus, daß der Beklagte vielleicht zu den 5000 Dollars noch weitere 2500 aus seinem Besitz herausholen könne. Von diesem Gesamtbetrag von 7500 solle er zwei Drittel zahlen, d. h. die 5000, die er bar zur Verfügung habe.

IV. Das Haftungsmaß — Einzelfälle

Weil die Rechtsprechung sich am Einzelfall orientiert, ist es schwierig, sie in Regeln zu fassen. Immerhin sind für einzelne Fallgruppen doch feste Linien erkennbar.

1. Aufgabe oder Versäumnis von Rechten und Chancen. — In der Regel wird die Rückgewähr abgelehnt, wenn der Empfänger einer nichtgeschuldeten Leistung andere Rechte oder Chancen aufgegeben oder wahrzunehmen versäumt hat: Er gibt Sicherheiten auf[225], vernichtet die Schuldurkunde oder Beweismittel[226], läßt Regreßrechte verjähren[227] oder

[224] 9 N. W. 2d 868 (Mich. 1943).

[225] *Behring* v. *Somerville; Baxter* v. *Continental Illinois Nat. Bank and Trust Co.* (beide oben N. 204).

[226] *Leute* v. *Bird* (oben N. 206); *Ash* v. *McLellan*, 62 Atl. 598 (Me. 1905); *Pelletier* v. *State Nat. Bank*, 41 So. 640 (La. 1906); *Copper Belle Mining Co.* v. *Gleeson*, 134 Pac. 285 (Ariz. 1913); *Philadelphia Title Ins. Co.* v. *Globe Consumer Discount Co.*, 213 A. 2d 80 (Pa. Super. Ct. 1965).

[227] *Fegan* v. *Great Northern Ry. Co.; German Security Bank* v. *Columbia Finance*

versäumt den rechtzeitigen Zugriff auf das Vermögen des wahren Schuldners, der jetzt insolvent oder nicht mehr erreichbar ist[228].

2. Bestimmungsgemäße Verwendung. — Ebenso regelmäßig wird der Anspruch ausgeschlossen, wenn der Empfänger erhaltenes Geld bestimmungsgemäß fremdnützig verwendet hat: Er hat das Geld als vermeintlicher Vermächtnisnehmer entsprechend einer testamentarischen Auflage an einen Dritten weitergeleitet[229] oder als Beauftragter entgegengenommen und an seinen Auftraggeber abgeführt[230]; der Testamentsvollstrekker hat mit dem grundlos Erlangten Legate ausgezahlt, die jetzt nicht mehr zurückgefordert werden können[231]. Hierher gehören auch die besonders zahlreichen Fälle, in denen Banken, die nichtsahnend einen gefälschten Scheck eingezogen oder rechtsgrundlose Zahlungen auf ein Konto erhalten hatten, von der Rückzahlung befreit wurden, weil sie den eingenommenen Betrag an den Auftraggeber oder Kontoinhaber bereits weitergeleitet hatten[232].

3. Verwendungen. — Ziemlich sicher ist auch, daß derjenige, der als constructive trustee auf Herausgabe eines bestimmten Gegenstandes in Anspruch genommen wird, einredeweise Ersatz der notwendigen Erhaltungskosten verlangen kann[233]. Weniger gesichert ist das Ergebnis, soweit der Beklagte nicht notwendige Aufwendungen für den Bereicherungsgegenstand ersetzt verlangt. Gelegentlich wird Ersatz zugebilligt bis zur Höhe des noch vorhandenen Nutzens. Andere Entscheidungen lehnen die Vergütung der nicht notwendigen Ausgaben schlechthin ab[234].

---

and Trust Co. (beide oben N. 205); *Hunt* v. *Hospital Service Plan of New Jersey* (oben N. 183).

[228] *Richey* v. *Clark; Atlantic Coast Line* v. *Schirmer; Gibbons* v. *Perkins* (alle oben N. 205); *Bank of New York* v. *Simmons & Co.*, 190 N. Y. S. 602 (S. Ct. 1921); *St. Paul Mercury Indemnity Co.* v. *Bank of Lansing*, 41 N. W. 2d 468 (Mich. 1950).

[229] *Holly* v. *Missionary Society* (oben N. 219).

[230] *Weiner* v. *Roof* (oben N. 201).

[231] *Beam* v. *Copeland; In re Harned's Will* (beide oben N. 202); *Haynes* v. *McKee* (oben N. 180); *Hatton* v. *Howard Braiding* Co. (oben N. 199).

[232] *Commercial and Farmers' Nat. Bank* v. *First Nat. Bank of Baltimore*, 96 Am. Dec. 554 (Md. 1868); *Continental Nat. Bank* v. *Tradesmen's Nat. Bank*, 65 N. E. 1108 (N. Y. 1903); *Crocker-Woolworth Nat. Bank* v. *Nevada Bank* (oben N. 215); *Bessler Movable Stairway Co.* v. *Bank of Leakesville; Jefferson County Bank* v. *Hansen Lumber Co.; Firestone Tire and Rubber Co.* v. *Central Nat. Bank* (alle oben N. 201); *Richmond & Co.* v. *Security Nat. Bank*, 64 S. W. 2d 863 (Tenn. App. 1933).

[233] Siehe die Entscheidungen oben N. 200; weitere Nachweise bei BOGERT § 472 (S. 21—25).

[234] Nachweise bei A. W. SCOTT § 291. 6, § 479; BOGERT aaO.

Hier macht sich das Mißtrauen des anglo-amerikanischen Rechts gegen die Vergütung aufgedrängter Bereicherung bemerkbar[235].

4. Beschränkte Geschäftsfähigkeit. — Eindeutig ist die Lage auch bei der Restitutionshaftung Geschäftsbeschränkter, insbesondere Minderjähriger. Das Restatement geht davon aus, daß diesem Personenkreis der Einwand des change of circumstances in mindestens dem gleichen Maße offenstehen muß wie Geschäftsfähigen[236]. Tatsächlich geht der Schutz dieser Personen über den der allgemeinen Entlastungsregel hinaus. Die traditionelle — heute wohl immer noch überwiegende — Auffassung versagt bei nichtigen Verträgen Minderjähriger dem anderen Teil die Rückforderung schon dann, wenn der Minderjährige die ursprüngliche Leistung oder ihr Surrogat nicht mehr unterscheidbar in den Händen hat; das gleiche soll nach manchen Entscheidungen gelten, wenn — wie etwa bei Dienstleistungen — eine Rückerstattung in natura von vornherein unmöglich ist. Eine neuere Tendenz in der Gesetzgebung und Rechtsprechung mancher Einzelstaaten geht dahin, dem Minderjährigen die Berufung auf die Nichtigkeit des Vertrages nur zu gestatten, wenn er das Erhaltene zurückgibt oder nach seinem Wert vergütet, oder ihn für Verlust, Verschlechterung und Gebrauch des Erhaltenen jedenfalls dann haften zu lassen, wenn er aus der Leistung einen greifbaren Nutzen gehabt hat. Auch aus dieser neueren — verkehrsfreundlicheren — Entwicklung entstehen jedoch wieder einigermaßen feste, von den Umständen des Einzelfalles absehende Haftungsregeln[237].

5. Begleichung von Schulden. — Auf der anderen Seite steht auch fest, daß der Beklagte sich nicht damit verteidigen kann, er habe erhaltenes Geld zur Begleichung von Schulden ausgegeben. „Es würde dem Beklagten schlecht anstehen, zu behaupten, er hätte seine Schulden sonst nicht beglichen“, heißt es in einer Entscheidung[238]. Sicher ist auch, daß die Verwendung des Erhaltenen für übliche Ausgaben der Rückforderung nicht entgegensteht[239].

---

[235] Vgl. dazu im Zusammenhang mit dem Impensenersatz DAWSON 127 ff., 137 ff.

[236] Restatement, Restitution § 139 Comment d).

[237] Vgl. zum Ganzen WILLISTON(-JAEGER) § 238; SIMPSON 228 ff.; H. S. McM., U. Pa. L. Rev. 81 (1932/33) 731 ff.; alle mit zahlreichen Nachweisen aus der Rechtsprechung; siehe auch KINDRED, Festschrift Rheinstein 536 ff.

[238] *Donner* v. *Sackett*, 97 Atl. 89 (Pa. 1916); siehe auch G. K. SCOTT, Harv. L. Rev. 62 (1948/49) 1011.

[239] *Kunkel* v. *Kunkel*, 110 Atl. 73 (Pa. 1920); *Gilpatric* v. *Hartford*, 120 Atl. 317 (Conn. 1923); *Bridgeport Hydraulic Co.* v. *Bridgeport*, 130 Atl. 164 (Conn. 1925); siehe auch *Squibb and Sons* v. *Chemical Foundation*, 93 F. 2d 475 (2d Cir. 1937): zu Unrecht erhaltene Lizenzgebühren werden satzungsgemäß für Forschungsprojekte

6. *Zweifelhafte Fälle.* — Zwischen diesen festen Punkten erstreckt sich ein weiter Bereich, in dem die Wegfallgründe kontrovers sind oder jedenfalls nicht nach allgemeinen Regeln im voraus beurteilt werden können.

a) Streitig ist etwa die Frage, ob erhöhter Aufwand im Vertrauen auf die Rechtsbeständigkeit des erlangten Vorteils die Rückgewähr ausschließt. Einige Autoren — bestärkt durch die eine oder andere Entscheidung[240] — bezweifeln es: der Beklagte habe ja den Nutzen aus dem Erhaltenen gehabt[241]. Nach anderer, heute wohl überwiegender Ansicht könnte es aber unter Umständen unbillig hart sein, wenn man den Beklagten, der auf Grund der Bereicherung seinen Lebenszuschnitt geändert hat, zur Erstattung des Verbrauchten anhalten würde; das müsse in einem jeden solchen Fall geprüft und nach den Umständen berücksichtigt werden[242].

b) Zweifel gibt es auch um den Fall, daß der Empfänger das Erhaltene verschenkt. Einige Entscheidungen gehen davon aus, daß die Rückgewährpflicht ohne weiteres um das gutgläubig Verschenkte vermindert werde[243]. Hiergegen wird eingewendet, es möge wohl sein, daß der Beklagte ohne das Erlangte die Schenkung nicht gemacht hätte. Immerhin habe er aber den Vorteil genossen, über das Erlangte nach seinen Wünschen zu verfügen. Freilich übersteige der Schaden, den er bei erfolgreicher Rückforderung erleide, offensichtlich den „Vorteil" aus dem Verschenken. Dieser Vorteil sei aber rechtlich nicht quantifizierbar. Vor der Frage, ob die Schenkung ganz oder gar nicht zu berücksichtigen sei, solle der Richter daher in Betracht ziehen, wie hart nach den Umständen des Einzelfalles, vor allem nach der Größe des Geschenks und nach der finanziellen Situation des Beklagten, die Verpflichtung zur Rückgewähr den Beklagten treffen würde[244].

ausgegeben. Das ist nach Meinung des Gerichts kein Einwand: „Charitable corporations no less than individuals should be just before they are generous". Die Rückzahlung möge zwar dazu führen, daß das eine oder andere Forschungsprojekt zunächst zurückgestellt werden müsse. Dieser Umstand aber sei nicht so schwerwiegend, daß er es rechtfertige, die an sich berechtigte Forderung der Klägerin zu Fall zu bringen.

[240] So etwa *Picotte* v. *Mills,* 203 S. W. 825 (Mo. 1918): Anschaffung eines Wagens kein Einwand; *Aebli* v. *Board of Education,* 145 P. 2d 601 (Cal. App. 1944): Rückforderung von Lehrergehältern ohne Rücksicht auf sonstigen Lebenszuschnitt.

[241] COSTIGAN, Harv. L. Rev. 20 (1906/07) 212; COHEN, Harv. L. Rev. 45 (1931/32) 1363.

[242] G. K. SCOTT, Harv. L. Rev. 62 (1948/49) 1012; WOODWARD 47, 93 f.; in dieser Richtung auch die oben N. 199 angeführten Entscheidungen.

[243] Z. B. *Old Colony Trust Co.* v. *Wood,* 74 N. E. 2d 141 (Mass. 1947).

[244] G. K. SCOTT aaO 1016; ähnlich das Restatement, Restitution § 142 Comment b) (S. 570).

c) Ebenfalls nicht ganz sicher ist die Lösung für den — von der Rechtsprechung noch nicht entschiedenen — Fall des ersatzlosen zufälligen Verlusts oder Diebstahls des erhaltenen Gegenstandes. WOODWARD meinte, dies könne nicht als „Folge" der irrtümlichen Leistung angesehen und deshalb dem Kläger nicht angelastet werden[245]. Überwiegend ist man heute wohl entgegengesetzter Ansicht: Solange der Beklagte von seiner Rückgewährpflicht nichts wisse, treffe ihn für den Bereicherungsgegenstand keine Sorgfaltspflicht[246].

d) Es bleibt nach allem ein weites Feld, in dem die rechtlichen Folgen des Vorteilswegfalls nach den Umständen des konkreten Einzelfalls variieren, d. h. ex ante gesehen „offen" sind. Der amerikanische Jurist sieht darin keinen Nachteil. Man geht davon aus, daß Geschäfte, die mit einem Anspruch auf Rückgängigmachung einer Vermögensverschiebung enden, in der Masse des Rechtsverkehrs Ausnahmefälle sind, die zahlenmäßig nicht ins Gewicht fallen. Man benötige daher hinsichtlich der Haftungsintensität hier nicht Rechtssicherheit und Vorhersehbarkeit, sondern könne es sich leisten, mit den Folgen aus der veränderten Lage des Bereicherten je nach den Umständen des Einzelfalles die eine oder die andere Partei zu belasten[247].

V. Zusammenfassung

Das amerikanische Recht hat, an eine frühere Phase des englischen Rechts anknüpfend, eine allgemeine Entlastungsregel für alle Restitutionsfälle entwickelt, die es dem Richter unter dem Leitmotiv der Billigkeit erlaubt, einer nachteiligen Veränderung der Lage des Vorteilsempfängers („change of position") Rechnung zu tragen. Man geht davon aus, daß in den Fällen des Vorteilswegfalls zwischen den Parteien ein Schaden entstanden ist, den die eine oder die andere Partei tragen muß. Wie diese Entscheidung ausfällt, hängt davon ab, ob nach einer Abwägung der beiderseitigen „equities" die eine oder die andere Partei für den Bereicherungsvorgang und den Bereicherungswegfall überwiegend verantwortlich erscheint. In diesem Zusammenhang können von Fall zu Fall die Stellung und das gesamte Verhalten der Parteien vor, bei und nach dem Bereicherungsvorgang, aber auch andere Umstände gewürdigt werden.

---

[245] WOODWARD 47 f.

[246] Restatement, Restitution § 142 Comment b); WARREN, Harv. L. Rev. 32 (1918/19) 346; G. K. SCOTT aaO 1013.

[247] So G. K. SCOTT aaO 1019 f.

Für einzelne Fallgruppen hat sich in der einen oder anderen Richtung eine feste Rechtsprechung herausgebildet. Die Ausgangsorientierung an den beiderseitigen „equities" gewährleistet aber weithin eine Flexibilität für den Einzelfall, die dem deutschen Recht fremd ist.

3. Kapitel

Vergleichung

A. GEMEINSAMKEITEN

Die Untersuchung der ausländischen Rechte hat ergeben, daß es durchaus Situationen gibt, in denen international übereinstimmend eine Tendenz zur Entlastung des Bereicherten besteht: wenn der Empfänger, der erkennbar als Zwischenperson gehandelt hat, das Erlangte an seinen Auftraggeber weitergeleitet hat; wenn er im Vertrauen auf die Rechtsbeständigkeit des Erwerbs andere Rechte oder Chancen aufgegeben hat; wohl auch, wenn die erhaltene Sache ohne Zutun des Empfängers bei ihm ersatzlos abhanden gekommen oder zerstört worden ist.

Internationale Übereinstimmung zeigt sich auch bei der Haftung für irrtümlich erhaltene Gehälter, Pensionen oder sonstige Arbeitsentgelte. Hat der Empfänger solche Zahlungen gutgläubig für einen besseren Lebenszuschnitt verbraucht, ist die deutsche Rechtsprechung bereit, Regeln außer acht zu lassen, die sonst zum festen Bestand der bereicherungsrechtlichen Haftungslehre gehören: daß dauerhafte Anschaffungen mit dem erhaltenen Geld die Bereicherung bestehen lassen und daß die Begleichung von Schulden die Bereicherung nicht mindert (siehe oben S. 18 f.).

Die sozialen Gründe, die hinter dieser Rechtsprechung stehen, lassen sich auch in anderen Ländern beobachten. In Österreich etwa würde die Lehre, daß Geld stets zum gleichen Betrage zurückzuzahlen ist, eigentlich solche Erwägungen ausschließen. Für den Fall der Gehaltsüberzahlungen ist man jedoch bereit, eine Ausnahme zu machen. Dasselbe Problem besteht in Frankreich. Dort hilft man sich, indem man dem Bereicherten für Nachteile, die an sich nach den einschlägigen Vorschriften über die Zahlung einer Nichtschuld nicht anrechnungsfähig sind, einen kompensationskräftigen Ersatzanspruch aus schuldhaftem deliktischen Handeln oder aus staatlichem Verwaltungsverschulden zubilligt. In England schließlich müßte der Ausgabeneinwand häufig daran scheitern, daß „Estoppel" eigentlich einen besonderen Vertrauenstatbestand voraussetzt. Es zeigt sich jedoch, daß die Richter gerade in diesen Fällen großzügig sind, indem sie die bloße Tatsache der irrtümlichen Zahlung genügen lassen. Und wo sie das Ergebnis noch kräftiger absichern wollen, greifen sie unterstützend zur Rechtsirrtumsregel, wobei sie auch verwaltungsinterne Besoldungsvorschriften als „Recht" ansehen, dessen irrtümliche Nichtbeachtung die Rückforderung ausschließt.

Eine besondere Gruppe bilden schließlich Minderjährige und sonstige Geschäftsbeschränkte. Ihnen wird der Wegfall des Erlangten oder seine Kompensation durch anderweitige Nachteile überall in weitestem Maße zugutegehalten. In Deutschland folgt dies aus der zu § 818 III entwickelten Einheitsformel: Der Minderjährige haftet — wie jeder andere Bereicherungsschuldner — nur auf die Vermögensmehrung, die noch vorhanden ist[1]. Daß hier ein Fall besonderer Schutzwürdigkeit vorliegt, wird dem Betrachter erst deutlich, wenn es um die striktere Haftung des Bösgläubigen geht (§ 819 I)[2]. In anderen Ländern kommt die Besonderheit des Minderjährigenschutzes stärker zum Ausdruck, weil die *allgemeine* Haftungsregel ihn nicht genügend berücksichtigt. In Österreich und Frankreich z. B. stößt der Minderjährigenschutz vor allem wieder auf die Lehre von der unveränderlichen Geldkondiktion. Zugunsten des Minderjährigen macht man indessen eine Ausnahme. In beiden Ländern haften Minderjährige nur, wenn das Erhaltene tatsächlich zu ihrem Vorteil verwendet worden ist, und das hat — so scheint es — der Kondiktionsgläubiger zu beweisen. Im englischen Recht schließlich — dem das amerikanische insofern noch weitgehend folgt — brauchen Regeln über das Haftungsmaß und über den Fortbestand der Bereicherung für die größte Zahl der Fälle überhaupt nicht bemüht zu werden, weil man Rückzahlungsverpflichtungen Minderjähriger dort a limine ablehnt.

---

[1] Der Schutz des Geschäftsbeschränkten wird in der deutschen Rechtsprechung freilich nicht konsequent durchgeführt, denn die Wohltat des § 818 III und der Saldotheorie wird in der Regel auch dem Vertragsgegner des Geschäftsbeschränkten zugebilligt; auch er haftet nur auf die noch vorhandene Bereicherung und darf das seinerseits Geleistete gegenrechnen; vgl. RG JW 1918, 132 = Gruch. 62, 239; weitere Nachweise bei DIESSELHORST 166 ff., 193 ff. und LESER 145 ff.

[2] Siehe oben S. 21 f. zu N. 102 f.

B. UNTERSCHIEDE

Auf der anderen Seite hat der Blick in ausländische Rechtsordnungen zwei materielle Lösungen zutage gefördert, die sich vom deutschen Recht deutlich abheben. Die eine ist die endgültige Fixierung des Bereicherungsanspruchs ohne Rücksicht auf den Fortbestand der Bereicherung, sobald der Anspruch Geld oder vertretbare Sachen zum Gegenstand hat: eine aus den römischrechtlichen Anfängen der Kondiktionen überkommene Lehre, die heute verwendet wird (z. B. in Österreich und Frankreich), weil sie Gelegenheit gibt, die Verfolgung des einmal erlangten Wertes im Empfängervermögen an einem passenden Punkte abzubrechen. Die andere liegt in dem im englischen und amerikanischen Recht verwirklichten Gedanken, den Schaden aus dem Wegfall der Bereicherung der einen oder der anderen Partei je nach dem Maß ihrer Verantwortlichkeit für den Bereicherungsvorgang und den Bereicherungswegfall anzulasten.

Ebenso wichtig wie diese materiellen Lösungen ist aber eine methodische Haltung: die Ermächtigung des Richters, nach den Umständen des Einzelfalles zu entscheiden und dabei ein gewisses Ermessen auszuüben. In keiner der untersuchten ausländischen Rechtsordnungen erscheint das Problem des Bereicherungswegfalls so weitgehend und einheitlich wie in Deutschland durch einen allgemeinen Lehrsatz vorentschieden. In Österreich befürwortet das neuere Schrifttum eine gewisse fallorientierte Flexibilität; es wird darin begünstigt durch das Gesetz, das unterschiedlichen Interpretationen Raum gibt, und durch die nicht immer widerspruchsfreie Rechtsprechung. Ähnlich liegt es in Frankreich, wo die Regelung des Gesetzes unvollständig ist und im übrigen die dogmatische Konzeption der ergänzenden allgemeinen Bereicherungsklage nicht die gleiche Reichweite hat wie in Deutschland. Im schweizerischen Recht wird Flexibilität gefördert durch den allgemeinen Rechtsstil, der den Richter oft auf sein billiges Ermessen verweist, im englischen Recht durch das Fehlen einer generellen Restitutionsregel und durch die Verbindung des Wegfallproblems mit dem Estoppel-Einwand, der ein Eingehen auf die besonderen Fallumstände notwendig macht. Im amerikanischen Recht schließlich ist die Möglichkeit, den Umständen des Einzelfalls im Rahmen der Billigkeit Rechnung zu tragen, ein wesentliches Bauelement des Anspruchssystems.

Im Ergebnis dürfte das deutsche Recht in der Berücksichtigung des Vorteilswegfalls von allen Rechtsordnungen am weitesten gehen. Selbst Länder, in denen man das Wesen des Bereicherungsanspruchs ebenfalls in der

„Bereicherung" sieht — einem variablen ungegenständlichen Vermögenswert — und geneigt ist, daraus die Anrechnungsfähigkeit von Nachteilen herzuleiten (etwa in der Schweiz und in Frankreich), hat man aus dieser Konzeption nicht so weitgehende Konsequenzen zugunsten des Bereicherten gezogen wie in Deutschland. Hinzu kommt, daß in diesen Ländern der Anwendungsbereich der schuldnerfreundlichen Bereicherungsregeln ohnehin enger ist, weil man nicht dem Abstraktionsprinzip folgt und die Haftung für Bösgläubigkeit früher einsetzen läßt.

Die weniger weitherzige Nachteilsanrechnung in den ausländischen Rechten wirkt sich vor allem dahin aus, daß man nicht so bereitwillig ist, dem Bereicherten schlechthin alle Verwendungen gutzubringen — ohne Rücksicht auf Notwendigkeit und Nützlichkeit — oder ihm Mißerfolge aus unwirtschaftlicher Verwendung des Erlangten abzunehmen.

4. Kapitel

Kritik und Vorschläge

A. INDIZIEN GEGEN DIE TRADITIONELLE AUFFASSUNG

I. Ausländische Lösungen und innerdeutsche Kritik

Der Gedanke des amerikanischen und englischen Rechts, die Haftung zu differenzieren nach der Art des Bereicherungsvorgangs und nach der Beteiligung der Parteien an dem Bereicherungsgeschehen und seinen Folgen, sowie die mehr unterschwellige Abneigung der ausländischen Rechte, dem Bereicherten die nachteiligen Folgen eigener wirtschaftlicher Entscheidungen abzunehmen, treffen sich mit Lösungen und Lösungsansätzen, die — bisher weithin erfolglos — auch von der innerdeutschen Kritik gegen die herrschende Doktrin vorgetragen wurden. Dieses wiederholte Auftauchen der gleichen Gedanken im Inland und Ausland drängt zu der Frage, ob unser traditionelles Denken zum Bereicherungswegfall sich noch auf dem richtigen Wege befindet.

II. Stumme Kritik

Das Vertrauen in das herkömmliche Verständnis des § 818 III wird überdies erschüttert durch stumme Kritik, die sich an manchen Stellen in bewußter oder unbewußter Flucht vor der Bereicherungsdoktrin kundtut. Man flieht etwa, indem man bestimmte Gebiete, auf denen die Ergebnisse der traditionellen Auffassung für unangebracht gehalten werden, durch eingehende Sonderregelung oder durch neue dogmatische Konstruktionen aus dem Anwendungsbereich der §§ 812 ff. ganz herausnimmt. Daneben gibt es Auffassungen, welche an sich die Herrschaft des Bereicherungsrechts und der herkömmlichen Doktrin zu § 818 III akzeptieren, ihren Ergebnissen aber durch Hilfskonstruktionen an anderen Stellen des Systems doch auszuweichen versuchen.

1. Öffentliches Recht. — Ein Gebiet, das den Bereicherungsregeln nach und nach entzogen wurde, ist das öffentliche Recht. Hier gingen die ältere Rechtsprechung und Literatur davon aus, daß ungerechtfertigte Leistungen schlicht nach den §§ 812 ff. zurückzufordern seien. Später hat aber die Verwaltungsrechtslehre für solche Fälle die Figur des öffentlich-rechtlichen Erstattungsanspruchs entwickelt, der nach Tatbestand und Rechtsfolgen vollkommen selbständigen Regeln unterliegen soll[1]. Dahinter steht u. a. die Vorstellung, daß die generelle Beschränkung des Bereicherungsanspruchs auf den Überrest nach § 818 III für das öffentliche Recht nicht passe[2]. Im Ergebnis beseitigt ist die bürgerlichrechtliche Bereicherungshaftung vor allem im Sozialversicherungs- und Versorgungsrecht, wo detaillierte gesetzliche Bestimmungen Grund und Umfang der Haftung nach selbständigen Gesichtspunkten regeln[3]. Ausgeschlossen ist § 818 III praktisch auch in den sehr häufigen Fällen, in denen staatlichen Leistungen ein Festsetzungsbescheid vorangeht. Hier steht im Vordergrund die — nach selbständigen Kriterien des öffentlichen Rechts zu beurteilende — Frage, ob der Bescheid wegen Fehlerhaftigkeit rückwirkend zurückgenommen werden darf[4]. In allen diesen Fällen geht die Tendenz des öffentlichen Rechts dahin, die Einheitsformel der zivilrechtlichen Bereicherungslehre zu ersetzen durch eine aufgelockerte Betrachtungsweise, die auf Vertrauensschutz zielt und dabei im Einzelfall eine Vielzahl von Gesichtspunkten berücksichtigt[5].

2. Arbeitsrecht. — Im Arbeitsrecht bereiteten früher Kopfzerbrechen die Fälle, in denen ohne Vertrag oder auf Grund fehlerhaften Vertrags Arbeitsleistungen erbracht werden. Man ist sich hier seit langem einig darüber, daß der Arbeitnehmer trotz Fehlens eines gültigen Arbeitsvertrags, wenn nicht den vereinbarten, so doch wenigstens einen angemessenen Lohn für die geleistete Arbeit erhalten muß. Dieses Ergebnis erreicht man mit verschiedenen Mitteln, z. B. durch die Konstruktion still-

---

[1] FORSTHOFF 169 mit weiteren Nachweisen.

[2] Siehe MEYER-BRANECKE, AöR 50 (1926) 230 (253 ff., 259 ff.); HAUEISEN, NJW 1954, 977 (978); FORSTHOFF 169 mit weiteren Nachweisen; vgl. auch STAUDINGER(-SEUFERT) vor §§ 812 ff. Anm. 21 c (a. E.).

[3] Vgl. die Übersicht bei ERMAN(-SEILER) vor §§ 812 ff. Anm. 2 c C aa—hh.

[4] Vgl. etwa BVerwGE 8, 261 (264 ff., 269 ff.); 25, 72 (81 f.).

[5] Vor allem, welche der Parteien die Fehlerhaftigkeit der Zahlung verschuldet hat, in wessen Verantwortungsbereich der Fehler lag, sowie die wirtschaftliche und soziale Stellung der Parteien; siehe für die Rücknahme von Versorgungsbescheiden BVerwGE 8, 261 (269 ff.); 13, 28 (32 f.); 19, 188 (189 f.); BSG NJW 1962, 2078; BSG MDR 1963, 166; im übrigen vgl. den eindrucksvollen Überblick bei ERMAN(-SEILER) vor §§ 812 ff. Anm. 2 c C und D.

schweigender Arbeitsverträge und faktischer Arbeitsverhältnisse, deren erklärter Zweck unter anderem der ist, die „schwachen" Bereicherungsregeln a limine auszuschließen und so dem Arbeitgeber auch den Einwand des Bereicherungswegfalls abzuschneiden[6].

3. Die Saldotheorie. — Ein Beispiel für mehr unbewußtes Zurückweichen vor den Konsequenzen der traditionellen Doktrin ist die eigentliche Saldotheorie. Sie hat sich ja bekanntlich entzündet an der Vorstellung, daß bei unwirksamem Vertrag die eine Partei ihre Leistung zurückfordern darf, obwohl sie u. U. ihrerseits wegen § 818 III die von der anderen Partei erhaltene Leistung nicht zurückzugewähren oder zu vergüten braucht. Man empfand dies als unbillig. Weil man aber keine Zweifel hatte an der üblichen Interpretation des § 818 III, die den Rückfordernden hinsichtlich der erhaltenen Gegenleistung bei Verlust oder Weggabe bedingungslos freistellte, versuchte man zu helfen, indem man schon die Erbringung der Gegenleistung zu einem Fall der Bereicherungsminderung erklärte und damit § 818 III auch zugunsten der anderen Partei spielen ließ[7].

So war das Gleichgewicht zunächst wieder hergestellt; doch entstanden durch diese Konstruktion neue Schwierigkeiten, die auch die neue Lehre vom faktischen Synallagma nicht alle vermeidet[8]. Im übrigen nimmt auch diese Lehre als selbstverständlich, daß der Empfänger einer grundlosen Leistung dann, wenn die „faktische Verknüpfung von Leistung und Gegenleistung" keine Rolle spielt, d. h. vor allem, wenn er der Bereicherungsbeklagte ist, stets nur auf den Überrest haftet[9].

4. Das Rückgriffsrecht des Putativschuldners. — Ein weiteres Beispiel für unbewußte Flucht aus § 818 III liefert die neubelebte Diskussion um die jahrhundertealte Frage, ob derjenige, der irrtümlich eine fremde Schuld begleicht, weil er sich selbst für den Schuldner hält, das Geleistete vom Gläubiger/Empfänger zurückfordern oder sich vom wahren Schuldner erstatten lassen soll. Die herrschende Meinung in Deutschland befürwortet die Leistungskondiktion gegen den Empfänger, indem sie davon

---

[6] Vgl. BAG AP Nr. 13 zu § 612 BGB; HUECK/NIPPERDEY I § 21 II—IV, § 32 I; SIEBERT 68 ff.; aus jüngerer Zeit: CANARIS, BB 1967, 167, und — zu Arbeitsverhältnissen zwischen Familienangehörigen — KROPHOLLER, FamRZ 1969, 250. Kritisch zu dieser Verdrängung des Bereicherungsrechts: FENN, FamRZ 1968, 297 ff.; BYDLINSKI, Festschrift Wilburg 66 ff.

[7] Siehe oben N. 12 auf S. 3.

[8] Vgl. VON CAEMMERER, Festschrift Rabel 387, und die Übersicht bei DIESSELHORST 201 mit Verweisungen.

[9] Vgl. die Fallbehandlung bei VON CAEMMERER aaO 386 und LESER 55, 58 ff., 84 ff.

ausgeht, daß die Schuld des eigentlich Verpflichteten durch die irrtümliche Leistung nicht getilgt wird[10]. Nur wenige Autoren verweisen den Zahlenden von vornherein auf den Rückgriff gegen den wirklichen Schuldner[11]. Neuerdings mehren sich die Stimmen, die dem Zahlenden die Wahl zubilligen wollen: das Geleistete vom Empfänger zurückzufordern oder als freiwillige Begleichung der Schuld durch einen Dritten gelten zu lassen (§ 267 BGB) und für die dadurch bewirkte Schuldbefreiung beim eigentlichen Schuldner Rückgriff zu nehmen[12].

Für diejenigen, die allein oder jedenfalls ersatzweise einen Anspruch gegen den wirklichen Schuldner geben, liegt einer der Gründe dafür in § 818 III. Man stößt sich daran, daß der Gläubiger der Rückforderung des Putativschuldners entgegenhalten kann, er habe das Geld verloren oder vertan, während er es vom wirklichen Schuldner nochmals fordern darf[13]. Deshalb sagt etwa von Caemmerer: „Es ist zwar in Ordnung, daß der Gläubiger, bei dem das Empfangene untergegangen ist, nicht in seine Tasche greifen muß, um es dem irrig Zahlenden gleichwohl zu erstatten. Aber der Gläubiger kann den wahren Schuldner nicht noch dazu in Anspruch nehmen. Da er zur Rückgabe nicht verpflichtet ist, hat er im Ergebnis das Seine erhalten, und der Untergang und die unwirtschaftliche Verwendung des Empfangenen gehen insoweit auf seine Gefahr.“[14] Darum müsse in diesem Falle die Leistung des Putativschuldners als Befriedigung des Gläubigers angesehen werden, die ihrerseits den wirklichen Schuldner entlaste und somit auf Kosten des Leistenden bereichere[15].

In dieser Argumentation enthüllt sich ein unbewußtes Zurückweichen vor den Ergebnissen der traditionellen Bereicherungslehre. Was man bei schlichter Anwendung von § 818 III zunächst ohne weiteres für „in Ordnung“ hält, daß nämlich der Zahlende die Gefahr für den Weiterbestand des Erhaltenen bei dem Empfänger trage, wird bei weiterer Überlegung falsch: Den Schaden aus Untergang oder unwirtschaftlicher Verwendung soll im Ergebnis doch nicht der Zahlende, sondern der Empfänger haben.

---

[10] Vgl. Enneccerus/Lehmann § 223 I 2 d; Esser, Schuldrecht II § 102 II 1; RGRK (Scheffler) § 812 Anm. 88 mit § 818 Anm. 51—53; Staudinger(-Seufert) § 812 Anm. 23 c mit § 818 Anm. 37 a; Erman(-Seiler) § 812 Anm. 5 A b.

[11] Jung 53 ff., 55, 83 N. 133; G. Boehmer 87 und NJW 1955, 210; G. H. Maier, AcP 152 (1952/53) 97 ff.

[12] von Caemmerer, Festschrift Dölle 147; Flume, JZ 1962, 282; Thomä, JZ 1962, 627; Larenz, Schuldrecht II § 62 II b (S. 377); Zeiss, AcP 165 (1965) 337.

[13] G. H. Maier aaO 101; von Caemmerer aaO 144 f., 147.

[14] von Caemmerer aaO 144 f.

[15] von Caemmerer aaO 145.

Weil man aber die herkömmliche Auslegung des § 818 III, die dem Zahlenden die Leistungskondiktion gegen den Gläubiger/Empfänger abschneidet, ohne Fragen hinnimmt, wird diese Gefahrverteilung so erreicht, daß der Zahlende sich nunmehr im Wege des Rückgriffs an den wirklichen Schuldner halten darf. Die Entlastung von den Folgen des § 818 III erhält er damit freilich nur um den Preis, daß jetzt er statt des ursprünglichen Gläubigers das Risiko der Insolvenz des wahren Schuldners trägt. Ob nun dieses Insolvenzrisiko für mehr oder weniger belastend gehalten wird als das Risiko des Fortfalls der Bereicherung beim Gläubiger/Empfänger: für den gegenwärtigen Zusammenhang genügt die Feststellung, daß hier wieder ein Fall vorliegt, in dem man den Konsequenzen der traditionellen Bereicherungsdoktrin durch Problemverlagerung ausweicht — hier durch Verlagerung von der Leistungsbeziehung zum Rückgriffsverhältnis unter gleichzeitiger Verwandlung der Gefahr des Bereicherungswegfalls in ein Insolvenzrisiko.

5. Würdigung. — Diese Arbeit ist nicht der Ort, wo über das Rückgriffsrecht des Putativschuldners generell zu urteilen ist, besonders nicht für die weiteren Fälle, für die es befürwortet wird[16]. Soweit es aber speziell mit dem Wegfall der Bereicherung bei dem Gläubiger/Empfänger begründet wird, besteht Anlaß zu der Frage, ob dieses Problem nicht besser dort bewältigt werden sollte, wo es entstanden ist, nämlich bei der Haftung des Gläubigers/Empfängers.

Die Diskussion um das Rückgriffsrecht des Putativschuldners, die Entstehung der Saldotheorie bei Gegenleistungsfällen und schließlich die anderen Fälle, in denen die Haftungsfrage nach grundlosem Erwerb auf andere Rechtsfiguren und Rechtsbeziehungen verlagert wird, stellen der Haftungslehre des Bereicherungsrechts jedenfalls kein gutes Zeugnis aus. Sie zeigen, daß die traditionelle Haftungsformel nicht die Kapazität hat, alle Gesichtspunkte, die für die Haftung eigentlich als relevant erachtet oder erfühlt werden, in sich aufzunehmen und auszudrücken. So kann es kommen, daß nicht mehr das Bereicherungsrecht die Wunden heilt, die das strenge Recht geschlagen hat[17], sondern neues Recht glattstreichen muß, was einer erstarrten Bereicherungsdoktrin nicht ordentlich gelingen will.

---

[16] Ausführlich und sehr kritisch dazu W. LORENZ, Festschrift Heidelberg 269 ff. und ebenso neuerdings ESSER, Schuldrecht II § 102 II 1.

[17] So eine vielzitierte Wendung DERNBURGS 678.

B. WIEVIEL ENTSCHEIDUNGSFREIHEIT DE LEGE LATA?

Nach dem bisherigen Ergebnis der Untersuchung ist gegenüber der deutschen Praxis und Doktrin zum Bereicherungswegfall gehörige Skepsis angebracht. Bevor man diesem mehr vorläufigen Eindruck im einzelnen nachgeht und dabei u. U. zu neuen Vorschlägen gelangt, wird es angesichts des stark dogmatischen Gehalts der bereicherungsrechtlichen Differenzlehre nützlich sein zu klären, ob und in welchem Maße wir auf die bislang geübte Praxis — durch Gesetz oder Sachlogik — bindend festgelegt sind.

I. Die Bereicherung als Grund und Gegenstand der Kondiktion

Für die herkömmliche Auffassung, die heute in der Praxis das Feld noch weithin beherrscht, liegt die wesentliche Vorentscheidung über das Haftungsmaß bereits in dem Begriff der „Bereicherung", die man — verstanden als Vermögensüberschuß — als den eigentlichen Grund und Gegenstand der Bereicherungsansprüche ansieht[18]. Man sagt, der Gegenstand des Bereicherungsanspruchs sei „von vornherein in sich beschränkt" auf die positive Differenz zwischen den mit einer Vermögensverschiebung zusammenhängenden Aktiv- und Passivposten, und verleiht damit der Berücksichtigung von Minderungsposten bei dem Kondiktionsschuldner die Aura systemimmanenter Zwangsläufigkeit.

Wem Dogmatik solcher Art keinen Eindruck macht, der wird sich mit dieser Konzeption nicht lange aufhalten wollen. Bei undogmatischer Betrachtung ist die Differenzthese vom Gegenstand des Anspruchs eine griffige Kurzformel, die Grund und Ausmaß der Bereicherungshaftung wohl beschreiben, nicht aber begründen kann.

Aber auch der dogmatische Wert der Differenzthese ist fragwürdig geworden. Man wird sie freilich nicht damit abtun können, daß der Bereicherungsanspruch nach dem Wortlaut der §§ 812 I und 818 I und II inhaltlich auf das konkrete Erlangte oder dessen Wert gerichtet sei[19]. Auch wenn man den eigentlichen Grund der Bereicherungshaftung im Ausgleich einer Vermögensdifferenz sieht, kann man doch anerkennen, daß bei der *Durchführung* des Ausgleichs zunächst der konkrete erlangte Gegenstand herauszugeben ist. Ähnliche Gedankengänge sind aus dem Schadensrecht

---

[18] Siehe oben S. 10 ff.

[19] So aber z. B. LARENZ, Schuldrecht II § 64 II (S. 395); VON CAEMMERER, Festschrift Rabel 368.

bekannt: Daß § 249 als Schadensersatz primär Naturalrestitution vorsieht, brauchte nicht zu hindern, den Schaden als rechnerische Vermögensdifferenz zu definieren[20].

Gewichtiger ist schon der Einwand, daß die Differenztheorie, folgerichtig durchgeführt, zum Ausschluß der Kondiktion führen müßte, wenn bei der Rückabwicklung eines fehlgeschlagenen Austauschgeschäfts Leistung und Gegenleistung vollkommen gleichwertig und noch völlig erhalten sind[21]. Weil in diesem Fall keiner der Kontrahenten einen seine eigene Leistung übersteigenden Wert erhalten hätte, wäre auf keiner Seite eine „Bereicherung“ im Sinne eines Wertzuwachses vorhanden, der mit der Kondiktion abgeschöpft werden könnte. Niemand hat jemals vorgeschlagen, in einem solchen Falle, etwa bei nichtigem Tausch, die Rückabwicklung zu versagen oder auch überhaupt nur eine Bewertung der gegenseitigen Leistungen vorzunehmen.

Wenig überzeugend ist auch, daß diese Auffassung den Fall der verschärften Haftung nach §§ 818 IV, 819 nicht erklären kann. Gleichgültig, ob man in der schärferen oder in der milderen Haftung den Ausgangsfall des Bereicherungsrechts sieht[22]: eine Theorie zum Haftungsgrund sollte beide Fälle aus sich heraus erklären können.

Einzuwenden wäre gegen die Differenzlehre ferner, daß sie, die den Bereicherungsbegriff als eine bloße Umkehrung des Schadensbegriffs darstellt, heute eine Position vertritt, die von der schadensrechtlichen Dogmatik so allgemein nicht mehr eingenommen wird. Die moderne Entwicklung des Schadensrechts zeigt seit längerem verschiedene Ansätze, die reine Differenzbetrachtung des Schadens durch normative Gesichtspunkte aufzulockern oder gar zu ersetzen[23]. Sollte die Verwandtschaft von Schaden und Bereicherung tatsächlich bestehen, wäre es schon deshalb nur natürlich, wenn neue wertende Gesichtspunkte auch in den Bereicherungsbegriff eingeführt würden.

Entscheidend ist aber schließlich folgende Überlegung: Die moderne Dogmatik des Bereicherungsrechts, begründet und gefördert vor allem

[20] Vgl. zum Differenzbegriff des Schadens nach dem BGB die Darstellung bei MERTENS 21 ff., 23 ff.

[21] So schon F. SCHULZ, AcP 105 (1909) 477; ebenso LESER 20; DIESSELHORST 57 f.

[22] VON CAEMMERER, Festschrift Rabel 368, z. B. hält die milde Haftung nach § 818 III für „eine ausnahmsweise Begünstigung des gutgläubigen Empfängers“; zustimmend LARENZ, Schuldrecht II § 64 II (S. 393).

[23] Siehe die ausführliche Darstellung bei MERTENS 50 ff., der dieser Entwicklung allerdings selbst kritisch gegenübersteht; STOLL, Kausalzusammenhang und Normzweck 37 ff.; siehe auch BGHZ 43, 378 (380 f.); 50, 304 (306).

durch WILBURG und VON CAEMMERER[24], hat weithin überzeugend gelehrt, daß nur über eine Typologie der Bereicherungstatbestände bestimmt werden kann, wann eine Bereicherung ungerechtfertigt und deshalb herauszugeben oder zu vergüten ist. Ein Blick auf den dabei erarbeiteten Katalog zeigt, daß sich das Urteil „ungerechtfertigt" oder „rechtsgrundlos" auf einen Bereicherungs*vorgang* und dessen unmittelbaren Erfolg bezieht: so auf den Erhalt einer Leistung, auf den Vorteil aus der Verwendung fremden Guts, auf die Schuldbefreiung durch die Zahlung eines Dritten. Mit dieser Konzeption ist die traditionelle Lehre, die den Grund der Haftung in einer Vermögensdifferenz sieht, nicht vereinbar. Einmal deswegen nicht, weil sie nicht den vermögenswirksamen *Vorgang*, sondern dessen weitere, u. U. recht entfernte Wirkungen auf das Vermögen des Empfängers, letztlich also einen *Zustand* ins Auge faßt. Zum anderen: Wenn das zentrale Merkmal der Bereicherungshaftung — die Rechtsgrundlosigkeit — je nach Bereicherungstyp etwas anderes bedeutet, dann ist es dogmatisch unfruchtbar, den „Grund" und „Gegenstand" der Haftung doch wieder in eine Einheitsformel zu fassen, zumal wenn diese Formel darauf angelegt ist, den Bereicherungsvorgang mit seiner Eigenart hinter dem angenommenen Haftungsgrund, dem Vermögensüberschuß, als unselbständigen Rechnungsfaktor zurücktreten zu lassen. Eine Charakterisierung des Bereicherungsanspruchs nach Grund und Gegenstand ist sinnvoll nur, wenn sie von demselben Tatbestand ausgeht, an den das Merkmal der Rechtsgrundlosigkeit anknüpft. Die dogmatische Konsequenz der neuen Lehre ist deshalb, daß der Gegenstand der Kondiktion darin liegt, einen Bereicherungs*vorgang* rückgängig zu machen oder finanziell auszugleichen: bei der Leistungskondiktion die fehlgeschlagene oder irregelaufene Leistung, bei der Eingriffskondiktion die nützliche Verwendung fremden Gutes[25].

II. Die Bereicherung als Haftungsgrenze

Wenn die herkömmliche Doktrin den Grund und den Gegenstand der Bereicherungshaftung nach modernem Verständnis nicht befriedigend kennzeichnet, kann das, was aus dem Begriff der Bereicherung für die

[24] Siehe oben N. 2, 3 auf S. 1.

[25] So schon EHRENZWEIG II 1, § 416 S. 733: „... die Kondiktionen beruhen nicht auf der Bereicherung, sondern auf der Grundlosigkeit der Leistung. Ihre Aufgabe ist es auch nicht, dem Empfänger die Bereicherung abzunehmen, vielmehr sollen sie die Leistung rückgängig machen." Ebenso LARENZ, Schuldrecht II § 64 II (S. 393): Grund der Haftung ist nicht die Bereicherung, sondern das ungerechtfertigte „Erlangthaben".

Berücksichtigung von Minderungsposten abgeleitet wird, nicht in dogmatischer Überhöhung so dargestellt werden, als ob es in die Anspruchsformel von vornherein „eingebaut" wäre. Somit bleibt nur zu klären, inwieweit durch den Hinweis auf die Fortdauer der Bereicherung in dem schlichteren Rahmen des § 818 III über das Haftungsmaß bindend vorentschieden ist.

Wir wissen aus den Materialien, daß die Verfasser des BGB zwar die schuldnerfreundliche Haltung des Gemeinen Rechts fortsetzen wollten, daß sie aber andererseits für die „denkbar verschiedenen Fälle" der Wissenschaft und der Praxis nicht vorgreifen und deshalb den Begriff der Bereicherung bewußt nicht näher definieren wollten. Der Begriff der Bereicherung in § 818 III ist danach bis zu einem gewissen Grade eine Blankettformel, die den Gutgläubigen zwar günstiger stellen soll als den nach §§ 818 IV, 819, 820 Haftenden, die der Praxis aber bei der Frage, wie weit die Begünstigung zu treiben sei, de lege lata Raum für eigene Entscheidungen läßt.

Freilich ergibt sich aus den Vorarbeiten auch, daß man den Gutgläubigen mit dem Begriff der Bereicherung davor bewahren wollte, durch die Herausgabe oder Vergütung des Erlangten Schaden zu erleiden. Das ist der wesentliche materielle Gedanke, auf den die traditionelle Bereicherungstheorie gestützt wird[26]. Man sollte die Gesetzesverfasser aber insoweit nicht allzu streng beim Wort nehmen. Denn aus dem Gemeinen Recht konnten sie über die in Betracht kommenden Fälle nur recht begrenzte Vorstellungen haben, da ja die Pandektistik das Bereicherungsdenken im wesentlichen an nur zwei Fällen demonstriert hatte[27]. Im übrigen will auch die Begründung, die man in den Materialien für eine weitgehende Schadensfreistellung des gutgläubigen Bereicherungsschuldners findet, nicht mehr einleuchten: daß die Kondiktion lediglich aus Gründen der Billigkeit gestattet werde und deswegen den Schuldner nicht mehr belasten dürfe, als die Billigkeit es unbedingt erfordere[28]. Nach heutigem Verständnis ist das Bereicherungsrecht nicht außerordentliches Billigkeitskorrektiv, sondern ordentlicher Bestandteil der Rechtsordnung mit regulären Funktionen[29]. Der Gedanke, daß der Bereicherungsschuldner weitestgehend geschont werden müsse, weil die Gewährung der Kondiktion

---

[26] Siehe oben S. 9.

[27] Siehe oben S. 7 f.

[28] Prot. II 706 f.

[29] Wilburg, Bereicherung 21; von Caemmerer, Festschrift Rabel 338 f.; Raape, AcP 152 (1952/53) 462.

an den Gläubiger ohnehin schon eine außergewöhnliche Begünstigung sei, hat deshalb für die Interpretation des § 818 III keine Überzeugungskraft mehr.

In den Motiven findet sich schließlich der Hinweis, es müßten alle Vermögensminderungen berücksichtigt werden, die im Kausalzusammenhang mit dem Empfangen und Haben des grundlosen Vorteils eingetreten seien[30]. Aber auch das verleiht der traditionellen Auffassung kein Gewicht — schon deswegen nicht, weil man sich auch bei diesem Hinweis bewußt war, daß man der Praxis die Abgrenzung der relevanten Ursachen überlassen müsse[31]. Überdies zeigt die Entwicklung, welche die Kausalitätslehre seit der Entstehung des BGB im Schadensrecht genommen hat, wie weit bei gleichbleibendem Gesetzeswortlaut der Kausalitätsbegriff von einem ursprünglich bloß reproduzierenden Tatsachenbegriff zu einem normativen Element werden kann, das von Fall zu Fall oder von Fallgruppe zu Fallgruppe eine wertende Beurteilung von Sachverhalten verlangt[32]. Gleiches muß auch im Bereicherungsrecht möglich sein.

C. WEGFALL DER BEREICHERUNG ALS SCHADENSPROBLEM

Man kann nach den bisherigen Überlegungen davon ausgehen, daß wir an die traditionelle Interpretation und Verwendung des Begriffs der Bereicherung nicht schon de lege lata gebunden sind. Es darf und muß daher gefragt werden, ob die herkömmliche Doktrin in der Sache haltbar ist oder wie die bis zu einem gewissen Grade „offene" Bestimmung des § 818 III sonst ausgefüllt werden sollte.

Den Weg zur Antwort weist ein Gedanke, der im amerikanischen Recht klarer als irgendwo sonst artikuliert worden ist: Wenn sich nach oder im Zusammenhang mit der Bereicherung die Vermögenslage des Kondiktionsschuldners so entwickelt, daß er nach Wiederherstellung des richtigen Zustandes schlechter dastehen würde als ohne den Bereicherungserwerb, ist ein Schadensproblem entstanden, und die richterliche Entscheidung über den Kondiktionsanspruch wird damit zu einer Entscheidung über die richtige Schadensanlastung. Den Schaden trägt der Kläger, wenn ihm

[30] Mot. II 837.
[31] Siehe oben S. 8.
[32] Vgl. z. B. Esser, Schuldrecht I §§ 44, 45; von Caemmerer, Kausalzusammenhang 9 ff.; Hermann Lange, 43. DJT I (1960) 38 ff.; J. G. Wolf, Der Normzweck im Deliktsrecht (1962); Th. Raiser, JZ 1963, 462 ff.; Stoll, Kausalzusammenhang und Normzweck 5 ff.; Lüer 155 f., 158 f.

wegen der Vermögensentwicklung beim Kondiktionsschuldner die an sich gegebene Kondiktion versagt wird, oder der Beklagte, wenn er trotz der veränderten Lage zur Rückgewähr oder Vergütung des grundlos Erlangten verpflichtet bleibt.

Daß sich unter dem Thema „Wegfall der Bereicherung" Schadensprobleme stellen können, war auch den Verfassern des BGB bewußt, doch sahen sie die Schadensfrage nur aus der Sicht des Kondiktionsschuldners[33]. Wesentlich ist aber die Erkenntnis, daß ein Schaden, der durch Haftungsminderung vom Kondiktions*schuldner abgewendet* wird, dadurch zugleich dem Konditions*gläubiger auferlegt* wird. Wenn die Situation also so ist, daß eine der Parteien es hinnehmen muß, nicht wieder in ihre frühere Lage versetzt zu werden, dann ist jedenfalls im Verhältnis der Kondiktionsparteien untereinander ein Minus entstanden, und die Entscheidung über den Kondiktionsanspruch hat jetzt die Funktion, das Minus dem einen oder dem anderen endgültig zuzuschreiben.

I. Formen der Schadensverwirklichung

Beim Kondiktionsgläubiger kann sich der Schaden so manifestieren, daß er durch den Bereicherungsvorgang einen Vermögenswert der Substanz nach vorläufig verliert, etwa durch Leistung einer Sache oder durch wirksame Verfügung eines Dritten über sein Eigentum. Der vorläufige Vermögensverlust wird zur endgültigen Einbuße, wenn ihm wegen nachteiliger Ereignisse auf der Seite des Bereicherungsschuldners der eigentlich gegebene Anspruch auf Rückgewähr oder Wertersatz versagt wird. Etwas anders liegt es, wenn der Kondiktionskläger rechtsgrundlos Sachnutzung gewährt (nichtiger Mietvertrag) oder Arbeitsleistungen erbracht hat, oder wenn sein Eigentum ohne seine Zustimmung vom Beklagten in Gebrauch genommen worden ist. Solange hier nicht feststeht, daß der Kläger sein Eigentum oder seine Arbeitskraft anders hätte verwerten können und wollen, hat er eine Vermögenseinbuße noch nicht erlitten. Wenn die Rechtsordnung ihm über § 818 II oder aus dem Gedanken der Rechtsfortwirkung[34] dennoch Ansprüche auf Entgelt zubilligt, dann nicht, um Vermögensverlust auszugleichen, sondern um ihm den Nutzen seines Eigentums oder seiner Leistung zu verschaffen, den sonst ein anderer einstreichen würde. Ein Verlust macht sich hier erst bemerkbar, wenn die

---

[33] Siehe oben S. 9.

[34] Vgl. Wilburg, Bereicherung 27 ff.; von Caemmerer, Festschrift Rabel 352 ff.; Mestmäcker, JZ 1958, 521 ff.

eigentlich geschuldete Vergütung wegen nachteiliger Umstände auf der Seite des Bereicherten nicht gewährt wird. Der Schaden liegt dann in dem entgangenen Gewinn.

Unterschiedlich beginnt der Schadenstatbestand auch beim Kondiktionsschuldner. Der Schuldner kann Vermögenseinbußen erleiden gleichzeitig mit dem Bereicherungsvorgang, wenn etwa der Wechselbürge den Wechsel so einlöst, daß der eigentliche Wechselschuldner, gegen den der Bürge nun Rückgriff nehmen will, Rückgriffsrechte gegen seine Vormänner einbüßt[35]. Die Vermögensminderung kann später eintreten, etwa wenn das Erhaltene verschenkt wird. Sie kann schließlich auch erst dann zutage treten, wenn endgültig entschieden wird, daß der Bereicherte zur Herausgabe oder Vergütung der erhaltenen Bereicherung verpflichtet ist. So liegt es z. B., wenn der Bereicherte auf den empfangenen Gegenstand Ausgaben gemacht hat, die ihm an sich nützlich waren; endgültiger Schaden entsteht ihm daraus erst, wenn die Herausgabepflicht bewirkt, daß die Ausgaben ihm nicht mehr zugute kommen. Ebenso liegt es bei sonstigen Ausgaben, die der Empfänger für vergängliche Dinge (Ernährung, Reisen) gemacht hat. Nach herkömmlicher Ansicht liegt darin ein Wegfall der Bereicherung, wenn der Empfänger keine Ausgaben erspart, d. h. wenn er außergewöhnlichen Aufwand getrieben hat[36]. In Wirklichkeit kann in dem ungewöhnlichen Aufwand allein ein Verlust noch nicht gesehen werden, denn der Bereicherte hat ja den Gegenwert erhalten und genossen. Als verlustbringend erweisen sich solche Ausgaben erst, wenn die Rückzahlung den gewöhnlichen Lebensaufwand des Bereicherten übersteigen würde. Der Schaden liegt dann in dem Entzug der für die normalen Bedürfnisse notwendigen Mittel.

Um ein Problem der Schadensverteilung handelt es sich auch, wenn der konkrete Bereicherungsgegenstand, der nach § 818 I in natura herauszugeben gewesen wäre, ersatzlos zerstört wird oder abhanden kommt. Wenn etwa ein auf Grund nichtigen Vertrages geliefertes Automobil bei einem Unfall zertrümmert wird, dann ist zu entscheiden, ob diesen Substanzverlust der Verkäufer tragen soll, indem ihm, der ursprünglich Herausgabe des Wagens nach § 812 verlangen konnte, Wertersatz (§ 818 II) versagt wird, oder der Käufer, indem er den Wert des nicht mehr vorhandenen Wagens vergüten muß. Ebenso liegt es im Falle der

---

[35] RG WarnR 1910 Nr. 116; siehe auch oben S. 20.

[36] Vgl. ENNECCERUS/LEHMANN § 227 III 5; STAUDINGER(-SEUFERT) § 818 Anm. 30; SOERGEL/SIEBERT(-MÜHL) § 818 Anm. 22, 27, 28; RGRK (SCHEFFLER) § 818 Anm. 42; PALANDT(-THOMAS) § 818 Anm. 6 A a.

Beschädigung des Erlangten. Hier trägt der Kondiktionsgläubiger den Schaden, wenn er sich mit der Rückgabe des beschädigten Gegenstandes zufriedengeben muß[37]; der Kondiktionsschuldner trägt ihn, wenn man annimmt, daß er wegen der Beschädigung Vergütung der Wertminderung schuldet.

II. Schadensbetrachtung und herkömmliches Bereicherungsdenken

Die deutsche Bereicherungslehre hatte bisher von ihrem theoretischen Ansatzpunkt her keinen Blick für die schadensverteilende Funktion des § 818 III. Für sie, die in der Auskehrung eines Vermögensüberschusses das eigentliche Ziel der Bereicherungsansprüche sieht, regelt § 818 III schlicht ein Problem unverschuldeter Unmöglichkeit der Herausgabe: Ein Bereicherungsanspruch kann nicht mehr angestellt werden dort, wo es nichts mehr auszukehren gibt. Aber auch Autoren, die der Differenzhypothese kritisch gegenüberstehen, folgen der traditionellen Auffassung ohne Fragen in dem Fall, daß der konkrete erlangte Gegenstand oder sein Surrogat beim Bereicherten ersatzlos untergeht, abhanden kommt oder beschädigt wird. Man sieht zwar mehr und mehr, daß in den Fällen, in denen der Bereicherte infolge des Erwerbs Nachteile an seinem sonstigen Vermögen erleidet, ein Schadensproblem vorliegt, und gründet darauf auch gewisse Vorbehalte gegen die bisherige Praxis[38]. Soweit aber das Schicksal des konkreten Bereicherungsgegenstandes in Frage steht, herrscht wieder schlichtes Herausgabedenken: Der Herausgabeanspruch nach §§ 812, 818 I fällt wie natürlich dahin, wenn die ihn begründende Besitzlage nicht mehr besteht[39]. Freilich bestimmt § 818 II, daß dann — vorbehaltlich § 818 III — der Wert zu ersetzen ist. Aber das führt weithin nur dazu, das an einem individualisierten Gegenstand orientierte Herausgabedenken nunmehr auf den Wert des ursprünglich Erlangten zu erstrecken. Man fragt,

[37] So ganz einmütig die deutsche Praxis; vgl. BGH NJW 1962, 1909 (1910) = JZ 1963, 128 (129); Staudinger(-Seufert) § 818 Anm. 18; RGRK (Scheffler) § 818 Anm. 21; Palandt(-Thomas) § 818 Anm. 5; Erman(-Seiler) § 818 Anm. 5 a. Man begründet dies damit, daß die Beschädigung wohl eine teilweise Unmöglichkeit der Herausgabe sei, § 818 II aber völlige Unmöglichkeit der Herausgabe verlange, und kommt so zur Anwendung von § 818 I: Herausgabe des Erlangten im jeweiligen Zustand, kein Ersatz für die Wertminderung. Richtiger wäre es wohl, dieses Ergebnis — wie beim Totalverlust des Erhaltenen — mit § 818 III zu begründen.

[38] Z. B. von Tuhr, Festschrift Bekker 305, 309, 322; Wilburg, Bereicherung 138 ff.; siehe auch oben S. 26 f., 28 ff.

[39] Bei Beschädigung beschränkt er sich entsprechend auf die Herausgabe des beschädigten Gegenstandes, siehe oben N. 37.

ob der Bereicherte für den verlorenen Gegenstand einen Gegenwert erhalten hat und ob nun dieser konkrete Wert noch in seinem Vermögen „vorhanden“ ist[40].

In solchen Betrachtungsweisen wirkt noch die aus dem Gemeinen Recht stammende Auffassung, daß die Kondiktion aus einem „grundlosen Haben“ erwächst — sei es eines Vermögensüberschusses, sei es eines konkreten Gegenstandes[41]. Nach der neueren Dogmatik des Bereicherungsrechts ist indessen Skepsis wie gegenüber der Differenzthese auch gegenüber diesem Schlagwort angebracht. Die Bereicherungsansprüche auf ein „grundloses Haben“ zurückzuführen, heißt, sie an einen fortdauernden Besitzzustand anzuknüpfen, während für die neuere Anschauung die Ereignisse im Vordergrund stehen, durch die der Bereicherte überhaupt einmal etwas erlangt hat[42]. Diese Anschauung, übertragen auf das Problem der Haftungsminderung, müßte dazu führen, daß auch im Rahmen von § 818 III nicht mehr der Fortbestand der Bereicherungs- oder Besitzlage automatisch das Haftungsmaß ergibt, sondern daß man die *Ereignisse* bestimmt, die eine Haftungsminderung — und damit eine Schadensabwälzung auf den Kondiktionsgläubiger — rechtfertigen können[43].

Gleichgültig indessen, ob das Herausgabedenken der richtigen theoretischen Konzeption der Bereicherungsansprüche entspricht oder nicht: Für die Betrachtung der unter § 818 III fallenden Tatbestände führt es in die Irre, weil es offenbar Differenzierungen nahelegt danach, ob vermögensmindernde Umstände auf der Seite des Bereicherten zufällig sein sonstiges Vermögen oder das konkrete Erlangte treffen. Ob aber bei nichtigem Autokauf der Käufer mit dem gelieferten Wagen einen Schaden er-

[40] Z. B. von Tuhr, Festschrift Bekker 305; Larenz, Schuldrecht II § 64 II (S. 393).

[41] Vgl. Sintenis 524, 525 N. 1; Arndts § 340 Anm. 1; Rabel, Römisches Privatrecht § 76; Kaser § 139 III; von Lübtow 21.

[42] Siehe oben S. 100 f.

[43] So auch für das italienische Recht Trimarchi 121 f. in Auseinandersetzung mit der Differenzlehre: Statt „mechanischer“ Saldoziehung komme es darauf an, die für den Anspruch „relevanten“ Umstände — positive wie negative — zu bestimmen. — Nach allem liegt der dogmatische Schlüssel für das richtige Verständnis der Bereicherungshaftung nicht — wie bisher häufig hervorgehoben — darin, ob man die Kondiktion „abstrakt“ auf das Vermögen des Empfängers bezogen (so die traditionelle Auffassung und vor allem Flume, Festschrift Niedermeyer 147 f., 151 ff., 175 ff.) oder gegenständlich auf das konkrete Erlangte gerichtet ansieht (so z. B. Larenz, von Caemmerer, oben N. 19). Die traditionelle Lehre befriedigt vielmehr deshalb nicht, weil sie zum Mittelpunkt der Bereicherungshaftung einen *Zustand* macht — sei es die abstrakte Vermögensmehrung, sei es das Innehaben eines konkreten Vermögenswerts —, statt, wie es richtig wäre, die zustandsbestimmenden *Ereignisse* in den Vordergrund der Haftungserwägungen zu stellen.

leidet oder bei einem anderen Wagen einen Schaden in gleicher Höhe verursacht, für den er aus Betriebsgefahr haftet: Für den Kondiktionsanspruch des Verkäufers kann es im einen wie im anderen Fall nur darauf ankommen, welche der Kaufvertragsparteien den Schaden aus diesem Unfall letztendlich tragen soll. Ebenso liegt es, wenn jemand, der ein Grundstück besitzt, auf Grund nichtigen Vermächtnisses ein weiteres Grundstück erhält. Verschenkt er deswegen eines der Grundstücke an eine Stiftung, so kann es für unser Problem vernünftigerweise keinen Unterschied machen, ob er sein bisheriges oder das ungültig vermachte Grundstück weggegeben hat. In beiden Fällen liegt der wesentliche Umstand darin, daß aus der Freigebigkeit des vermeintlichen Vermächtnisnehmers ein Verlust entstanden ist, der in der Entscheidung über den Kondiktionsanspruch des Erben diesem oder dem Schenkenden zugeschrieben werden muß[44].

Die Bereicherungsschuld als Herausgabeverpflichtung anzusehen, führt nach allem nicht weiter, wenn über Wegfall der Bereicherung zu entscheiden ist. Der richtige Ansatz ist vielmehr *schadensrechtlicher* Art. Es geht darum, welcher von den Parteien die Umstände, die zu einem Verlust geführt haben, *zugerechnet* werden müssen. Zu diesen verlustbringenden Umständen gehört nicht nur die lediglich auf der Seite des Bereicherten eingetretene Vermögensentwicklung, sondern der gesamte Vorgang, einschließlich des Bereicherungssachverhalts, aus dem sich der Schaden schließlich entwickelt hat. Denn sobald einmal feststeht, daß zwischen den Kondiktionsparteien ein Schaden zu verteilen ist, erscheint der Bereicherungsvorgang nicht mehr als Ursache für die Fehlplacierung eines Vermögenswerts, der einfach zurückzustellen wäre, sondern als Beginn der Schadensentstehung.

D. DER DIFFERENZBEGRIFF ALS ZURECHNUNGSFORMEL

Aus der eben entwickelten schadensrechtlichen Sicht der von § 818 III betroffenen Sachverhalte ergibt sich die angemessene Einstellung zum Differenzcharakter der Bereicherung, mit dem die traditionelle Lehre ihre

[44] Der Erbe kann zwar, wenn die Kondiktion wegen § 818 III fehlschlägt, nach § 822 gegen die beschenkte Stiftung vorgehen und den Verlust so u. U. wettmachen. Das ändert jedoch nichts daran, daß er jedenfalls im Verhältnis zu dem vermeintlichen Vermächtnisnehmer den Verlust zugewiesen bekommt und ihn u. U. auch endgültig tragen muß, wenn er bei der beschenkten Stiftung auf Insolvenz oder neue begründete Einwände stoßen sollte.

Ergebnisse begründet: Die Differenzthese ist uns weder durch das Gesetz noch durch innere Sachlogik vorgegeben, doch wird untersucht werden müssen, ob sie bei schadensrechtlicher Betrachtung als Zurechnungsmaßstab taugt.

Die Differenzthese wird gelegentlich so formuliert, daß sie einen Vergleich voraussetze zwischen dem Vermögensstand des Kondiktionsschuldners vor dem Empfang und dem Vermögensstand im Zeitpunkt der Haftungsverschärfung[45]. Der Empfänger haftet danach nur, wenn im späteren Zeitpunkt noch ein Überschuß feststellbar ist. In dieser Fassung kann der Differenzbegriff als Zurechnungsmaßstab theoretisch wie praktisch von vornherein nicht in Betracht kommen. Denn er beruht auf der oben abgelehnten Auffassung, die das Ziel des Bereicherungsanspruchs in der Abschöpfung einer Vermögensmehrung oder der Herausgabe eines bestimmten Vermögenswerts sieht und der es deshalb natürlich erscheint, daß der Anspruch dahinfällt, wenn die Vermögensmehrung oder der verfolgte Vermögenswert — gleichviel aus welchem Grunde — nicht mehr vorhanden ist.

Praktisch führt er — wörtlich genommen — dazu, daß sämtliche Passivereignisse, die das Vermögen des Kondiktionsschuldners nach dem Erwerbsvorgang wieder auf oder gar unter den vorherigen Stand hinabdrücken, von der Haftung befreien, auch wenn sie nicht im geringsten mit dem Kondiktionsgläubiger in Verbindung gebracht werden können. Schadenszurechnung setzt jedoch mindestens voraus, daß der Betroffene für die Entstehung des Schadens wegen seiner Mitwirkung am Bereicherungsvorgang, weil er für seine Leute, für seine Anlagen und seine Organisation einstehen muß oder aus einem anderen bestimmten Haftungsgrunde irgendwie verantwortlich gemacht werden kann. Verfehlt ist deshalb der vielzitierte und gelegentlich auch praktizierte Satz, die Kondiktion versage in jedem Falle dann, wenn der Kondiktionsschuldner sein gesamtes Aktivvermögen verloren habe[46]. Wenn der Bereicherte auch ohne den grundlosen Erwerb in Vermögensverfall geraten wäre, besteht kein Anlaß, dem Berechtigten seinen Anspruch schon vor den Toren des Insolvenzverfahrens abzunehmen.

Üblicher ist die zweite Formulierung der Differenztheorie. Danach ist zu vergleichen der tatsächliche Vermögensstand des Bereicherten mit dem Vermögensstand, wie er sich ohne den Bereicherungsvorgang ergeben

[45] Siehe oben S. 13.

[46] So noch BGH LM Nr. 30 zu § 134 BGB = NJW 1958, 1725 = WM 1958, 1016; siehe im übrigen oben S. 21.

hätte[47]. Praktisch wird damit die Ursächlichkeit im Sinne der Äquivalenztheorie zum Zurechnungsmaßstab gemacht: Der Kondiktionsgläubiger soll alle Verluste tragen, die als Folge des Erwerbsvorgangs zwischen den Parteien eingetreten sind; verschont bleibt er nur, wenn festgestellt werden kann, daß die Vermögensminderung auf der Seite des Kondiktionsschuldners auch ohne den Erwerb eingetreten wäre.

Gegenüber der Differenztheorie in der ersten Bedeutung hat diese Formel immerhin den Vorzug, daß sie stärker auf den Kausalzusammenhang als Mindestvoraussetzung der Schadenszurechnung abstellt und damit eine gewisse Eingrenzung der dem Kondiktionsgläubiger zuzurechnenden Verlustfaktoren bringt. Damit allein ist jedoch noch nicht viel gewonnen. Die Eigenart dieser Kausalzurechnung liegt ja darin, daß sie an den ungerechtfertigten Erwerb als solchen anknüpft und dabei ganz außer acht läßt, ob der Kondiktionsgläubiger für den Erwerbsvorgang überhaupt verantwortlich gemacht werden kann. Für eine Zurechnung nach Kausalität wird man aber verlangen müssen, daß der Kondiktionsgläubiger oder Personen, für die er einstehen muß, irgendwie und auch nur mittelbar durch Tun oder Unterlassen zur Entstehung des Schadens beigetragen haben. Dieser Gedanke weist in die bereits durch von Tuhr vorgezeichnete Richtung: Der überlieferte Zurechnungsmaßstab ist besonders bedenklich in den Fällen der Eingriffskondiktion, wo nicht ein Geben des Kondiktionsgläubigers, sondern ein Nehmen des Kondiktionsschuldners korrigiert werden soll[48].

Der Ursächlichkeitsmaßstab genügt aber auch da nicht, wo sich eine kausale Verbindung mit dem Kondiktionsgläubiger herstellen läßt. Es ist ein elementarer Grundzug des allgemeinen Schadensrechts, die Zurechnung von Schäden abhängig zu machen vom Maß der beiderseitigen ursächlichen Beteiligung an der Schadensentstehung, wobei auch das Verschulden der Parteien in feiner Abwägung berücksichtigt wird (so etwa § 254 BGB, § 17 StVG). Die bereicherungsrechtliche Differenztheorie faßt dagegen von vornherein als Schadensträger nur den Kondiktionsgläubiger ins Auge. Ferner zeigt die moderne Entwicklung im Schadensrecht, daß man bei der Umgrenzung des Schadensbegriffs und der Schadenszurechnung ohne wertende Betrachtung auch da nicht auskommt, wo die ältere Auffassung Probleme des reinen Ursachenzusammenhangs sah[49]. Erwä-

---

[47] Siehe oben S. 13.

[48] von Tuhr, Festschrift Bekker 317 ff.; siehe auch oben S. 26 f.

[49] So z. B. bei der Vorteilsausgleichung — als deren Spiegelbild die bereicherungs-

gungen dieser Art müssen auch bei der Schadensverteilung im Gefolge eines Bereicherungsvorgangs ihren Platz haben.

Daß die reine Ursachenbetrachtung, so wie sie die Differenztheorie fordert, allein das Richtige nicht trifft, hat man häufig gespürt und statt dessen einen „wirtschaftlichen Zusammenhang“ zwischen dem Erwerb und dem Verlusttatbestand verlangt[50] oder die Adäquanzlehre zur Eingrenzung des „blind“ wirkenden Ursächlichkeitsmaßstabes herangezogen[51]. Beide Kriterien bieten aber keine überzeugende Lösung.

Die Hauptfunktion des Begriffs des wirtschaftlichen Zusammenhangs lag darin, daß er dem gegen die Saldotheorie immer wieder vorgebrachten Argument, für die Verknüpfung von Leistung und Gegenleistung fehle es häufig am ursächlichen Zusammenhang zwischen beiden, den Boden entzog, indem er für die Anrechnung der Gegenleistung eine strikte Ursächlichkeitsprüfung überhaupt überflüssig machte[52]. Er sollte also die als pedantisch empfundene Ursachenbetrachtung überspielen und tendiert deshalb zur Ausweitung, nicht Eingrenzung der anrechnungsfähigen Nachteile. Er ist aber untauglich auch deshalb, weil er als Schlagwort die eigentlich tragenden Gründe der Verlustzurechnung im Dunkel läßt[53].

Ähnlich steht es mit der Adäquanzlehre. Nachdem sie im eigentlichen Schadensrecht aus ihrer beherrschenden Stellung zugunsten wertender Gesichtspunkte verdrängt worden ist, wird man ihr auch für das Bereicherungsrecht keine entscheidende Bedeutung zubilligen mögen. In der Tat verwendet die Rechtsprechung sie im Zusammenhang mit § 818 III mehr als verbale Verbrämung der Differenztheorie denn als effektiv genutztes Zurechnungselement. Die Fälle, in denen die Nachteilsanrechnung abgelehnt wurde, obwohl der natürliche Ursachenzusammenhang hätte bejaht werden können, sind nicht mit den Wahrscheinlichkeitsargumenten der Adäquanzlehre entschieden worden[54].

---

rechtliche Nachteilsanrechnung oft angesehen worden ist —: Während die ältere Auffassung hier nur nach (adäquater) Kausalität entscheiden wollte, wird heute des weiteren gefragt, ob die Anrechnung der Vorteile mit „Sinn und Zweck des Schadensersatzes“ zu vereinbaren ist; siehe BGHZ 8, 325 (329); 30, 29 (33); CANTZLER, AcP 156 (1957) 29 mit Nachweisen über die ältere Literatur und Rechtsprechung; LARENZ, Schuldrecht I § 14 III c; vgl. auch ERMAN(-SIRP) § 249 Anm. 9; THIELE, AcP 167 (1967) 193 ff.

[50] Siehe oben S. 12.

[51] Siehe oben N. 48 auf S. 13.

[52] Siehe WEINTRAUD 66 ff., der den Begriff in die Gegenleistungsproblematik eingeführt hat.

[53] VON CAEMMERER, Festschrift Dölle 167 N. 94.

[54] Siehe oben S. 24 f.

E. ANDERE ZURECHNUNGSGESICHTSPUNKTE

Der im überkommenen Bereicherungsdogma beschlossene Ursächlichkeitsmaßstab, der sich einseitig auf den Kondiktionsgläubiger richtet, reicht für eine angemessene Lösung des im Rahmen von § 818 III auftauchenden Schadensproblems auch dann nicht aus, wenn er durch Adäquanzgesichtspunkte modifiziert wird. Es müssen also andere haftungsbestimmende Kriterien gefunden werden, die den bisher praktizierten Maßstab ergänzen, ändern oder gar verdrängen können. Die Erkenntnis, daß es um die Anlastung eines Schadens geht, weist den Ort, wo solche Zurechnungsgesichtspunkte zu finden sind: Es wird darauf ankommen, aus dem reichen Gedankenvorrat des vertraglichen und außervertraglichen Haftungsrechts auch für die Schadensverteilung im Rahmen von § 818 III einen Anhalt zu gewinnen.

I. Verursachung und Verschulden

Die nächstliegende Erwägung ist die, wie das amerikanische Recht den Schaden nach der kausalen Verantwortlichkeit für den Gesamtvorgang der einen oder der anderen Partei zuzurechnen oder zwischen beiden zu verteilen. Verursachung des Schadens durch den, der als Schadensträger in Betracht kommt, oder durch Leute oder Sachen, für die er einzustehen hat, ist Mindestvoraussetzung der Zurechnung nach allgemeinem Schadensrecht. Daß überdies bei der Zurechnung die Verantwortlichkeit *beider* Parteien für den Schadenseintritt berücksichtigt werden muß, ist ein Gedanke, der sich als außerordentlich kraftvoll erwiesen hat[55]. Nichts steht dagegen, diese Erwägung auch bei der Schadenszurechnung innerhalb von § 818 III anzustellen.

Das ist auch WILBURGS Vorschlag, der freilich davon ausgeht, daß neben dem Untergang und Verlust des ursprünglich erlangten Gegenstandes überhaupt nur „Vertrauensschäden“ angerechnet werden dürften und es deswegen geboten sei, auf die Veranlassung des Bereicherungserwerbs und seiner Folgen abzustellen[56]. Es wäre indes verkehrt, die Schadensbetrach-

---

[55] Vgl. § 254 BGB, § 1 a III RHG, §§ 3, 8 SHG, §§ 9, 17 StVG. Besonders deutlich wird dies in der Rechtsprechung des Bundesgerichtshofs, wonach bei einem Unfallschaden der Geschädigte sich die Betriebsgefahr seines Wagens auch gegenüber schuldhaftem Verhalten des Schädigers anrechnen lassen muß: BGHZ 12, 124 (128); 20, 259 (260 ff.); ebenso § 254 IV des Referentenentwurfs eines Gesetzes zur Änderung und Ergänzung schadensersatzrechtlicher Vorschriften (1967).

[56] Siehe oben S. 28 ff.

tung auf solche Fälle zu beschränken, in denen Nachteile „im sonstigen Vermögen" des Kondiktionsschuldners zu regulieren sind[57], und gar kein Anlaß besteht, unter diesen Fällen nur echte Vertrauensschäden für die Überwälzung in Betracht zu ziehen. Wenn im einzelnen Fall festgestellt wird, daß der Kondiktionsschuldner ausschließlich im Vertrauen auf den Erwerb disponiert hat, dann ist die kausale Verbindung zwischen Vermögensverschiebung und späterem Nachteil zwar besonders evident. Damit ist jedoch nicht ausgeschlossen, daß diese Kausalbeziehung auch in anderen Fällen so offenbar sein kann oder daß auch eine weniger enge Beziehung zwischen Erwerb und Verlust in einem Fall erheblich werden kann.

Was die anteilige Mitberücksichtigung des jeweiligen Verhaltens beider Parteien angeht, hat sich freilich der Bundesgerichtshof schon zweimal gegen eine Anwendung von § 254 im Bereicherungsrecht ausgesprochen. Damit dürfte jedoch von der Seite der Judikatur das letzte Wort noch nicht gesprochen sein. In dem einen Fall[58] ging es nicht um ein Problem des § 818 III, d. h. nicht um Schadenszurechnung. In dem anderen ging es zwar um ein Schadensproblem, nämlich um die Anrechenbarkeit des einem Dritten gezahlten Kaufpreises gegenüber der Wertkondiktion des früheren Eigentümers. Hier hat der Bundesgerichtshof aber die Mitschulderwägungen, die er über § 254 nicht hereinkommen lassen wollte, über § 242 doch angestellt[59].

Bei einer Ursachenbetrachtung, die *beide* Kondiktionsparteien ins Auge faßt, darf mit dem Schaden jedenfalls der nicht belastet werden, der weder zu dem Bereicherungsvorgang noch zu dem vermögensmindernden Ereignis irgendwie beigetragen hat. In einem solchen Fall kann für die Zurechnung des Schadens an den anderen die bloße Ursächlichkeit seines Verhaltens genügen. In der Regel liegt es jedoch so, daß beide Parteien an dem Geschehen irgendwann durch Handeln oder Unterlassen mitgewirkt haben. Das ist immer so beim Geben und Nehmen innerhalb einer Leistungsbeziehung, vielfach aber — wie WILBURG demonstriert hat[60] — auch bei Eingriffstatbeständen. Dann müssen die Anteile beider gegeneinander gewogen werden. Die neuere schadensrechtliche Diskussion um die Ursachenabwägung im Rahmen von § 254 BGB hat gezeigt, daß dafür

---

[57] Siehe oben S. 106 ff.
[58] BGHZ 37, 363 (370).
[59] BGHZ 14, 7 (10 f.).
[60] WILBURG, Bereicherung 158 ff.; siehe auch oben S. 29 f.

entgegen den Beteuerungen der Rechtsprechung[61] von vornherein, nicht erst in zweiter Linie, außerhalb der „reinen“ Kausalität liegende Wertungsgesichtspunkte herangezogen werden müssen[62]. Für die Schadensverteilung innerhalb von § 818 III gilt das Gleiche, wobei es freilich unmöglich erscheint, die einschlägigen Gesichtspunkte in eine stets anwendbare Formel zu fassen.

Wichtig für die Abwägung ist die Prüfung, ob einem der Beteiligten im Zusammenhang mit der Vermögensverschiebung ein Fehlverhalten vorgeworfen werden kann, sei es, daß man dieses mit Wilburg als ein „objektiv von den Regeln des Verkehrs abweichendes Verhalten“[63], sei es, daß man es — wie ein Autor zu § 254 es will — als „objektiv sachwidrige“ Handlungsweise definiert[64]. Diese Formeln sind allerdings so allgemein nicht brauchbar, weil sie den Anschein erwecken, es ließen sich unabhängig von der Schadensfrage für jeden Bereicherungsfall vorgegebene Regeln des verkehrs- oder sachgerechten Verhaltens ermitteln, die eine generell wertende Beurteilung ex ante erlauben und nur indirekt, dann aber automatisch, die Lösung auch für den Fall liefern, daß zwischen den Kondiktionsparteien Schaden zu verteilen ist. Ob die Parteien sich bei der Vermögensverschiebung verkehrs- oder sachwidrig verhalten haben, kann aber in Wirklichkeit meistens nicht so abstrakt, sondern nur ex post im Hinblick auf den zu verteilenden Schaden beurteilt werden. Es geht hier nicht darum, absolute Bewertungsnoten zu vergeben, sondern um die Begründung dafür, daß den nun einmal entstandenen Schaden nicht der eine, sondern der andere Beteiligte tragen soll. Vor der Situation, den Schaden einem der beiden auferlegen zu müssen, braucht der Richter daher nur in diesem Lichte das Verhalten der Beteiligten zu vergleichen und zu entscheiden, wessen Verhalten *relativ* sachwidriger oder sachgerechter als das des anderen war.

Neben dieser offensichtlich wertenden Betrachtungsweise sind aber auch die Initiative der Beteiligten und die Intensität ihrer Mitwirkung am Bereicherungs- und Entreicherungsgeschehen Gesichtspunkte, die berücksichtigt werden müssen. Das Gesamtergebnis ist ein Urteil darüber, inwieweit beide Beteiligte nach dem Gewicht ihrer Beiträge für den gesamten

---

[61] Siehe z. B. RGZ 169, 84 (95 f.); weitere Beispiele bei Rother 62 ff. und Klauser, NJW 1962, 369 ff.

[62] Larenz, Schuldrecht I § 15 I e; Rother 50 ff.; Klauser aaO.

[63] Wilburg, Bereicherung 147; siehe auch oben S. 28.

[64] Klauser, NJW 1962, 371 f.

Verlauf der Dinge verantwortlich sind — eine komplexe Entscheidung, die nicht immer bis ins Letzte aufgeschlüsselt werden kann.

Der Gedanke, den Schaden nach der relativen Verantwortlichkeit der Parteien für die relevanten — bereichernden und bereicherungsmindernden — Ereignisse zuzurechnen, müßte dazu führen, den Schaden der Partei aufzuerlegen, deren ursächliche Beteiligung oder deren Verschulden bei dem gesamten Vorgang überwiegt; aber auch eine Teilung des Schadens kann angemessen sein, wenn ein klares Übergewicht der einen oder der anderen Seite nicht festgestellt werden kann[65]. Dabei muß sich die Untersuchung der beiderseitigen Verantwortlichkeit auf den Bereicherungsvorgang, auf den Grund der Rückforderung wie auch auf die vermögensmindernden Ereignisse erstrecken.

1. Verantwortlichkeit für den Bereicherungsvorgang. — Bei dem Bereicherungsvorgang kann die Berücksichtigung der beiderseitigen Verantwortlichkeit — wie VON TUHR es wollte[66] — dazu führen, daß der Kondiktionsschuldner eher entlastet wird gegenüber einer Leistungskondiktion — wo der Kondiktionsgläubiger den Grund für die weitere Entwicklung dadurch gelegt hat, daß er *geleistet* hat — als etwa gegenüber der Eingriffskondiktion — wo der Kondiktionsbeklagte für einen Vorteil haftet, den er sich *genommen* hat. Aber auch innerhalb der Kondiktionstypen gibt es — wie vor allem WILBURG herausgearbeitet hat[67] — je nach Initiative und Stellung der Parteien genügend Ansatzpunkte für eine differenzierende Betrachtung. Wenn etwa ein Gläubiger die Schuldurkunde vernichtet, nachdem er die Schuldsumme fälschlich von einem Dritten erhalten hat: Für die Frage, ob den Schaden aus der jetzt bestehenden Beweisnot der Gläubiger oder der Dritte haben soll, der vom Gläubiger kondizieren will, kann es neben anderen Erwägungen durchaus erheblich sein, ob der Gläubiger das Geschuldete von dem Dritten ultimativ und mit Überzeugungskraft eingefordert hatte oder ob der Dritte im Glauben, Schuldner zu sein, von sich aus geleistet hatte oder ob gar eine Zahlung, die einem anderen zugedacht war, nur durch das Versehen einer Girostelle auf das Konto dieses Gläubigers gelangt war. Im letzteren Falle müßte sachgerechterweise außerdem gefragt werden, welcher der Parteien Fehlleistungen dieser Girostelle zuzurechnen sind.

---

[65] Siehe auch WILBURG, Bereicherung 147 f., und im KLANGschen Kommentar, §§ 1431—1437 Anm. X C 2 (S. 480).

[66] Siehe oben S. 27 f.

[67] Siehe oben S. 29 f.

Ebenso kann es bei Fällen der Eingriffskondiktion liegen: Einer australischen Schafherde laufen ohne Wissen des Eigentümers fremde Schafe zu, die noch nicht gekennzeichnet sind. Der Eigentümer verkauft die Wolle der ganzen Herde und leistet sich, erfreut über den unerwartet guten Ertrag, eine ausgedehnte Europareise. Wenn er später von dem Eigentümer der zugelaufenen Schafe auf Vergütung in Anspruch genommen wird, erscheint es sachgerecht, die Zurechnung dieses Schadens mindestens auch davon abhängig zu machen, ob der Kläger — etwa wegen mangelhafter Einzäunung seiner Weidegründe — oder der Beklagte — etwa wegen mangelhafter Übersicht über seine Herde — für den Zulauf und das Behalten der fremden Tiere verantwortlich erscheint.

Besondere Bedeutung hat auch, welche der Parteien für ihre Unkenntnis der Rechtsgrundlosigkeit der schwerere Vorwurf trifft. Der österreichische Oberste Gerichtshof traf daher das Richtige, als er die Rückforderung von Gehaltsbezügen durch die Bundesbahnen in einem Fall u. a. deshalb ablehnte, weil die Bundesbahnen eine eigene Abteilung für Gehaltsangelegenheiten besäßen und deshalb über größere Sachkunde bei der Gehaltsberechnung verfügten als der einfache Bahnbeamte[68]. Der gleiche Gesichtspunkt kann aber auch zuungunsten des Gehaltsempfängers ausschlagen, so etwa, wenn irrtümlich gezahlte Bezüge von einem leitenden Angestellten zurückgefordert werden, der einen individuellen Anstellungsvertrag hat und daraus die wahre Höhe seines Gehalts ohne weiteres hätte ersehen können.

2. *Verantwortlichkeit für das Fehlen des Rechtsgrundes.* — Erheblich kann auch sein, welche der Parteien für die Rechtsgrundlosigkeit des Erwerbs verantwortlich ist und damit die Rückforderung ausgelöst hat[69]. Gesetzlicher Ausdruck dieses Gedankens ist etwa § 122: Der Irrende muß seinem Gegner jeden Vertrauensschaden abnehmen, weil er durch die Ausübung des Anfechtungsrechts für den Wegfall des Rechtsgrundes verantwortlich ist und damit das Schadensproblem geschaffen hat. Das bedeutet, daß der Anfechtungsgegner zur Rückgewähr des Empfangenen nicht verpflichtet ist, soweit er im Vertrauen auf die Gültigkeit des Vertrages Dispositionen getroffen hat, die ihm jetzt zum Nachteil ausschlagen würden. Das bedeutet andererseits, daß der Anfechtende das seinerseits Erhaltene voll herausgeben und vergüten muß, ohne gemäß § 818 III

---

[68] OGH SZ XI Nr. 86; siehe auch die englischen und amerikanischen Entscheidungen oben N. 122 ff. (S. 63 ff.) und N. 220 ff. (S. 82 f.).

[69] Ähnlich Dießelhorst 72 ff. für die Gegenleistungsfälle bei Vertragsnichtigkeit; andeutungsweise für diese Fälle auch Pawlowski 74.

irgendeinen Minderungsposten absetzen zu können[70]. Der gleiche Gedanke liegt den verschiedenen gesetzlichen Vorschriften zugrunde, die eine Vertragsabwicklung nach Rücktritt oder Kündigung vorsehen (z. B. §§ 327 Satz 2, 557 a, 628 I 3 BGB, § 37 VerlagsG) und dabei den, der die zum Rücktritt oder zur Kündigung führenden Umstände nicht zu vertreten hat, für das bereits Erhaltene nicht nach Rücktrittsregeln, sondern nach der „milderen" Bereicherungshaftung verantwortlich machen[71].

Ansätze, über den unmittelbaren Anwendungsbereich dieser Vorschriften hinauszugehen, finden sich in der Rechtsprechung. So hatte das Reich am Anfang der zwanziger Jahre mit inländischen Firmen Lieferverträge über Reparationsgüter geschlossen, die es 1923 im Zuge der Neuordnung der Reichsfinanzen auf Grund einer gesetzlichen Sonderermächtigung stornieren durfte. Die Forderung des Reichs auf Rückgewähr der bereits geleisteten Anzahlungen kürzte das Reichsgericht über § 818 III um die Ausgaben, welche die Lieferanten bereits für die Vertragsausführung gemacht hatten. Dabei stützte es sich besonders auf die Erwägung, daß die Vertragsaufhebung von den Lieferanten in keiner Weise zu vertreten, vielmehr allein durch die Verhältnisse und Bedürfnisse des Reiches veranlaßt gewesen sei[72]. Ähnliche Erwägungen entschieden einen Fall, in dem der Empfänger einer Leistung verlangte, die durch den Erwerb entstandene und unwiederbringlich gezahlte Einkommensteuer abzusetzen[73]; die Rückforderung der Leistung hatte er selbst dadurch ausgelöst, daß er einen Erbvertrag, mit dem der Erhalt der Leistung mittelbar zusammenhing, wirksam angefochten hatte. Das Reichsgericht lehnte die Anrechnung nach § 818 III ab, weil hier der Bereicherte selbst den Rechtsgrund für die zugeflossene Bereicherung durch eine Maßnahme beseitigt habe, die der Leistende nicht zu vertreten und die ausschließlich den Belangen des Bereicherten gedient habe[74].

---

[70] So im Ergebnis RGZ 170, 65; siehe auch STAUDINGER(-COING) § 122 Anm. 9; ERMAN (-WESTERMANN) § 122 Anm. 4. — Das gleiche gilt für §§ 179, 307, 309.

[71] § 327 Satz 2 bestimmt dies ausdrücklich zwar nur für die Haftung des Rücktritts*gegners*. Die herrschende Meinung billigt die Haftungserleichterung aber auch dem Rücktritts*berechtigten* zu, indem sie aus der Vorschrift als Grundsatz entnimmt, daß allgemein der Rückgewährpflichtige nur nach Bereicherungsrecht haftet, wenn er den Grund des Rücktritts nicht zu vertreten hat; vgl. ENNECCERUS/LEHMANN § 53 V; LARENZ, Schuldrecht I § 25 I b; STAUDINGER(-KADUK) § 327 Anm. 29; SOERGEL/SIEBERT(-REIMER SCHMIDT) § 327 Anm. 2; ERMAN(-WESTERMANN) § 327 Anm. 2; kritisch dazu GLASS 88 ff. und ihm folgend ESSER, Schuldrecht I § 51 II 1 und A. BLOMEYER, Schuldrecht § 35 III 2 b.

[72] RGZ 116, 377 (380); siehe auch RGZ 118, 185 (187).

[73] RGZ 170, 65.

[74] RGZ 170, 65 (68 f.).

Derselbe Gedanke erscheint neuerdings im Schrifttum anläßlich der Frage, ob und inwieweit jemand, der einem anderen ohne Vertrag, aber in der erkennbaren Erwartung späterer Belohnung oder Entschädigung, Arbeitsleistungen erbringt, einen Anspruch hat, wenn seine Erwartung später enttäuscht wird. Meistens handelt es sich um Dienstleistungen im Familienbetrieb: die Braut betätigt sich ohne Entgelt im Betrieb ihrer künftigen Schwiegereltern, weil sie erwartet, später in den Betrieb „einzuheiraten"; der Sohn arbeitet auf dem Hof seines Vaters in der Erwartung späterer Erbeinsetzung. Kommt es dann nicht zur Heirat oder wird ein anderer zum Erben eingesetzt, so sind Rechtsprechung und Lehre sich im Ergebnis darüber einig, daß für die geleistete Arbeit grundsätzlich ein Entgelt gezahlt werden muß[75].

Neuerdings wird jedoch betont, daß der Anspruch nach Grund und Höhe auch davon abhängig gemacht werden muß, welche der Parteien für das Fehlschlagen der ursprünglichen Erwartung und damit für die Entstehung des gegenwärtigen Geldanspruchs verantwortlich ist. Ist es der „Arbeitgeber", so soll er ohne weitere Voraussetzung den angemessenen Lohn schulden; ist es dagegen der Beschäftigte, dann soll sich der andere Teil gegenüber dem unvorhergesehenen Geldanspruch darauf berufen dürfen, daß er aus der Arbeitsleistung keinen Nutzen erhalten oder behalten habe[76].

Für den unbedingten Lohnanspruch beruft man sich freilich nicht auf Bereicherungsrecht, sondern überwiegend auf den Begriff des faktischen Arbeitsverhältnisses oder auf § 612 BGB, der — ursprünglich wohl nur für wirklich gegenseitig verpflichtende Arbeitsverträge gedacht — ein angemessenes Entgelt vorschreibt, wenn eine vertragliche Vereinbarung darüber auch stillschweigend nicht getroffen wurde[77]. Dem wird die „schwächere" Bereicherungshaftung gegenübergestellt, die das angemessene Haftungsmaß biete, wenn der Beschäftigte selbst für den Fehlschlag verantwortlich sei[78]. In Wirklichkeit könnten — worauf Fenn zu Recht hinweist[79] — beide Fälle von vornherein bereicherungsrechtlich gelöst werden, da die notwendige differenzierende Betrachtungsweise sich auch innerhalb des Bereicherungsrechts verwirklichen läßt.

---

[75] Vgl. BAG AP Nr. 13 zu § 612 BGB; weitere Nachweise bei Fenn, FamRZ 1968, 291 ff.

[76] Bydlinski, Festschrift Wilburg 76 f.; Canaris, BB 1967, 169; Fenn aaO 298.

[77] BAG oben N. 75; Canaris aaO 165 ff.; siehe auch Bydlinski aaO 66 f.

[78] Canaris aaO 168; Bydlinski aaO 76 f.

[79] Fenn aaO 298.

3. Verantwortlichkeit für die vermögensmindernden Ereignisse. — Die Differenzierung nach dem Maß der Verantwortlichkeit muß schließlich auch darauf abstellen, inwieweit die Parteien für die vermögensmindernden Ereignisse nach oder im Zusammenhang mit dem Bereicherungsvorgang verantwortlich sind.

Mitveranlassung des Kondiktionsgläubigers kommt natürlich von vornherein nicht in Betracht, wenn er weder an dem Bereicherungsvorgang noch an dem vermögensmindernden Ereignis irgendwie beteiligt war, so etwa, wenn jemand unter Ausnutzung eines fremden Patents Ware herstellt und verkauft, die aber noch vor der Versendung bei ihm durch einen Brand vernichtet wird. Die kausale Beteiligung des Kondiktionsgläubigers steht gegenüber der des Bereicherten andererseits ganz im Vordergrund, wenn der Kondiktionsgläubiger sowohl am Bereicherungsvorgang beteiligt war als auch durch eigene Hand zur Vermögensminderung beim Bereicherten beigetragen hat, so in dem oben zitierten Fall des Wechselbürgen, der Rückgriffsrechte des Wechselschuldners vereitelt[80].

Die meisten Fälle liegen freilich weniger eindeutig, nämlich so, daß der Kondiktionsgläubiger direkt nur an dem Bereicherungsvorgang beteiligt war, er dadurch aber indirekt eine Ursache für die spätere Vermögenseinbuße beim Bereicherten gesetzt hat. Einerseits kann sich der Schaden hier als eine mehr oder weniger automatische Fortwirkung des Bereicherungsvorgangs darstellen; wenn z. B. neuerworbenes Vieh die übrigen Bestände des Käufers mit einer Krankheit infiziert. Auf der anderen Seite kann das grundlos Erworbene mehr zufällig zum Objekt eines Schadensereignisses werden, das ebensogut ein anderes Vermögensstück hätte treffen können oder das ohne den grundlosen Erwerb nur im übrigen Vermögen des Erwerbers eingetreten wäre; so z. B., wenn aus dem Betriebshof des Fuhrunternehmens von den dort abgestellten Lastkraftwagen gerade der gestohlen wird, den das Unternehmen kurz zuvor ohne gültigen Vertrag erworben hatte, oder wenn die irrtümlich gelieferte Ware auf dem Lager mit anderen Vorräten des Erwerbers einer Überschwemmung zum Opfer fällt.

Dazwischen liegt das weite Feld der Fälle, in denen der Kondiktionsschuldner über das Erhaltene oder als Folge des Erwerbs über andere Gegenstände seines Vermögens Dispositionen trifft (Gebrauch, Verbrauch, Veräußerung, Rechtsaufgabe usw.). Hier schiebt sich zwischen den — mindestens auch dem Kondiktionsgläubiger zuzurechnenden — Erwerbsvor-

---

[80] Siehe oben N. 35 auf S. 105.

gang und den aus der Vermögensdisposition eingetretenen Nachteil der eigene Wille des Bereicherten. Für die Frage, wer für den Schaden kausal verantwortlich ist, muß es darauf ankommen, welches Eigengewicht dem Entschluß des Bereicherten, sein Vermögen so oder so einzusetzen, in dem gesamten Vorgang zukommt.

Die Rolle des Bereicherten wird um so geringer zu veranschlagen sein, je mehr die Tatsache des Erwerbs das dominierende Motiv für seine Dispositionen war, so etwa, wenn der Gläubiger, der sich irrtümlich für befriedigt hält, Rechte und Sicherheiten aufgibt oder verjähren läßt oder wenn — im „Propagandafall" der traditionellen Lehre[81] — ein irrtümlich ausgezahlter Losgewinn den Empfänger zu ungewohnten Luxusausgaben oder Geschenken veranlaßt. Ähnlich eng verbunden mit dem Bereicherungsvorgang ist die Vermögensminderung, wenn der Erwerber etwas mit einer gewissen Zweckbestimmung erhält und es entsprechend verwendet, so etwa beim bestimmungsgemäßen Verbrauch von Unterhaltszahlungen und Gehaltsbezügen[82] oder bei Zahlungen an Banken, die zur Auszahlung oder Gutschrift an einen Dritten bestimmt sind und entsprechend weitergeleitet werden[83]. Daß in diesen Fällen das Motiv für die Dispositionen des Empfängers ausschließlich in dem vorausgegangenen Erwerb liegt, heißt freilich nicht, daß solche Vertrauensschäden immer der Kondiktionsgläubiger tragen müßte[84]; für die endgültige Schadensanlastung kommt es dann vielmehr darauf an, wer für den Bereicherungsvorgang und dessen Rechtsgrundlosigkeit verantwortlich erscheint.

Auf der anderen Seite wird das Verhalten des Bereicherten auch für dieses letzte Stadium um so schwerer ins Gewicht fallen, je mehr seine Dispositionen auch von anderen Motiven geleitet waren — wenn z. B. aus dem Wagenpark eines Unternehmens für eine Fahrt, die mit Totalschaden endet, aus betrieblichen Gründen gerade der Wagen genommen worden ist, der auf Grund unwirksamen Vertrages geliefert worden war — oder wenn gar umgekehrt die geplante Disposition das Motiv für den Erwerb bildete, so in dem Fall, daß jemand ein Haus gekauft hat, um es der Kirche zur Einrichtung eines Altersheims zu schenken, und der Kaufvertrag sich später, nach Vollzug der Schenkung, als nichtig erweist. Auch in diesen Fällen ist freilich der grundlose Erwerb und die Beteiligung des Kondiktionsgläubigers an ihm jedenfalls mitwirkende Ursache für

[81] So Wilburg, Bereicherung 154.

[82] Siehe oben S. 16 f., 18 f., 63 f.

[83] Siehe oben S. 85.

[84] So aber wohl Esser, Schuldrecht II § 105 II 1 c und Larenz, Schuldrecht II § 64 II.

den Verlusttatbestand, denn ohne ihn sind die konkreten Dispositionen des Erwerbers und der daraus erwachsene Schaden — der Einsatz und Verlust gerade dieses Wagens, die Übereignung gerade dieses Grundstücks — nicht denkbar.

Ob die Disposition des Bereicherten gerade von dem Bereicherungsvorgang provoziert oder mehr aus anderen, selbständigen Motiven getroffen wurde, ist eine Tatfrage, die nur von Fall zu Fall beantwortet werden kann. Auch deshalb verdient die Ansicht, man müsse im Rahmen von § 818 III alle „Vertrauensschäden" anrechnen[85], keinen Beifall. Ein Vertrauenstatbestand liegt vor, wenn der grundlose Erwerb der eigentliche Anstoß für bestimmte Dispositionen des Empfängers ist — so bei der Verwendung eines Lotteriegewinns —, aber auch, wenn der Empfänger bei seinen Dispositionen die Rechtsbeständigkeit des Erwerbs wie selbstverständlich voraussetzt, ohne sich darüber besondere Gedanken zu machen — so in dem obengenannten Fall beim Einsatz des ohne gültigen Vertrags gelieferten Automobils. Der Unterschied zwischen diesen Sachverhalten ist groß genug, um u. U. auch eine unterschiedliche Behandlung zu rechtfertigen.

4. Geldverbrauch. — Ein besonderes Kapitel ist nach einigen Rechtsordnungen der Geldverbrauch. Man hängt an der einfachen alten Regel, daß Geld stets zu gleichem Betrag zurückzuzahlen sei — u. a. aus dem Gefühl, daß die Kausalbeziehung zwischen Geldempfang und späteren Vermögensdispositionen des Empfängers sich hier ohnehin schneller verliert als beim Erwerb individueller Gegenstände[86]. Daran ist sicher richtig, daß die hohe Fungibilität und die universelle Verwendbarkeit des Geldes es häufig schwierig machen, die Fortwirkungen rechtsgrundloser Zahlungen im Empfängervermögen zu verfolgen. Für ein differenzierendes System ist die Regel aber zu grob und deshalb nicht attraktiv. Wie die Erfahrung zeigt, gibt es Fälle genug, in denen sich ein kausaler Zusammenhang zwischen Gelderhalt und Vermögensdisposition dartun läßt. Auch wenn man die Unverfolgbarkeit als den tatsächlichen Regelfall ansieht, besteht deshalb kein Anlaß, diese im Bereich des Tatsächlichen liegende Regel zur strikten Rechtsnorm zu erheben und damit dem Kondiktionsbeklagten die Abwälzung seines Schadens von Rechts wegen auch da zu verwehren, wo er ihre tatsächlichen Voraussetzungen dartun könnte. Die Beweispflicht des Kondiktionsbeklagten erspart es dem Rich-

---

[85] So ESSER und LARENZ aaO.

[86] TRIMARCHI 159 f.; siehe auch oben S. 46 f., 51, 56.

ter, den Fortwirkungen des Geldempfangs bis in die letzte mögliche Verästelung nachspüren zu müssen.

II. Zurechnung nach „Sphären"

Ein anderer Gesichtspunkt ist der, den Verlust nach „Sphären" zuzurechnen, d. h. dem anzulasten, in dessen Lebenskreis oder Organisationsbereich die schadensursächlichen Umstände sich zugetragen haben und der deshalb — gleichgültig, ob er den Schaden verursacht und verschuldet hat — jedenfalls im Verhältnis der Parteien näher dran ist, ihn zu tragen[87]. Im Arbeitsrecht entscheidet man nach der „Sphärentheorie" die Frage, ob Ereignisse, die den Arbeitnehmer an der Erbringung oder den Arbeitgeber an der Entgegennahme der Arbeitsleistung hindern, im Hinblick auf den Arbeitslohn dem einen oder dem anderen zum Nachteil gereichen sollen[88]. Im eigentlichen Haftungsrecht trägt neben anderen der Sphärengedanke die Gehilfenhaftung — jedenfalls, wo der Geschäftsherr ohne eigenes Verschulden haftet[89]. Auch bei der Zurechnung von Folgeschäden wird gelegentlich danach argumentiert, ob die Gefahr, die sich in dem Schaden verwirklicht hat, ohnehin schon dem eigenen Lebensbereich des Betroffenen zugehörte[90]. Sphärenbetrachtung herrscht ferner dort, wo die Rechtsprechung deliktische Haftung aus der Verletzung von „Verkehrspflichten" herleitet[91]. Die Rechtsprechung hat hier bekanntlich die Tendenz, mit dem Ziel sozialgerechter Risikoverteilung die Sorgfaltsanforderungen ex post so hoch anzusetzen[92], daß den Verpflichteten praktisch eine Garantiehaftung für seinen Organisations- und Herrschaftsbereich trifft[93]. Haftungsentscheidungen nach Sphären treffen Gesetz und Rechtsprechung schließlich auch, wenn sie die positive oder negative Beweislast im Schadensersatzprozeß dem auferlegen, in dessen Organisationsbereich der streitige Sachverhalt sich zugetragen hat[94].

---

[87] Zur Sphärenbetrachtung im Schadensrecht siehe besonders WILBURG, Schadensrecht 38 ff.

[88] Ausführliche Darstellung bei HUECK/NIPPERDEY § 44.

[89] Vgl. WILBURG, Schadensrecht 40 f.; BAUR, Karlsruher Forum 1962, S. 16; LARENZ, Schuldrecht I § 19 VIII; WESTERMANN, JuS 1961, 333, 382 f.

[90] Vgl. VON CAEMMERER, Kausalzusammenhang 18 f.; J. G. WOLF 46 ff.

[91] Zur Bedeutung der Verkehrspflichten siehe VON CAEMMERER, Festschrift Juristentag 71 ff.

[92] Siehe ESSER, Grundlagen der Gefährdungshaftung 30 ff. und JZ 1953, 129.

[93] Vgl. HEINRICH LANGE, AcP 156 (1957) 116; HAUSS, ZVersW 56 (1967) 155.

[94] So z. B. §§ 282, 836 I 2 und die Rechtsprechung zum prima-facie-Beweis und zur Beweislast nach Gefahrenbereichen; herausragender Fall aus jüngster Zeit ist BGHZ 51,

Diese Betrachtungsweise kann auch für die Schadensfälle im Bereicherungsrecht fruchtbar gemacht werden[95], und zwar zunächst in der Richtung, daß jede Partei für den Zustand und die Qualität ihrer Anlagen, ihres Personals und ihrer Organisation einzustehen hat. Wenn etwa Tuche irrtümlich an einen Konfektionär geliefert und dort infolge eines technischen Versagens der Maschinenanlage zu bizarren Fetzen geschnitten werden, dann sagt uns eine Betrachtung nach Gefahrenkreisen, daß diesen Verlust der Konfektionär tragen muß, nicht etwa der Tuchfabrikant, der über §§ 812, 818 II Wertvergütung verlangt. Der gleiche Gedanke läßt Skepsis angebracht erscheinen gegenüber den höchstrichterlichen Entscheidungen, die dem Adressaten einer grundlosen Leistung Haftungsbefreiung gewährt haben, weil sein Empfangsvertreter oder sonstige Angestellte das Erhaltene veruntreut hatten[96]. Nach Risikosphären zu urteilen dürfte es richtig sein, jeder Partei die Gefahr der Unredlichkeit ihrer Leute aufzuerlegen. Anders mag es liegen, wenn der Leistende — wenn auch unbewußt — dem Angestellten besondere Gelegenheit zur Untreue verschafft hat oder wenn er hätte erkennen können, daß der Angestellte sich unredlich verhalten würde. Daraus folgt aber nur, daß die „Sphäre" je nach der Lage des Falles durch andere legitime Zurechnungsgesichtspunkte — hier etwa durch den der kausalen Beteiligung des Kondiktionsgläubigers — verdrängt oder abgeschwächt werden kann.

Bei einer Betrachtung nach Sphären liegt es auch nahe, dem Bereicherten den Verlust oder die Beschädigung des erhaltenen Gegenstandes anzulasten, die er selbst vorsätzlich oder durch Unachtsamkeit verursacht hat. Wenn zur Sphäre des Bereicherten seine Leute und seine sonstige Organisation gehören, dann gewiß auch seine eigene „Verhaltensqualität" im Umgang mit dem, was er zu seinem Vermögen rechnet. Für das eigentliche Haftungsrecht hat Gamillscheg treffend darauf hingewiesen, daß der objektive Fahrlässigkeitsbegriff eigentlich Ausfluß des Sphärengedankens ist: „Wenn jemand die im Verkehr erforderliche, ihm selbst aber aus persönlichen Gründen nicht mögliche Sorgfalt verletzt hat, so haftet er, ohne daß wir ihm einen Vorwurf machen, weil er trotz allem näher daran ist, den Schaden zu tragen, als der Geschädigte, den die persönliche Unfähig-

---

91: Bei Produzentenhaftung Beweislast nach „Organisations- und Gefahrenbereich" auch im Rahmen von § 823 I. Darüber, daß es sich bei dieser Rechtsprechung in der Sache um Zurechnungsentscheidungen handelt, siehe Prölss 65—82 (besonders 72 ff.) und Diederichsen, VersR 1966, 215 ff., 221, beide mit zahlreichen Nachweisen.

[95] So andeutungsweise auch schon Wilburg, Bereicherung 147: dem Verhalten der Parteien sei alles gleichzustellen, was sich in ihrer Einflußsphäre ereigne.

[96] Siehe oben S. 14, 38 N. 6, 44.

keit des anderen nichts angeht ..."[97]. Hinsichtlich der Bereicherungshaftung bedeutet das: Der Bereicherte muß für die Fehler einstehen, die ihm selbst im Umgang mit dem Erhaltenen unterlaufen. Wenn also der Bereicherte — der ja an die Rechtsgültigkeit des Erwerbs glaubt — den gekauften Schirm in der Straßenbahn vergißt oder das rechtsgrundlos gelieferte Auto im Alkoholrausch gegen einen Baum fährt, besteht nach Sphären betrachtet kein Grund, den Schaden aus solchem Verstoß gegen die eigenen Belange einem anderen, d. h. dem Kondiktionsgläubiger, aufzubürden: der Bereicherte bleibt verhaftet auf Wertersatz (§ 818 II).

Dieses Ergebnis ist vor allem angebracht, wenn der betroffene Gegenstand auf Grund unwirksamen *entgeltlichen* Vertrages an ihn gelangt war[98]. Besonders treffend erscheint der jüngst von DIESSELHORST gegebene Hinweis, daß der gute Glaube des Bereicherten an die Rechtsbeständigkeit des Erwerbs in diesen Fällen ja auch die Vorstellung einschließt, der Vertrag sei wirksam und mithin auch das vertragliche Entgelt zu erbringen[99]. Wenn der Bereicherte also mit dem Erhaltenen unachtsam umgeht, tut er dies auch nach seiner Vorstellung auf eigene Kosten und Gefahr. Sein guter Glaube würde daher „überprivilegiert", wenn § 818 III ihm dieses Risiko abnähme.

Aber auch, wenn der Erwerb nicht auf einem Austauschvertrag beruht, kann es richtig sein, den Bereicherten für den eigenen Umgang mit dem erhaltenen Gegenstand einstehen zu lassen[100]. So etwa, wenn der Hauptgewinn eines Preisausschreibens, ein Volkswagen, irrtümlich dem Falschen zugesprochen wird. Verkauft dieser darauf seinen alten Wagen und verursacht dann infolge einer Vorfahrtverletzung einen Totalschaden an dem neuen, so wird man auch hier sein Fahrverhalten seiner eigenen Sphäre zurechnen können, denn dieser Sorgfaltsverstoß hätte ihm ebensogut und zur gleichen Zeit mit dem alten Wagen unterlaufen können. Ohne zusätzliche Umstände besteht kein Anlaß, dieses allgemeine Schadensrisiko des Autofahrers abzuwälzen auf den Veranstalter des Preisausschreibens, der nach Aufdeckung des Irrtums kondizieren will.

Anders mag es liegen, wenn der unentgeltliche Erwerb dazu führt, daß der Erwerber Risiken eingeht, die aus seinem bisherigen Lebenszuschnitt

---

[97] GAMILLSCHEG 34; siehe auch HEINRICH LANGE, AcP 156 (1957) 116 N. 15: die Verschuldenshaftung nach objektivem Sorgfaltsmaßstab ist „Erfolgshaftung des Unterdurchschnittlichen".

[98] So zutreffend FLUME, Festschrift Niedermeyer 157 ff., 167 ff.; A. BLOMEYER, AcP 154 (1955) 544.

[99] DIESSELHORST 48 f., 58 ff.; siehe auch oben S. 35.

[100] Anders offenbar DIESSELHORST 48.

herausfallen; so wenn jemand, der sich eigentlich nur einen Volkswagen leisten kann, auf Grund eines später wirksam angefochtenen Testaments von einem reichen Verwandten einen großen Mercedes vermacht bekommt, den er eigentlich zu Geld machen will, aber vorher noch zu einer Spazierfahrt benutzt, die dann mit einem selbstverschuldeten Totalschaden endet. Auch hier verwirklicht sich das allgemeine Fehlverhaltensrisiko des Autofahrers, doch konkurriert dieser Gesichtspunkt mit der Erwägung, daß der Betroffene diesem Risiko einen Sachwert in solcher Höhe wohl nur ausgesetzt hat, weil er an die Rechtsbeständigkeit und Unentgeltlichkeit des Erwerbs glaubte. In einem solchen Fall wird des weiteren zu berücksichtigen sein, wer für den Erwerb und dessen Anfechtbarkeit verantwortlich ist. Wenn dann nach diesen Gesichtspunkten im Ergebnis der kondizierende Erbe den Verlust zugewiesen bekommt, bedeutet das nicht, daß nicht bei der vorherigen Abwägung der Gesichtspunkt der Sphärenzugehörigkeit des Schadensereignisses einen legitimen Platz gehabt hätte.

III. Nutzen und Gefahr

Zurechnung nach Sphären erscheint ferner besonders legitim dort, wo sie gestützt wird durch den Gedanken der Zusammengehörigkeit von Nutzen und Gefahr: Wem die Vorteile einer Sache oder Unternehmung zufließen, der soll auch die damit verbundenen Nachteile übernehmen[101]. Dieser Gedanke steht im allgemeinen Haftungsrecht als eines der maßgeblichen Motive hinter den Tatbeständen der Gefährdungshaftung[102] und der Gehilfenhaftung[103]. Den Haftungserleichterungen, welche Rechtsprechung und Lehre dem Arbeitnehmer bei schadensgeneigter Arbeit zubilligen, liegt ebenfalls die Vorstellung zugrunde, daß typische — auf lange Sicht geradezu unvermeidliche — Fehlleistungen des Arbeitnehmers zu den Betriebsunkosten gehören, die der Betriebsinhaber zu tragen hat[104].

---

[101] Zur allgemeinen Bedeutung dieses Gedankens im Schadensrecht siehe REINHARDT, 41. DJT I (1955) 276 ff.; MARTON, AcP 162 (1963) 48 ff. mit Nachweisen über ältere Autoren.

[102] Vgl. ESSER, Grundlagen der Gefährdungshaftung 94 ff., 97 ff.; REINHARDT aaO 279; LARENZ, Schuldrecht II § 71 I und VersR 1963, 596 ff.; VON CAEMMERER, Festschrift Juristentag 63; STOLL, Handeln auf eigene Gefahr 346 f.

[103] Vgl. REINHARDT aaO 282; VON CAEMMERER aaO 117 ff.; LARENZ, Schuldrecht I § 19 VIII und JuS 1965, 375.

[104] Vgl. GAMILLSCHEG, Haftung des Arbeitnehmers 34 ff.; LARENZ, Schuldrecht II § 48 II d (S. 212 f.).

1. Schäden und Verwendungen. — Zu den Kosten, für die der „Unternehmer" selbst aufkommen muß, gehören die Schäden, die mit der Unternehmung typischerweise verbunden sind. Im Rahmen von § 818 III wird der Gedanke einer Verbindung von Vorteil und Gefahr daher zunächst für eine sachgerechte Zurechnung der Schäden, die das Erhaltene im Vermögen des Bereicherten anrichtet oder die das Erhaltene selbst treffen, herangezogen werden können.

Für die Verfasser des BGB war es — und für die traditionelle Lehre ist es noch — selbstverständlich, daß Schäden, die der Bereicherungsgegenstand im Vermögen des Empfängers verursacht, nach § 818 III die Haftung ausschließen oder mindern[105]. Für die Gegner der traditionellen Auffassung ist gerade dieser Fall ein Paradebeispiel für die von ihnen kritisierte übertriebene Schonung des Bereicherten[106]. Betrachtet man die Dinge unter dem Gesichtspunkt von Nutzen und Gefahr, so wird zu differenzieren sein danach, ob die Schadensursache in dem bloßen Zustand oder erst in dem Gebrauch des Bereicherungsgegenstandes zu sehen ist.

Zustandsschäden liegen etwa vor, wenn unerkannt krankes Vieh den übrigen Viehbestand des Käufers ansteckt oder wenn das gelieferte Vieh zwar selbst gesund, aber Träger von Krankheitskeimen ist, die andere Tiere des Käufers erkranken lassen[107]; wenn ein fehlerhaft konstruierter Elektronenrechner bei dem Erwerber lange Zeit unbemerkt Verlustkalkulationen liefert; wenn in einer mangelhaft gelieferten Kühlanlage Fleisch verdirbt; wenn das Verpackungsmaterial einer Pelzlieferung vermottet ist, wodurch das übrige Pelzlager des Käufers in Mitleidenschaft gezogen wird[108]. Solche Schäden müssen dem angelastet werden, der nach einem der relevanten Zurechnungsgesichtspunkte für den schadenstiftenden Zustand und seine Weiterwirkung einstehen muß. Das könnte nach Ursächlichkeits- und Verschuldensgesichtspunkten der Hersteller sein, wenn er kondizieren will, nach einer Gefahrenkreisbetrachtung auch ein Zwischenhändler, wenn er dem Empfänger nach §§ 459 ff. auch ohne Verschulden für Sachmängel haftet; aber auch der Kondiktionsschuldner selbst, wenn er den schadenstiftenden Gegenstand durch Eingriffserwerb in sein Vermögen gebracht hatte.

Anders liegt es bei den Gebrauchsschäden: wenn der schadenstiftende Zustand des erlangten Gegenstandes erst während des Gebrauchs eintritt

---

105 Siehe oben S. 8, 19 f.

106 Siehe oben S. 29, 31.

107 Beispiel nach BGH JZ 1966, 29.

108 Beispiel nach ERMAN(-WEITNAUER) vor § 459 Anm. III 6.

— das gelieferte Vieh wird im Besitz des Käufers von einer ansteckenden Krankheit ergriffen, im Elektronenrechner fällt ein Bauelement durch natürliche Abnutzung aus — oder wenn der Schaden gar direkt beim Gebrauch entsteht, z. B. wenn der Fuhrunternehmer beim Einsatz des irrtümlich gelieferten Lastkraftwagens einen anderen seiner Wagen anfährt oder sich Haftpflichtansprüche Dritter zuzieht. Hier handelt es sich um typische Schäden aus der Nutzung des Erhaltenen, die der Kondiktionsgläubiger nach dem Gesichtspunkt der Verbindung von Nutzen und Gefahr wohl tragen muß, wenn er nach § 818 I ein Nutzungsentgelt verlangt, nicht aber, wenn er lediglich Rückgabe oder Substanzvergütung beansprucht, die Nutzungen dagegen dem Kondiktionsschuldner belassen will. Es wäre nicht einzusehen, daß der Kondiktionsschuldner die Gebrauchsvorteile behalten, die Gebrauchsrisiken aber auf den Gläubiger abschieben darf[109].

Mit einer Betrachtung nach Nutzen und Gefahr ist schließlich auch dem berüchtigten „indebite geleisteten Hund" beizukommen, der bei dem Empfänger einen Teppich zerbeißt. Nach RABEL müßte er „aus dieser Lehre [d. h. der vom Wegfall der Bereicherung] gründlich hinausbefördert werden"[110]. In Wahrheit verdient er wohl etwas differenzierendere Behandlung. Hat der Kondiktionsschuldner das Tier so erlangt, daß er es „nicht nur ganz vorübergehend im eigenen Interesse in seinem Hausstand oder Wirtschaftsbetrieb hat und verwendet" — etwa auf Grund nichtigen Mietvertrags —, dann haftet er nicht nur Dritten als Halter im Sinne von § 833[111], sondern sollte auch die in seinem eigenen Vermögen angerichteten Schäden nicht auf einen anderen — hier den Kondizierenden — überwälzen dürfen. Hält er das Tier nicht im eigenen Interesse — wenn er es etwa nur zur Verwahrung übernommen hatte —, dann erscheint es gerecht, daß dem Kondizierenden, der dann in der Regel der Halter sein wird, die Folgen der Tiergefahr aufgebürdet werden.

Nach denselben Gesichtspunkten sollten Schäden behandelt werden, die bei dem Bereicherten an dem Bereicherungsgegenstand eintreten. Ob der Fuhrunternehmer auf einer Fahrt mit dem irrtümlich gelieferten Lastkraftwagen bei einem Unfall diesen oder einen seiner anderen Wagen beschädigt, sollte keinen Unterschied machen. Entscheidend ist vielmehr,

---

[109] Gegen eine Anrechnung typischer Schäden, die mit dem Gebrauch verbunden sind, auch TRIMARCHI 152 f.

[110] RABEL, RabelsZ 10 (1936) 427; ebenso FLUME, Festschrift Niedermeyer 155.

[111] Vgl. RGRK (KREFT) § 833 Anm. 6; ENNECCERUS/LEHMANN § 253 IV 3 a und b.

welchem Gefahrenkreis das Schadens*ereignis* — hier der Unfall — zugerechnet werden muß.

Nutznießung und Nachteilszurechnung zu verbinden, ist schließlich auch da legitim, wo es um die Anrechnung von Verwendungen und sonstigen Ausgaben für den erlangten Gegenstand geht. Dieser Gedanke trägt z. B. die §§ 994 I und 995, die dem gutgläubigen Besitzer zwar Ersatz der notwendigen Verwendungen versprechen, jedoch nicht der gewöhnlichen Erhaltungskosten für die Zeit, für welche ihm die Nutzungen verbleiben. Ähnlich § 996: Wertsteigernde, aber nicht notwendige Verwendungen sind erstattungsfähig nur, wenn die Werterhöhung zur Zeit der Rückgabe der Sache noch fortdauert, d. h. mit anderen Worten, wenn sie nicht nur dem Besitzer für seine Nutzung der Sache zugute gekommen ist. Solche Aufteilung der Verwendungen danach, ob sie dem Stammwert oder der Nutznießung zugute kommen, kann ohne weiteres auch im Rahmen von § 818 III verwirklicht werden[112].

2. *Wirtschaftliche Dispositionen.* — Der Gedanke der Zusammengehörigkeit von Nutzen und Gefahr ist als Zurechnungselement besonders angebracht dort, wo aus wirtschaftlichen Dispositionen des Bereicherten Nachteile erwachsen sind. Die deutsche Praxis verwehrt dem Bereicherungsgläubiger — abgesehen von den Fällen des § 816 I und von der Herausgabe der Nutzungen — den Zugriff auf die Vorteile, die der Bereicherte durch wirtschaftlichen, insbesondere rechtsgeschäftlichen Einsatz der Bereicherungssache gezogen hat, soweit sie den objektiven Wert der Sache übersteigen[113]. Sie bürdet ihm aber mit Hilfe des Bereicherungsdogmas die Mißerfolge auf, die der Bereicherte aus eigenen wirtschaftlichen Dispositionen im Zusammenhang mit dem Erwerb erlitten hat. Der Bereicherungsgläubiger hat den Schaden, wenn der gelieferte Dünger bei dem Empfänger keinen Ertrag bringt[114]; wenn der Käufer des Grundstücks sich beim Weiterverkauf oder der Verkäufer des Grundstücks sich bei der Wiederanlage des Kaufpreises übervorteilen läßt[115]; wenn der Empfänger einer rechtsgrundlosen Zahlung das Geld einem Dritten als Darlehen

[112] So schon F. Schulz, AcP 105 (1909) 388; Oertmann § 818 Anm. 3 a; ebenso für das italienische Recht Trimarchi 155. Dagegen aber Staudinger(-Seufert) § 818 Anm. 36.

[113] Larenz, Schuldrecht II § 64 I (S. 392); Staudinger(-Seufert) § 818 Anm. 14 und 23; Soergel/Siebert(-Mühl) § 818 Anm. 11; Erman(-Seiler) § 818 Anm. 5 b. Anderer Ansicht aber neuestens Esser, Schuldrecht II § 105 I 1b (gegen die Vorauflage, § 198. 3 und 5).

[114] RG SeuffA 60 Nr. 168.

[115] RGZ 75, 361; RG JW 1931, 529 = HRR 1931 Nr. 407.

weitergibt, von dem er es nicht wieder hereinholen kann[116]; wenn der Empfänger einer Partie Ziegelsteine diese infolge veränderter Marktlage nur mit Verlust verkaufen kann oder an einen zahlungsunfähigen Kunden liefert[117]; wenn der Verkäufer eine größere Vorauszahlung in den eigenen Betrieb investiert, der später durch Enteignung und Demontage verlorengeht[118].

Der natürlichen Anschauung entspricht es eher, daß grundsätzlich jeder die normalen Erfolgsrisiken eigenen Wirtschaftens trage; denn — so schrieb RABEL einmal — „wie der Bereicherte den Gegenstand zu seinem Vermögen in Beziehung setzt, ist ... ausschließlich seine eigene Angelegenheit"[119]. Es steckt deshalb ein gesunder Kern in der in manchen Ländern noch lebenskräftigen Lehre, daß Geld stets zum gleichen Betrag zurückzuzahlen sei und daß die Kondiktion auch in anderen Fällen auf den Geldbetrag fixiert bleibt, wenn der Empfänger die erhaltene Sache einmal nützlich für sich verwendet hat[120] — auch wenn wir die Lehre schon im Ansatz für zu starr halten mögen. Geld ist so universell verwendbar, daß es hier besonders naheliegt, Dispositionen des Empfängers dessen eigener Vermögenssphäre zuzurechnen. Und hat der Empfänger einmal über das Erhaltene für seine wirtschaftlichen Zwecke nützlich verfügt, so hat er es damit in seinen Vermögenskreis so eingegliedert, daß es prima facie gerechtfertigt erscheint, ihn auch für die weitere Entwicklung in seinem Vermögen einstehen zu lassen. Im deutschen Recht kommt vor allem FLUME das Verdienst zu, darauf aufmerksam gemacht zu haben, daß der Bereicherte die Mißerfolge aus wirtschaftlichen Entscheidungen innerhalb des eigenen Vermögenskreises nicht ohne weiteres auf den Kondiktionsgläubiger abschieben darf[121].

Die eigene Vermögensentscheidung kann mit FLUME schon darin gesehen werden, daß der Bereicherte durch das Versprechen einer Gegenleistung sein bisheriges Vermögen für die Leistung wirtschaftlich eingesetzt und damit die Bereitschaft zur Übernahme eines Risikos demonstriert hat[122]. Wenn ihm diese Entscheidung überhaupt zugerechnet werden kann — das dürfte etwa bei Willensmängeln oder Minderjährigkeit auf seiner Seite oder im Falle von „Knebelungsverträgen" nicht möglich sein —,

[116] Vgl. RG WarnR 1912 Nr. 360 = JW 1912, 788; BGHZ 26, 185 (194 ff.).
[117] RG JW 1915, 711.
[118] BGH LM Nr. 7 zu § 818 Abs. 3 BGB = MDR 1957, 598 mit Anm. POHLE.
[119] RABEL, RabelsZ 10 (1936) 427.
[120] Siehe oben S. 46 f., 50 f., 56.
[121] FLUME, Festschrift Niedermeyer 151 ff.
[122] FLUME aaO 165 ff.

dann spricht dies in der Tat dafür, das weitere Schicksal der erhaltenen Leistung als sein Risiko zu betrachten[123].

Vermögensentscheidungen „im eigenen Interesse und in eigener Sache"[124] trifft der Bereicherte aber vor allem dann, wenn er das Erworbene — oder auf der Grundlage des Erwerbs sein sonstiges Vermögen — für seine Zwecke wirtschaftlich einsetzt. Den oben (S. 128 f.) genannten Fällen lassen sich unschwer weitere als Beispiele hinzufügen: In einer Gärtnerei werden Jungstauden, die irrtümlich dort abgeliefert worden sind, eingepflanzt und fallen später einer unvermuteten Kältewelle zum Opfer; der ohne Vertretungsmacht verkaufte Volkswagen wird auf einer Geschäftsreise des Käufers total beschädigt; ein Möbelhändler benutzt Geld aus einem nichtigen Legat zur Erweiterung seines Lagers, das später bei einer Wirtschaftsrezession nur mit Verlust abgesetzt werden kann; der Textilfabrikant verarbeitet irrtümlich gelieferte Tuche zu Kleidern, deren Schnitt sich als hoffnungslos unmodern erweist, oder nimmt die Tuche zunächst für künftige Verwendung auf sein Lager, das später mit allen Vorräten abbrennt; der Empfänger einer irrtümlichen Zahlung gibt das Geld weiter auf eine vermeintliche Schuld gegenüber einem Dritten, von dem er es nicht mehr zurückholen kann. In allen diesen Fällen hat der Empfänger das Erlangte in seinen Gefahrenkreis gezogen, indem er es für seine Zwecke verwendet und damit den Gefahren unterworfen hat, die mit der getroffenen Vermögensentscheidung typischerweise verbunden sind: die Risiken der Wetterunbeständigkeit und des Straßenverkehrs, das Risiko einer Verkennung der zukünftigen Wirtschaftsentwicklung und der gegenwärtigen Marktchancen, das mit vorausschauender Vorratshaltung verbundene Bestandsrisiko, das Risiko der mangelnden Übersicht über die eigenen Verbindlichkeiten. Diese Risiken dürfen nicht ohne weiteres dem Bereicherungsgläubiger zugeschoben werden, sobald sie sich tatsächlich verwirklicht haben und der Erwerb sich als rechtsgrundlos erweist.

Es kommt für die Zurechnung zur Vermögenssphäre des Bereicherten nicht darauf an, ob der Bereicherte etwas im Hinblick auf eine von ihm zu erbringende Gegenleistung erlangt hat[125]. Ob etwa der Möbelhändler Geld, das er für die Erweiterung seines Lagers benötigte, auf Grund nichtigen Legats oder aus einem Verkauf an einen unerkannt Geisteskranken erlangt hat: mit den normalen Marktrisiken eines Möbelhändlers haben

[123] In dieser Richtung auch WILBURG, AcP 163 (1963/64) 358 f., 365, und DIESSELHORST 48 f., 58.

[124] FLUME aaO 152.

[125] So aber wohl FLUME aaO 157 ff. und DIESSELHORST 48.

Erbe wie Kunde nichts zu tun. Der Gedanke, daß grundsätzlich jedermann für die Folgen seines „vermögensmäßigen Gebarens“ einstehen muß, verliert an Stärke erst dort, wo der Bereicherte sich durch den Erwerb zu Bedenkenlosigkeit, Verschwendung, außergewöhnlicher Kulanz oder zu besonderer Risikobereitschaft verleiten läßt[126]. Wenn der Möbelhändler etwa eine Summe aus einer Erbschaft benutzt, um — statt sie ins Geschäft zu stecken — einmal eine Börsenspekulation zu riskieren, dann liegt es nahe, Spekulationsverluste als Vertrauensschaden anzusehen, der ihm nicht mehr ohne weiteres nach Sphärengesichtspunkten zugerechnet werden kann.

Daraus folgt freilich nicht, daß in einem solchen Fall Vermögensverluste des Empfängers unter allen Umständen absetzbar sein müßten. Vertrauensschäden müssen nach Veranlassung und Verschulden angelastet werden: den Verlust muß derjenige tragen, der für den Erwerbstatbestand und dessen Rechtsgrundlosigkeit die überwiegende Verantwortung trägt (siehe oben S. 112 ff.). Solche Überlegungen würden im Fall eines nichtigen Vermächtnisses auf den Erben deuten, falls der Erblasser das Vermächtnis im stillen Kämmerlein ohne Wissen des Begünstigten ausgesetzt hatte; sie würden eher auf den Begünstigten deuten, falls er den Erblasser zur Aussetzung des Vermächtnisses gedrängt hatte und dabei vielleicht gar noch anwaltlich beraten war. Aber wie immer auch dieses Zurechnungsurteil ausfällt: Daß der Gedanke der Verantwortung für die eigene Vermögensentscheidung hier hinter andere Erwägungen zurücktritt, besagt nichts gegen seinen Wert, sondern zeigt nur, daß es nach Lage des Falles geboten sein kann, weitere Gesichtspunkte für die Schadensanlastung heranzuziehen.

IV. Bestandsverlust oder Gewinnentgang

Ein weiterer Gesichtspunkt für die Schadenszurechnung bietet sich in dem Gedanken, die Art des Verlustes zu berücksichtigen, der einerseits den Kondiktionskläger treffen würde, wenn ihm die Kondiktion versagt bliebe, andererseits den Kondiktionsschuldner, wenn sie zugestanden würde. Wenn etwa der Kläger ein Entgelt für die Benutzung seiner Gleis-

[126] Das wird freilich oft so sein, wenn der ungerechtfertigte Erwerb jedenfalls in den Augen des Empfängers unentgeltlich ist und deshalb als angenehme Zusatzeinnahme empfunden wird. Die gesteigerte Risikobereitschaft kann aber auch Folge eines besonders „günstigen“ Geschäftsabschlusses sein. Umgekehrt kann es sein, daß der Bereicherte auch den unentgeltlichen Empfang ganz genau so wie seine sonstigen Einnahmen behandelt.

anlage verlangt, nachdem der Beklagte dafür bereits einem Dritten etwas gezahlt hat, der sich als Berechtigter aufgeführt hatte[127], dann bedeutet die Abweisung der Kondiktion für den Kläger den Entzug eines Gewinns, eine zusprechende Entscheidung für den Beklagten, der ein zweites Mal zahlen soll, den Verlust vorhandener Substanz. Die gleiche Situation mit umgekehrter Wirkung ergibt sich etwa, wenn der Veräußerer eines Handelsgeschäfts wegen eines Vertragsfehlers die Übertragung rückgängig machen will und der Erwerber dem entgegenhält, er habe im Vertrauen auf die Rechtsbeständigkeit des Erwerbs eine andere besonders gewinnträchtige Anlagemöglichkeit nicht genutzt.

In der Regel wird es so liegen, daß der Verlust einer Gewinnchance das Vermögen weniger hart trifft als eine konkrete Bestandseinbuße. Daß überhaupt die Zurechnung nach diesen Schadenskategorien differenziert werden kann, zeigen z. B. die Haftungsregeln des Frachtrechts, die den Beförderer wohl für den Wert des Frachtgutes, nicht aber für den entgangenen Gewinn des Versenders haften lassen[128]. Es erscheint legitim, daß der Richter dieser Erwägung auch in geeigneten Fällen der Bereicherungshaftung Raum gibt, wenn er vor der Situation steht, durch Zusprechen oder Abweisen das eine oder das andere Vermögen belasten zu müssen. Das gilt besonders dann, wenn etwa im obigen Gleisanlagenfall der Eigentümer nicht dartut, daß er in der fraglichen Zeit die Anlage hätte selbst benutzen oder einem anderen vermieten können. Nach jetzt herrschender Lehre steht ihm auch ohne solchen Nutzungsentgang ein angemessenes Entgelt allein auf Grund des „Zuweisungsgehalts" seines Eigentums zu[129]. Um so mehr besteht Veranlassung, zu berücksichtigen, daß die Durchsetzung dieses Anspruchs für den Kläger eine unverhoffte zusätzliche Einnahme, für den Beklagten aber konkrete Bestandseinbuße bedeutet.

Freilich wird dieses Argument nicht so viel Gewicht haben, daß es im konkreten Fall allein oder jedenfalls hauptsächlich die Schadenszurechnung in der einen oder anderen Richtung tragen könnte. Aber im Verein mit anderen gleichgerichteten Gesichtspunkten oder als mögliches Zünglein an der Waage zwischen einander widerstreitenden sonstigen Zurechnungsmomenten sollte es doch eine Rolle spielen.

---

[127] So im Fall RG JW 1932, 1044.

[128] Siehe z. B. §§ 430 und 658 ff. HGB, § 85 I EVO; Näheres bei Helm 142 ff.

[129] Wilburg, Bereicherung 98 ff.; von Caemmerer, Festschrift Rabel 358 f.; Mestmäcker, JZ 1958, 521 (523 ff.); Esser, Schuldrecht II § 104 I 1; Larenz, Schuldrecht II § 62 I b (S. 370 f.) und 62 II a (S. 373 f.); Fikentscher § 99 IV 2 a.

V. Wirtschaftliche und soziale Stellung der Beteiligten

Wenn es bei der Schadensanlastung eine Rolle spielt, ob die Anlastung für den einen oder den anderen Bestandsverlust oder nur Gewinnentgang bedeutet, liegt dem der allgemeinere Gedanke zugrunde, daß die Entscheidung davon abhängig gemacht werden kann, welche der Parteien nach ihren wirtschaftlichen und sozialen Verhältnissen die Schadensanlastung besser tragen kann. Die Entwicklung im eigentlichen Haftungsrecht zeigt, daß die Berücksichtigung der Belastungsfähigkeit der Beteiligten für die Schadensverteilung mehr und mehr Bedeutung gewinnt[130]. Wir finden diesen Gedanken bereits im schweizerischen Obligationenrecht, das in Art. 44 II eine Ermäßigung der Ersatzpflicht vorsieht, wenn voller Schadensersatz aus einem nur leicht fahrlässigen Delikt den Verpflichteten in eine Notlage versetzen würde. Wir finden ihn jetzt auch in dem deutschen Referentenentwurf zur Reform des Schadensersatzrechts, der teils in Anlehnung an die Notlageklausel des schweizerischen Rechts, teils in erweitertem Billigkeitsrahmen eine Reduktion der Ersatzpflicht mit Rücksicht auf die Vermögensverhältnisse des Ersatzpflichtigen zulassen will[131]. Hier handelt es sich freilich noch um exzeptionelle Behelfe, die im wesentlichen nur dann eingreifen sollen, wenn zwischen der Bedeutung der Schadensursache und der Größe des Schadens ein unerträgliches Mißverhältnis besteht.

Allgemeinere Bedeutung hat der Gesichtspunkt der Belastungsfähigkeit gewonnen, wo eine Partei in der Lage ist, einen Schaden, der ihr auferlegt wird, in kleineren Portionen auf einen größeren Kreis von Betroffenen weiterzuverteilen. Lange Zeit offiziell ignoriert, ist heute etwa die Tatsache, daß für den Schaden bei einem der Beteiligten Versicherungsschutz besteht oder bestellt werden kann, ein offen eingesetztes Zurechnungsargument richterlicher wie auch legislativer Haftungsentscheidungen geworden[132].

---

[130] Im deutschen Rechtskreis hat in jüngerer Zeit vor allem WILBURG auf diesen Gesichtspunkt aufmerksam gemacht: Schadensrecht 23, 29; AcP 163 (1963/64) 347; über ältere Schriftsteller siehe MARTON, Fondements Nrn. 67 f. und AcP 162 (1963) 20 f.; ferner GAMILLSCHEG, Haftung des Arbeitnehmers 44.

[131] Referentenentwurf eines Gesetzes zur Änderung und Ergänzung schadensersatzrechtlicher Vorschriften (1967) § 255a BGB. Der Entwurf folgt hierbei einer Empfehlung des 43. Deutschen Juristentages: 43. DJT II (1960) C 121; siehe dazu das Gutachten von HERMANN LANGE, 43. DJT I 1 (1960), und die Referate von HAUSS und WILBURG, 43. DJT II (1962) C 3 ff. und 23 ff.

[132] Vgl. die Bemerkungen zur Gefährdungshaftung in der Begründung zum Referentenentwurf (vorige Note) 3; hinsichtlich der Rechtsprechung siehe z. B. die Hinweise

Gleiche Erwägungen finden sich dort, wo es um Unternehmenshaftung geht. Wo immer eine Erweiterung der Unternehmenshaftung in der Richtung strikter Haftung ohne Verschulden befürwortet wird, liegt dem mindestens auch der Gedanke zugrunde, daß gewisse Unternehmen Schäden eher tragen können, weil sie diese selbst oder die dafür aufgewendeten Versicherungsprämien in ihre Kostenkalkulation einstellen und damit auf den größeren Kundenkreis verteilen können. Wir finden diesen Gedanken hinter den gesetzlichen Tatbeständen der Gefährdungshaftung[133], aber auch hinter oder sogar offen in richterlichen Entscheidungen: die gewaltige Ausdehnung der Produzentenhaftung, die in den Vereinigten Staaten während des letzten Jahrzehnts allein durch die Gerichte zustande gebracht worden ist, wird u. a. offen begründet mit der im Vergleich zum privaten Verbraucher größeren Kapazität des Warenherstellers, Verlustzuweisungen zu absorbieren[134].

Dieser Gedanke kann — wie schon WILBURG vorgeschlagen hat[135] — auch für die Schadensproblematik des Bereicherungswegfalls fruchtbar gemacht werden. Wenn etwa die Rechtsprechung bei Gehaltsrückforderungen des Staates oder sonstiger großer Unternehmen den Gehaltsempfänger besonders sorgsam vor einem Rückforderungsschaden schützt, so läßt sich dies auch damit rechtfertigen, daß ein großes Unternehmen den Verlust einzelner Gehaltsüberzahlungen unvergleichlich besser auffangen kann als der Gehaltsempfänger den Entzug finanzieller Mittel für seine normale Lebensführung. In der Lehre vom faktischen Arbeitsverhältnis, die umgekehrt dem Arbeitgeber bei unwirksamem Arbeitsvertrag den Einwand des Bereicherungswegfalls verwehrt, dürfte die gleiche soziale Erwägung mitschwingen[136]. Auch sonst mag es im Rahmen des § 818 III Fälle geben, in denen die unterschiedliche Fähigkeit zur Schadensabsorp-

---

bei EIKE VON HIPPEL, Festschrift Fritz von Hippel 233 ff. und VersR 1968, 231 f.; ROTHER 91 N. 2.

[133] Vgl. z. B. die Begründung zum Referentenentwurf, vorige Note.

[134] So z. B. in *Escola* v. *Coca Cola Bottling Co.*, 150 P. 2d 436 (461) (Cal. 1944); *Henningsen* v. *Bloomfield Motors, Inc.*, 161 A. 2d 69 (81) (N. J. 1960); *Lartigue* v. *R. J. Reynolds Tobacco Co.*, 317 F. 2d 19 (36) (5th Cir. 1963); *Seely* v. *White Motor Co.*, 403 P. 2d 145 (151) (Cal. 1965). — Im amerikanischen Schrifttum steht der Gedanke des „loss spreading" und der „risk bearing capacity" bei den Erwägungen zur Unternehmenshaftung seit langem ganz im Vordergrund; vgl. PROSSER, Torts 508, 673, und HARPER/JAMES, Torts 794 f. mit Nachweisen; CALABRESI, Yale L. J. 70 (1961) 500 ff.; KESSLER, Yale L. J. 76 (1967) 927 f.

[135] Siehe oben N. 140 mit Text auf S. 30.

[136] Zum sozialen Gehalt der Lehre vom faktischen Arbeitsverhältnis im Vergleich mit den Bereicherungsvorschriften siehe z. B. SIMITIS 394 ff.; CANARIS, BB 1967, 167.

tion bei der Zurechnung berücksichtigt werden kann. Freilich wird auch hier dieses Argument die Schadenszurechnung in der Regel nicht allein, sondern nur im Verein mit anderen Gesichtspunkten stützen können.

VI. Zweck der kondiktionsbegründenden Norm

Einen Zurechnungsgesichtspunkt, der bisher wohl für das Bereicherungsrecht noch nirgends bewußt und systematisch eingesetzt worden ist, liefert schließlich eine vergleichende Betrachtung der Minderjährigenhaftung. Der Überblick über einige ausländische Rechte hat gezeigt, daß selbst dort, wo das Bereicherungsrecht den Verpflichteten generell weniger begünstigt als die deutsche Praxis, die rechtspolitischen Argumente, die den Minderjährigenschutz tragen, so weit durchschlagen, daß Minderjährige gar nicht oder doch nur sehr beschränkt mit Rückforderungsschäden aus vorangegangenen Geschäften belastet werden. Mit anderen Worten: Die Norm, welche die Unwirksamkeit des von einem Minderjährigen abgeschlossenen Vertrages anordnet und damit die Rückabwicklung auslöst, kann mit Gewinn auch darüber befragt werden, wen Nachteile aus einem Verlust des erlangten Vorteils treffen sollen.

Daß der „Normzweck" anstelle oder mindestens neben der herkömmlichen Adäquanzbetrachtung die Schadenszurechnung beeinflusse, wird nach den Forschungen RABELS[137] und dem darauffolgenden Anstoß durch VON CAEMMERER[138] mehr und mehr Gemeingut auch der deutschen schadensrechtlichen Doktrin und Praxis[139]. Das Bespiel der Minderjährigenhaftung weist uns darauf hin, daß die Zurechnungsprobleme innerhalb des Bereicherungsrechts ebenfalls aus dieser Richtung angegangen werden können, d. h. daß auch die Reichweite der Bereicherungshaftung in geeigneten Fällen nach Sinn und Tragweite der kondiktionsbegründenden Norm bestimmt werden kann[140].

---

[137] RABEL, Warenkauf I 473 ff., 495 ff.

[138] VON CAEMMERER, Kausalzusammenhang (1956).

[139] Vgl. etwa BGHZ 27, 137; 29, 65 (69, 75); 30, 154 (156 ff.); 44, 372 (376 f.); A. BLOMEYER, Schuldrecht § 32 III 3; ENNECCERUS/NIPPERDEY § 208 II 3; ESSER, Schuldrecht I §§ 44, 45; FIKENTSCHER § 49 III 3.

[140] Ansätze dazu finden sich schon bei LESER 32, 93 f., 135 ff., 173 f., freilich nur für die Behandlung der Gegenleistung. Auf die Lehre vom Normzweck hatte im übrigen schon WILBURG hingewiesen, doch ging es ihm dabei nicht um den Sinn der kondiktionsbegründenden Norm, sondern um den „Zusammenhang mit dem Grunde, der die Anrechnung der Nachteile rechtfertigt", d. h. — nach WILBURG — um die Reichweite des Vertrauensgrundsatzes (Bereicherung 153): aus ihm soll sich ergeben, daß überhaupt nur echte Vertrauensschäden auf den Kondiktionsgläubiger abgewälzt werden dürfen (siehe auch oben S. 28 ff.).

Freilich wäre es müßig, dafür den Normzweck von § 812 herausarbeiten zu wollen. Nach dem System unseres Bereicherungsrechts sind die §§ 812 ff. im wesentlichen nur „Ausführungsregeln" für verschiedene, an anderen Stellen des Gesetzes getroffene Entscheidungen[141]. Nach vertraglichen Leistungen sind sie Rückabwicklungsannex zu den an anderem Orte geregelten Gründen der Unwirksamkeit des Vertrages; nach Inanspruchnahme fremder Rechtsgüter realisieren sie den Zuweisungsgehalt des inhaltlich an anderer Stelle geregelten subjektiven Rechts. Auf diese Stellen muß also zurückgegriffen werden.

In manchen Fällen ist die aus der Rückabwicklung erwachsende Schadensproblematik bei den Gründen der Rückabwicklung sogleich ausdrücklich mitgeregelt, nämlich bei der Irrtumsanfechtung (§ 122) und bei der anfänglichen Unmöglichkeit und der Gesetzwidrigkeit (§§ 307, 309) unter den dort genannten subjektiven Voraussetzungen. Diese Vorschriften übernehmen für Vertrauensschäden die Funktion, die bei anderen, weniger sorgsam geregelten Fällen § 818 III ausübt[142]. Soweit eine ausdrückliche Regelung aber fehlt, muß untersucht werden, ob sich direkt aus Sinn und Tragweite der kondiktionsauslösenden Norm Erkenntnisse für die Anlastung des Rückforderungsschadens gewinnen lassen.

1. Rückabwicklung von Verträgen. — Der am meisten hervorstechende Anwendungsfall für eine Ausrichtung der Schadenszurechnung am Schutzzweck der kondiktionsauslösenden Norm ist — wie bereits erwähnt — das Minderjährigenrecht[143]. Wenn die bisherige Interpretation des § 818 III, die den Bereicherten vor jeglichem Schaden bewahren will, überhaupt eine sachliche Berechtigung hat, dann in dem Fall, daß der Minderjährige wegen der Unwirksamkeit des Vertrages auf Rückgewähr oder Vergütung des Erhaltenen in Anspruch genommen wird — vorausgesetzt, daß man den rechtspolitischen Sinn der einschlägigen Rechtssätze überhaupt darin sieht, den Minderjährigen auch vor Schäden aus der Rückabwicklung des Vertrages zu bewahren. Der gleiche Gedanke würde andererseits dafür sprechen, den Wegfall der Bereicherung entgegen der bisherigen Übung[144] gerade nicht zu berücksichtigen, wenn der Minderjährige seine Leistung von dem Vertragsgegner zurückfordert. Hier

---

[141] Siehe dazu von Caemmerer, Festschrift Rabel 343 ff.; Fikentscher § 99 I und II 1 d.

[142] Siehe oben S. 116 f.

[143] — und die sonstigen Fälle der Geschäftsbeschränkungen.

[144] Siehe oben S. 22 N. 103.

ist dem Zweck der kondiktionsauslösenden Norm um so eher Genüge getan, je weniger der Vertragsgegner dem Bereicherungsanspruch erlittene Nachteile entgegenhalten darf.

Ein weiteres Beispiel für die am Normzweck orientierte Zurechnung von Schadensfolgen bietet der Fall, daß der über den Umsatz des erworbenen Handelsgeschäfts getäuschte Käufer nach erfolgreicher Anfechtung von dem Veräußerer auch Ersatz des Schadens verlangt, der ihm durch Veruntreuungen eines der übernommenen Angestellten entstanden ist[145]. VON CAEMMERER zitiert diesen Fall für das deliktische Haftungsrecht: Diesen Schaden, der dem Käufer ohne den angefochtenen Erwerb zweifellos nicht entstanden wäre, brauche der Verkäufer nicht zu ersetzen, weil gegen ihn „die schadensüberwälzende Norm den Käufer nicht schützen wollte"[146]. Dieselbe Erwägung muß auch im Bereicherungsrecht gelten. Der Käufer dürfte den Veruntreuungsschaden auch durch bloße Einwendung über § 818 III nicht von sich abwälzen, wenn nach der Anfechtung der Veräußerer Rückübertragung des Geschäfts verlangt.

Wichtige Aufschlüsse für die Schadenszuteilung können auch aus Formvorschriften gewonnen werden, die zur Nichtigkeit und Rückabwicklung eines Vertrages führen. Wenn etwa nach vollzogenem, aber formungültigem Erbschaftskauf[147] Nachlaßgegenstände bei dem Erwerber ersatzlos verlorengehen, so widerspräche es dem Sinn des § 2371 — Schutz des Veräußerers vor Übereilung —, wenn die Pflicht des Erwerbers zur Rückgewähr nach § 812 um den Wert der verlorengegangenen Gegenstände gekürzt würde; denn dadurch würde der Erbe insoweit an dem Verkauf gerade festgehalten.

Ähnlich liegt es bei den im öffentlichen Recht vielfach vorkommenden Form- oder Genehmigungserfordernissen für verpflichtende Geschäfte der Gemeinden und anderer Körperschaften. Diese sollen vor allem sicherstellen, daß über den Abschluß des Geschäfts nach gehöriger Überlegung und von den zuständigen Organen der betreffenden Körperschaft entschieden wird[148]. Vereinbart nun ein städtischer Beamter ohne die erforderlichen Formalitäten den Ankauf einer größeren Anzahl von Dienstwagen und brennen diese auf dem Betriebshof der Stadt aus, bevor das zuständige

---

[145] RGZ 78, 270 (272).

[146] VON CAEMMERER, 43. DJT II (1962) C 73; Kausalzusammenhang 13 f.

[147] — dessen Formnichtigkeit nach überwiegender Auffassung durch den Vollzug nicht geheilt wird, siehe HEINRICH LANGE, Erbrecht § 47 II 2.

[148] Siehe dazu FORSTHOFF § 24 I c (S. 449); PALANDT(-DANCKELMANN) § 125 Anm. 1 b; HAMEL, DVBl. 1955, 796 ff.; RÖMER, DNotZ 1956, 359 ff.

Gemeindegremium Gelegenheit hatte, sich über das Geschäft schlüssig zu werden, dann widerspräche es dem Sinn der einschlägigen Vorschrift, die Gemeinde auf Wertersatz (§ 818 II) haften zu lassen. Im umgekehrten Fall — ausrangierte Dienstwagen werden ohne Zustimmung des zuständigen Organs an einen Gebrauchtwagenhändler verkauft und brennen bei diesem aus — widerspräche es denselben Vorschriften, den Käufer wegen § 818 III *nicht* haften zu lassen. Die gleichen Erwägungen lassen sich anstellen, wenn auf einen Vertrag Verbotsgesetze einwirken (§ 134), die den Vermögensschutz eines der Beteiligten bezwecken.

Ausrichtung am Zweck der kondiktionsbegründenden Norm ist es der Sache nach schließlich auch, wenn man dem Vertragspartner, der wegen unverschuldeter Unmöglichkeit seiner Leistung nach § 323 III BGB zur Rückgewähr der bereits erhaltenen Gegenleistung verpflichtet ist, nicht erlaubt, den Untergang des von ihm zu Leistenden oder die Kosten, die er zur Erbringung seiner Leistung bereits aufgewendet hatte, als Verlust abzusetzen[149]. Die Rechtsprechung begründet dieses Ergebnis mit der für den Vertrag geltenden Gefahrverteilung. Man könnte es aber auch aus dem kondiktionstragenden Rechtssatz selbst herleiten: Es widerspräche dem Sinn des § 323 III, wenn derselbe Umstand, der nach dieser Vorschrift die Rückgabepflicht auslöst, zur Befreiung von eben dieser Verpflichtung führen könnte.

2. *Bereicherung aus fremdem Gut.* — Auf dem Feld der Eingriffskondiktionen zeigt sich die schadenszuweisende Kraft der kondiktionstragenden Norm etwa in dem Fall, daß jemand fremde Sachen veräußert oder verbraucht hat und nunmehr vom früheren Eigentümer mit der Kondiktion auf Wertersatz in Anspruch genommen wird. Nach herrschender Lehre und Praxis darf der Kondiktionsschuldner nicht den Preis absetzen, den er für den Erwerb einem Dritten gezahlt hat, weil dies ja auch gegenüber der vorher bestehenden Vindikation nicht möglich gewesen wäre[150]. Damit ist nichts anderes gesagt, als daß der Gehalt des Eigentums hier nicht nur bei der Begründung der Kondiktion, sondern auch bei der Verlustzuweisung fortwirkt[151].

---

[149] Siehe oben S. 25.

[150] Siehe oben S. 24 f.

[151] Ebenso, aber mit umgekehrtem Ergebnis, die Begründung in BGHZ 47, 128 (131): Der Verkaufskommissionär, von dem der wirkliche Eigentümer nach § 816 I den Erlös verlangt, darf nach § 818 III einwenden, daß er den Erlös seinem Auftraggeber bereits abgeführt hat. Vor dem Verkauf wäre er zwar der Vindikation ausgesetzt gewesen, hätte aber auch dadurch nicht den ganzen Sachwert, sondern nur seine Verdienstchancen eingebüßt; es gehe nicht an, ihn gegenüber der Kondiktion schärfer haften zu lassen.

3. Normzweck und Kausalität. — Gegen die Entscheidungen des Bundesgerichtshofs, die den Gedanken der Schadenszurechnung nach dem Normzweck in den Bereich des § 823 I getragen haben, ist eingewendet worden, das erzielte Ergebnis hätte schlichter durch exaktere Kausalbetrachtung gewonnen werden können[152]. Derselbe Einwand wird gegen die hier vertretene Anwendung des Normzweckgesichtspunkts zu erwarten sein. Danach wäre etwa in dem oben (S. 137) zitierten Fall der Geschäftsübertragung ein Abzug in Höhe des veruntreuten Geldes schon deshalb abzulehnen, weil die Veruntreuungen auch vorgekommen wären, wenn die Angaben des Verkäufers über den Umsatz richtig gewesen wären. Und in dem Fall des Verkaufs ausrangierter städtischer Dienstwagen (oben S. 138) könnte die Weiterhaftung des Käufers damit erklärt werden, daß er diesen Schaden ja auch erlitten hätte, wenn der Vertrag gültig gewesen wäre.

Der Eindruck wertungsfreier Klarheit und Simplizität, den diese Begründung bietet, trügt jedoch. Ursächlich ist allerdings jeder Umstand, der nicht hinweggedacht werden kann, ohne daß der zur Beurteilung anstehende Sachverhalt verändert würde oder entfiele. Schwierigkeiten entstehen der rein kausalen Betrachtung aber, wenn ein Sachverhalt — wie eigentlich in der Regel — auf einem Komplex mehrerer zusammenwirkender Ursachen beruht, aus dem der in casu erhebliche Umstand herausgeschält werden muß. Schwierigkeiten entstehen auch, wenn zwar der „kritische" Umstand feststeht, nicht jedoch mit genügender Sicherheit der hypothetische Sachverhalt, der sich ergeben hätte, wenn der kritische Umstand nicht eingetreten wäre. Dann bedarf es doch wieder einer Orientierung an Sinn und Tragweite der zur Anwendung stehenden Norm, damit — im einen Fall — aus der Masse der mitbestimmenden Ursachen die eigentlich relevante ausgewählt oder — im anderen Fall — bestimmt werden kann, welcher hypothetische Sachverhalt zugunsten oder zuungunsten der einen oder der anderen Partei in die Kausalbetrachtung einzusetzen ist.

So besteht etwa in dem Fall der Geschäftsübertragung der relevante Sachverhalt darin, daß der Umsatz des Geschäfts niedriger war, als der Erwerber erwartet hatte, und daß der Veräußerer einen höheren Umsatz arglistig vorgespiegelt hatte. Denkt man sich die arglistige Vorspiegelung

---

Ablehnend zu dieser Gleichsetzung M. Wolf, JZ 1968, 415. Für die Berücksichtigung der die Bereicherungstatbestände tragenden Gründe beim Haftungsmaß aber Hermann Lange, JZ 1964, 640 (642, 643 a. E.).

[152] Larenz, Schuldrecht I § 14 III b (S. 160 N. 3).

weg, dann hätte der Erwerber den wirklichen Umsatz gekannt, hätte das Geschäft nicht erworben und hätte deshalb auch den Veruntreuungsschaden nicht erlitten. Denkt man sich aber den Umsatz wie vom Erwerber erwartet, dann hätte er das Geschäft erworben und auch den Schaden erlitten. Welcher dieser möglichen hypothetischen Sachverhalte für die Kausalbetrachtung angenommen werden soll, kann nur danach entschieden werden, welches dieser beiden Merkmale des Täuschungstatbestandes — der ungenügende Umsatz oder die Täuschungshandlung des Veräußerers — nach Sinn und Zweck der Anfechtungsnorm in diesem Lebenszusammenhang der eigentlich stoßende Sachverhalt für den Erwerber ist.

In dem Fall der eingekauften Dienstwagen (S. 137) hätte die Einschaltung der zuständigen Gremien zum Abschluß eines gültigen Vertrages oder zur Ablehnung des Ankaufs führen können. Welche dieser beiden Hypothesen man dem Kausalurteil zugrunde legt, hängt wiederum vom rechtspolitischen Sinn der zur Anwendung stehenden Form- und Zuständigkeitsvorschrift ab. Hier muß die Hypothese „Ablehnung des Ankaufs" zugrunde gelegt werden, weil sonst der Schutzzweck der Zuständigkeitsvorschriften — Kontrolle der Gemeindegeschäfte durch die berufenen Organe — überspielt würde. Im umgekehrten Fall der ausrangierten Behördenwagen hätte die Einschaltung der städtischen Gremien zum Abschluß eines gültigen Kaufvertrags oder zur Ablehnung des Verkaufs führen können. Im Falle eines gültigen Vertrags hätte der Gebrauchtwagenhändler den Schaden ebenfalls erlitten, im Falle der Ablehnung nicht, weil er die Wagen gar nicht erhalten hätte. Hier wird die Hypothese „Ablehnung des Verkaufs" nicht zugunsten des Käufers angenommen werden dürfen, weil der Käufer damit zum Nachteil der Gemeinde eine Norm anrufen würde, die zu ihrem Schutz aufgestellt worden ist.

Es erweist sich also, daß auch eine sezierende Kausalbetrachtung nicht ohne wertendes Urteilen auskommt, ja, daß sie auf eben die Erwägungen zurückgreifen muß, die bei einer am Normzweck orientierten Betrachtungsweise von Anfang an im Vordergrund stehen.

4. Verhältnis zu anderen Zurechnungskriterien. — Wie alle anderen bisher aufgeführten Gesichtspunkte ist freilich auch der Schutzzweck der kondiktionsbegründenden Norm nicht in jeder Situation ein eindeutiger Wegweiser für die richtige Schadenszurechnung.

Zunächst setzt eine am Gesetzeswerk orientierte Zurechnung voraus, daß die rechtspolitische Zielrichtung der kondiktionstragenden Norm einigermaßen eindeutig feststellbar ist. Das ist häufig der Fall bei den zur Vertragsunwirksamkeit führenden Gesetzesvorschriften. So wird bei Geschäften Minderjähriger die Schadenszurechnung im Rahmen des Bereicherungsrechts erleichtert dadurch, daß den einschlägigen Regeln des Vertragsrechts rechtspolitische Erwägungen zugrunde liegen, die eindeutig identifizierbar sind und als besonders gewichtig empfunden werden. Anders liegt es aber in der Regel, wenn die Kondiktion unmittelbar auf die allgemeine Bereicherungsvorschrift (§ 812) gestützt wird, so etwa bei irrtümlicher Begleichung fremder Schuld, bei irrtümlicher Zuvielleistung oder irrtümlicher Leistung an einen falschen Adressaten. Denn der in der Generalklausel des Bereicherungsrechts enthaltenen allgemeinen Gerechtigkeitsvorstellung, daß fehlgeleitete Vermögenswerte demjenigen zugeführt werden sollen, dem sie gebühren[153], läßt sich eine Antwort auf die hier interessierenden Sachprobleme schwerlich entnehmen.

Außerdem kann im Einzelfall die Entscheidung, auch wo die Schutzrichtung der in Frage stehenden Norm klar erkennbar ist, durch weitere Zurechnungselemente in eine andere Richtung gelenkt werden. Hier kommt vor allem in Betracht die Erwägung, daß die Parteien u. U. in unterschiedlichem Maße verantwortlich sind für den Erwerb und seine Folgen und für die eigentlichen kondiktionsauslösenden Umstände. So kann etwa, wenn ein formnichtiger Vertrag nicht ohne Schaden für die eine oder die andere Partei rückgängig zu machen ist, gefragt werden, welche der Parteien das Formerfordernis kannte oder hätte kennen müssen, welche die Nichtbeachtung der Formvorschrift veranlaßt oder durch Nachlässigkeit ermöglicht hat, schließlich, auf wessen Initiative das Geschäft überhaupt abgeschlossen wurde. Nach solchen Kriterien könnte auch geprüft werden, inwieweit die Bedürfnisse des Verkehrs eine Einschränkung des Minderjährigenschutzes erforderlich machen[154].

Gleiche Erwägungen gelten für Fälle der Eingriffskondiktion. So könnte man etwa mit Wilburg statt der deutschen Praxis, die gegenüber der Wertkondiktion des früheren Eigentümers in keinem Fall die Anrechnung des einem Dritten gezahlten Kaufpreises gestattet, ebensogut

[153] In diesem Sinne das Reichsgericht in einer vielzitierten Charakterisierung des allgemeinen Bereicherungsanspruchs, RGZ 120, 299 f. und 351.

[154] Die deutsche Praxis kommt im Effekt zu einer gewissen Einschränkung, indem sie den Wegfall der Bereicherung auch bei dem Geschäftsgegner des Minderjährigen berücksichtigt (siehe oben S. 22 N. 103), doch verhindert die hierbei praktizierte Differenzbetrachtung, daß die eigentlichen Interessen und Gesichtspunkte offen und bewußt gegeneinander abgewogen werden.

eine Lösung wählen, die den Gesichtspunkt der Eigentumsfortwirkung im Einzelfall mit anderen Zurechnungserwägungen in Konkurrenz setzt[155].

Gleichgültig aber, wie der Schaden letztendlich verteilt wird: wichtig ist, daß vor der Entscheidung auch der Zweck der kondiktionsbegründenden Norm als Gesichtspunkt beachtet und gewogen wird.

F. DER NEUINTERPRETIERTE § 818 III IM SYSTEMZUSAMMENHANG

Im voraufgegangenen Abschnitt ist eine Reihe von Zurechnungskriterien hervorgetreten, mit denen § 818 III anstelle der herkömmlichen Differenzbetrachtung ausgefüllt werden sollte. Dabei wurde freilich bisher die Wegfallregel weitgehend isoliert betrachtet — ohne Rücksicht auf andere Vorschriften und Grundsätze, mit denen § 818 III in Berührung steht. Es bleibt daher zu untersuchen, ob die Schadenszurechnung, wenn man sie nach den vorgeführten Erwägungen vornimmt, in den weiteren Systemzusammenhang eingefügt werden kann.

I. Verhältnis zur verschärften Haftung

An erster Stelle steht das Problem, die Haftung nach § 818 III in eine vernünftige Relation zu der verschärften Haftung nach §§ 818 IV, 819, 820 zu bringen. Das Gesetz verlangt eindeutig eine Privilegierung des unverklagten gutgläubigen Bereicherten. Andererseits schützt die hier befürwortete Auslegung des § 818 III den gutgläubigen Bereicherten nicht mehr so bedingungslos wie die bisher herrschende Praxis. Wie weit kann man mit dieser Auslegung gehen, ohne das Privileg des § 818 III zu verwässern?

Der Effekt der Haftungsverschärfung liegt darin, daß wegen der Anwendung der „allgemeinen Vorschriften" — d. h. des § 279 für die Wertkondiktion (§ 818 II) und des § 292 in Verbindung mit §§ 987 ff. für die Stückkondiktion (§ 818 I) — überhaupt nur noch der ersatzlose Wegfall des konkreten Bereicherungsgegenstandes und etwaige Verwendungen auf ihn als haftungsmindernd angerechnet werden können. Alle anderen Einbußen am sonstigen Vermögen, die nach dem Zeitpunkt der Haftungsverschärfung eintreten, kann der Bereicherte nicht mehr auf den Kondik-

[155] Vgl. WILBURG, Bereicherung 158 f., der auch berücksichtigt wissen will, inwieweit der Eigentümer für seinen Besitzverlust selbst verantwortlich war; siehe auch oben S. 29.

tionsgläubiger überwälzen[156]. Die oben entwickelten Gesichtspunkte müßten dazu führen, daß der Kondiktionsschuldner unter Umständen auch im Rahmen der milderen Haftung nach § 818 III Einbußen am sonstigen Vermögen auf sich nehmen muß, die er nach der bisherigen Praxis nur bei verschärfter Haftung hätte tragen müssen. Es wäre jedoch falsch, darin bereits eine unzulässige Einebnung des vom Gesetz gewollten Haftungsunterschieds zu sehen. Denn das Gesetz verlangt ja nicht, daß bestimmte Vermögensnachteile im Falle der schärferen Haftung niemals, bei milderer Haftung aber immer anzurechnen wären. Aus den Materialien ergibt sich, daß die Gesetzesredaktoren durchaus nicht eine so weitgehende Berücksichtigung der Nachteile vorschreiben wollten, wie sie die Bereicherungslehre für richtig gehalten hat. Dem Sinn und Zweck der abgestuften Haftungsregelung ist Genüge getan, wenn die mildere Haftung nach § 818 III im ganzen gesehen merklichen Abstand zur verschärften Haftung einhält. Daß der Bereicherte nach § 818 III in jedem einzelnen Falle anders behandelt werden müßte, als wenn er der verschärften Haftung unterläge, wird nicht gefordert.

Aus dem gleichen Grunde ist es auch kein Widerspruch zur Haftungsabstufung, wenn oben (S. 128 f.) für die Anrechenbarkeit der Verwendungen eine Differenzierung nach dem Vorbild der §§ 994—996 ins Auge gefaßt wird. Denn der Gedanke, die Verwendungen auf Substanz und Nutzungen zu verteilen, kann ja bei § 818 III im Einzelfall durchaus von anderen Gesichtspunkten überspielt werden — etwa von dem, daß der Bereicherte zu den Verwendungen erst von dem Kondiktionsgläubiger veranlaßt worden ist, womit dann in einem solchen Fall womöglich die Anrechnung sämtlicher Verwendungen gerechtfertigt wäre.

Schwierigkeiten bereitet aber auf den ersten Blick der Fall, daß der konkrete Bereicherungsgegenstand ersatzlos untergeht oder aus sonstigem Grund nicht mehr herausgegeben werden kann. Das Vindikationsrecht, auf das § 818 IV über § 292 verweist, verfolgt ja eindeutig die rechtspolitische Tendenz, den gutgläubigen Besitzer, solange er nicht verklagt ist, von einer Haftung für Untergang, Verschlechterung oder sonstige Unmöglichkeit der Herausgabe ganz freizustellen, auch wenn er hierbei vorsätzlich oder fahrlässig gehandelt hat. Er soll mit der Sache schalten und walten dürfen, ohne Ansprüche auf Schadensersatz befürchten zu müssen: „Quasi rem suam neglexit“[157]. Und auch, wenn er zwar verklagt, aber

---

[156] Siehe oben N. 107 auf S. 23.

[157] Vgl. Wolff/Raiser, Sachenrecht § 85 III; Baur, Sachenrecht § 11 A II 3.

mangels Verschuldens noch nicht im Verzuge ist (§ 285), haftet er keinesfalls für zufälligen Untergang. Dieser Haftungsfreistellung widersprechen die Ergebnisse, die nach den oben gewonnenen Gesichtspunkten im Rahmen der milderen Bereicherungshaftung in Betracht kommen. Denn danach soll zuungunsten des Bereicherten u. U. nicht nur seine Kenntnis von der Rechtsgrundlosigkeit des Erwerbs berücksichtigt werden, sondern seine gesamte — wenn vielleicht auch schuldlose — Mitverantwortung für den Bereicherungsvorgang und die Nachteilsentstehung. Ferner wird ins Auge gefaßt, daß der gutgläubige Bereicherte auch den zufälligen Untergang des Erhaltenen zu tragen hat, so etwa, wenn die Schadensursache ausschließlich seiner Sphäre zuzurechnen ist. Man erhält bei diesem Vergleich also das absurde Resultat, daß der Bereicherte unter dem Haftungsprivileg nach § 818 III bisweilen schärfer haftet, als er es innerhalb der verschärften Haftung nach §§ 818 IV, 819, 820 I könnte.

Bei näherem Zusehen erweist sich dieses Ergebnis aber als Trugbild. Es beruht darauf, daß das Haftungssystem der §§ 987 ff. isoliert und so, wie es für die eigentlichen Fälle des Eigentümer-Besitzer-Verhältnisses gedacht ist, der Haftung nach § 818 III gegenübergestellt wird. In Wirklichkeit verweist § 818 IV auf die Vindikationsregeln nur indirekt über die Haftungsregeln bei Rechtshängigkeit. Nach § 292 I soll die Vindikationshaftung aber nur gelten, „soweit nicht aus dem Schuldverhältnis ... sich zugunsten des Gläubigers ein anderes ergibt". Die Vindikationsregeln statuieren also in unserem Zusammenhang nur eine Mindesthaftung[158], die nach dem Sinn des Bereicherungsverhältnisses durchaus noch gesteigert werden kann.

In der Tat erscheint es angemessen, daß die Gesichtspunkte, die im Rahmen von § 818 III eine Schadenszurechnung an den Bereicherten begründen, sich unter Umständen auch in einem Fall verschärfter Haftung gegen den teilweise milderen Haftungsgedanken der Vindikationsregeln durchsetzen. Denn der Geltungsbereich der Vindikationshaftung ist auch dort, wo die tatbestandlichen Voraussetzungen für eine direkte Anwendung der §§ 987 ff. an sich vorliegen, im Schrumpfen begriffen. Seit langem verdrängt man die §§ 989 ff. im Falle des „Fremdbesitzerexzesses"[159]. Darüber hinaus verbreitet sich mehr und mehr die Erkenntnis, daß die Grundgedanken der Vindikationsregeln generell nicht für die Rückabwicklung von Vertragsverhältnissen passen. Hinsichtlich der Vergütung

[158] Staudinger(-Werner) § 292 Anm. 4, 5; Palandt(-Danckelmann) § 292 Anm. 1, 3 a; Erman § 292 Anm. 1.

[159] Vgl. Baur, Sachenrecht § 11 B I 1 und II 1; Wolff/Raiser § 85 III 5.

und Anrechnung der Nutzungen nach beiderseits erfülltem nichtigem Vertrag hat die Saldotheorie schon seit langem statt der §§ 987 ff. Bereicherungsrecht angewendet[160]; für einseitig erfüllte nichtige Verträge gilt dasselbe über § 988 seit RGZ 163, 348. Am Beispiel des Verwendungsersatzes hat vor allem LUDWIG RAISER darauf aufmerksam gemacht, daß nach beendetem oder nachträglich fehlgeschlagenem Vertrag die Rückabwicklung nach Vertragsrecht Vorrang vor den an sich ebenfalls anwendbaren Vindikationsregeln haben muß[161]. Der richtige Schluß aus alledem geht dahin, die §§ 987 ff. für die Rückabwicklung einer Leistungsbeziehung zwischen Eigentümer und Besitzer überhaupt nicht heranzuziehen[162] oder jedenfalls neben ihnen weitergehende Haftungssätze aus Kondiktions- oder speziellem Vertragsabwicklungsrecht zuzulassen[163], gleichviel, ob der Vertrag von Anfang an unwirksam war oder als wirksamer Vertrag erst später fehlschlug oder endete: Das Besitzerprivileg der Vindikationshaftung gilt nur für den, der die Sache von dritter Seite erlangt hat.

Mit dieser Entthronung der Vindikationsregeln beim unwirksamen Vertrag würde es nicht zusammenstimmen, die Haftung doch wieder ausschließlich nach Vindikationsrecht zu bemessen, wenn dieses bei verschärfter Bereicherungshaftung nur durch Verweisung ins Spiel kommt. Man wird vielmehr unterscheiden müssen: Hat der Bereicherte über eine fremde Sache, die er von dritter Seite erlangt hatte, gutgläubig zu seinem Nutzen verfügt, dann mag es für die nunmehr gegebene Eingriffskondiktion angebracht sein, die Haftung bei späterer Bösgläubigkeit ausschließlich nach Vindikationsvorbild zu bemessen. Hatte der Bereicherte dagegen die Sache von dem Kondiktionskläger erlangt, so steht nichts dagegen, die gemäß §§ 818 IV, 819, 820 in Verbindung mit § 989 bestehende Haftung nach denselben Gesichtspunkten zu verschärfen, die bereits bei § 818 III bewirken, daß der Bereicherte den Wegfallschaden zu tragen hat.

---

[160] RGZ 141, 310 (311 f.); RG JW 1928, 2444; HRR 1938 Nr. 5 = DJ 1937, 1812; siehe dazu auch DIESSELHORST 100 f.; EMMERICH 90 f.; kritisch zu diesem Punkt neuestens WIELING, AcP 169 (1969) 141 ff., 156, 161 ff.: Bei fehlgeschlagenen Verträgen solle über die Nutzungen weder Bereicherungs- noch Vindikationsrecht entscheiden; maßgebend sei vielmehr der „tatsächliche durchgeführte Wille der Parteien".

[161] LUDWIG RAISER, Festschrift M. Wolff 134, 140; JZ 1958, 684; 1961, 529; siehe auch BAUR, Sachenrecht § 11 B I 2.

[162] So VON CAEMMERER, Festschrift G. Boehmer 154 N. 42; LESER 97, 101; EMMERICH 58 f.; für Verwendungsersatz siehe auch MANFRED WOLF, AcP 166 (1966) 197 ff., 206 ff.

[163] So z. B. STAUDINGER(-BERG) vor §§ 987—1003 Anm. 3 ff.; ERMAN(-HEFERMEHL) vor §§ 987—993 Anm. 6; WESTERMANN, Sachenrecht § 31 III 1 b; ESSER, Schuldrecht II § 105 IV 1; FIKENTSCHER § 100 II; jetzt auch BGH NJW 1968, 197.

Das Problem, daß die oben vertretene Ausfüllung des milden Haftungsrahmens nach § 818 III den Unterschied zur verschärften Haftung verwischen oder das Verhältnis gar umkehren könnte, besteht nach alledem nicht. Die gebotene Verschärfung liegt darin, daß den bösgläubigen oder den verklagten Bereicherten anders als den gutgläubigen eine — nur noch durch das Mitverschulden des Kondiktionsgläubigers modifizierbare — Mindesthaftung trifft.

II. Verhältnis zur Rücktrittshaftung

Die gleichen Erwägungen kommen zum Zuge, wo das Gesetz die „schwache" Bereicherungshaftung der strikteren Verantwortlichkeit nach den Rücktrittsvorschriften (§§ 346 ff.) gegenüberstellt[164]. Wenn in einem solchen Fall Geld zurückverlangt wird, schuldet der Empfänger nach Rücktrittsrecht unbedingte Rückzahlung des Erhaltenen mit Zinsen (§ 347 Satz 3). Nach der hier befürworteten Auffassung zu § 818 III kann ein zu erwartender Rückforderungsschaden nach den Umständen zur Befreiung von der Rückzahlungspflicht führen. Damit ist für diesen Fall der Abstand zur strikteren Rücktrittshaftung gewahrt.

Schwierigkeiten entstehen auf den ersten Blick jedoch auch hier, wenn die Rückforderung sich auf bestimmte Gegenstände bezieht. Nach Rücktrittsrecht (§ 347) soll für die Rückgabe eines bestimmten Gegenstandes wiederum Vindikationshaftung gelten. Das heißt, daß der noch nicht in Verzug gesetzte Verpflichtete sogar nach Ausübung des Rücktrittsrechts durch zufälligen Sachuntergang frei würde, während er nach Bereicherungsrecht — gestaltet man es in dem hier befürworteten Sinne — unter Umständen verhaftet bliebe. Schon innerhalb der Rücktrittshaftung ist indessen mehrfach bemerkt worden, daß diese Befreiung unangemessen sein kann, wenn der Rückgewährpflichtige über Vertragsverletzung (§§ 325, 326) oder Sachmängelhaftung (§ 467) den Rücktritt zu vertreten hatte. Zur Abhilfe hat man vorgeschlagen, dem Rücktrittsberechtigten auch nach erklärtem Rücktritt zu erlauben, auf die Schadensersatzforderung oder — bei Sachmängelhaftung — auf das Minderungsrecht zurückzufallen[165] oder das Verhältnis der Parteien auf stillschweigende abweichende Haftungsvereinbarungen abzuklopfen[166]. Gleichviel, wie man zu

[164] So etwa in §§ 327 Satz 2, 557 a, 628 I 3 BGB, § 37 VerlagsG.

[165] So OLG Saarbrücken DRZ 1949, 280 mit Anm. Heinrich Lehmann; Glass 34, 111 N. 84a.

[166] So Heinrich Lehmann aaO 281.

diesen Lösungen stehen mag: Soweit das Verhältnis zur Bereicherungshaftung in Frage steht, würde es genügen, auch § 347 unter den in § 292 gemachten Vorbehalt zu stellen, daß Haftungsfreistellungen nach den Vindikationsregeln nur insoweit gelten, als sich nicht aus dem Sinn des konkreten Rückgewährschuldverhältnisses — das ja nach moderner Lehre nur eine Fortsetzung des ursprünglichen Schuldverhältnisses mit umgekehrten Vorzeichen darstellt[167] — zugunsten des Rückfordernden ein anderes ergibt. Dieser Vorbehalt erscheint auch hier angemessen, weil der Verweisung auf die Vindikationshaftung in § 347 dasselbe Motiv zugrunde liegt wie in § 292: Vom maßgeblichen Zeitpunkt ab muß der Leistungsempfänger wie bei der Rechtshängigkeit mit der Rückgewährpflicht rechnen[168]. Deshalb ist es gerechtfertigt, wie bei §§ 818 IV, 819, 820 I in Verbindung mit § 292 auch beim Rücktrittsrecht die Vindikationsregeln nur als Mindesthaftung zu verstehen, die durch weitere Gesichtspunkte aus dem abzuwickelnden Schuldverhältnis noch gesteigert werden kann. Die Begünstigung, die das Gesetz dem nur nach Bereicherungsrecht Haftenden zugedacht hat, besteht darin, daß dieses Mindesthaftungsniveau nach Art des Falles unterschritten werden kann.

III. Verhältnis zur Vindikationshaftung

In den vorstehenden Abschnitten ist das Verhältnis zu den Vindikationsregeln zur Sprache gekommen, soweit das Gesetz diese *indirekt* zum Zwecke der Haftungsverschärfung heranzieht. Es muß aber auch untersucht werden, wie sich die hier vertretene Auffassung neben dem *direkten* Anwendungsbereich der Vindikationshaftung ausnimmt.

---

[167] Vgl. ESSER, Schuldrecht I § 30 III; LARENZ, Schuldrecht I § 25 I a; FIKENTSCHER § 48 II 2; A. BLOMEYER, Schuldrecht § 35 I 1 b.

[168] Vgl. SOERGEL/SIEBERT(-REIMER SCHMIDT) § 347 Anm. 2; RGRK (WILDE) § 347 Anm. 1; ERMAN(-WESTERMANN) § 347 Anm. 1. — Über den maßgeblichen Zeitpunkt ist man sich hinsichtlich der gesetzlichen Rücktrittsrechte freilich nicht ganz einig. Einige wollen § 347 auch hier rückwirkend vom Empfang der Leistung an anwenden — jedenfalls auf den, der den Rücktritt wegen schuldhafter Vertragsverletzung zu vertreten hat, vgl. E. WOLF, AcP 153 (1954) 127 ff.; SOERGEL/SIEBERT(-REIMER SCHMIDT) aaO; A. BLOMEYER, Schuldrecht § 35 II 2; RGZ 145, 79 (82). Die Gegenmeinung will den Empfänger erst dann haften lassen, wenn er Kenntnis von den Rücktrittsvoraussetzungen hat, vgl. ENNECCERUS/LEHMANN § 38 II 1 c; RGRK (WILDE) § 347 Anm. 6; PALANDT(-DANCKELMANN) § 347 Anm. 3. Richtig dürfte es sein, mit GLASS 47 ff., 111 anzunehmen, daß der Empfänger vor Kenntnis oder schuldhafter Unkenntnis des Rücktrittsgrundes für eigene Unachtsamkeit nur auf Wertersatz, nach diesem Zeitpunkt auf vollen Schadensersatz haftet.

Bereicherungshaftung und Vindikationshaftung berühren sich bei der Rückabwicklung von unwirksamen Verträgen, die auf Veräußerung oder Gebrauchsüberlassung gerichtet sind. Ist nur der Kaufvertrag unwirksam, so schuldet der Käufer Rückgewähr des Erhaltenen nach Bereicherungsrecht; trifft der Mangel auch das Erfüllungsgeschäft, dann ist für den Käufer, der nicht Eigentümer geworden ist, jedenfalls ihrem Wortlaut nach auch die Vindikationshaftung zuständig. Beim nichtigen Mietvertrag sind an sich sowohl Bereicherungs- wie auch Vindikationsrecht anwendbar: der Vermieter kann als Leistender kondizieren (§ 812) und als Eigentümer vindizieren (§ 985).

In diesen Fällen machen sich wieder die bereits beschriebenen Diskrepanzen zwischen dem Haftungsrahmen des Vindikationsrechts einerseits und dem des Bereicherungsrechts andererseits bemerkbar[169]: Der redliche und unverklagte Besitzer soll nach Vindikationsrecht mit der Sache schalten und walten dürfen, ohne Ersatzansprüche befürchten zu müssen, während es nach Bereicherungsrecht in der hier vertretenen Auffassung sein kann, daß er auch für eigenen nachlässigen Umgang mit der Bereicherungssache, unter Umständen gar für ihren zufälligen Verlust, einstehen muß.

Die Wertungswidersprüche zwischen den beiden Normenbereichen wären besonders mißlich im Fall des nichtigen Veräußerungsvertrages. Während man in den Fällen der nichtigen Gebrauchsüberlassung die Konkurrenz zwischen Bereicherungs- und Vindikationsrecht dadurch beenden kann, daß man für die Haftungsfrage schließlich generell nur eines der Systeme maßgebend sein läßt, besteht bei einem nichtigen Veräußerungsvertrag die Gefahr, daß es von der Wirksamkeit der Übereignung abhängt, ob die Haftungsentscheidung gemäß Bereicherungsregeln oder Vindikationsregeln getroffen wird. Ob aber der Käufer Eigentümer wird, ist eine Frage, die wohl die Gläubiger und dritte Vertragspartner der Parteien interessiert, nicht aber das Haftungsniveau der Parteien untereinander beeinflussen sollte.

Die Widersprüche lösen sich, wenn man mit der bereits beschriebenen neueren Entwicklung davon ausgeht, daß die §§ 987 ff. BGB für die Rückabwicklung eines Vertrags überhaupt nicht oder jedenfalls nicht so heranzuziehen sind, daß sie weitergehende Haftungssätze aus anderen Bereichen verdrängen[170]. Schon die Entstehung der Lehre vom Fremdbesitzerexzeß

---

[169] Siehe oben S. 142 ff.
[170] Siehe oben S. 144 f.

hat ja deutlich gemacht, wie wenig das Besitzerprivileg der Vindikationshaftung den Rückabwicklungsproblemen von Miet- und Pachtverträgen gerecht wird. Daß es auch auf die Rückgewähr bei nichtigem Veräußerungsvertrag nicht paßt, zeigt eine weitere Überlegung, die zuerst für die Rücktrittshaftung angestellt wurde. Dort ist durch die sorgfältige Untersuchung von Glass nachgewiesen, daß die Vindikationsregeln, soweit sie für die Rücktrittshaftung herangezogen werden (§ 347), nach Entstehungsgeschichte und Sinnzusammenhang nicht verbieten, den Rückgewährpflichtigen für die Zeit seiner Gutgläubigkeit bei vernichtendem oder beschädigendem Umgang mit der Sache auf Wertersatz haften zu lassen. Den §§ 989 ff. ist in diesem Fall Genüge getan, wenn der Empfänger, bevor er von seiner Rückgewährpflicht weiß, nicht auf vollen Schadensersatz haftet — der entgangenen Gewinn und alle Folgeschäden einschlösse. Er muß jedoch für den unmittelbaren Sachwert aufkommen, wenn er mit der erhaltenen Leistung unter Verstoß gegen die eigenen Interessen nachlässig umgegangen ist[171].

Mit dieser Überlegung ist für den speziellen Bereich der Rücktrittshaftung ein Grundgedanke der Vindikationshaftung angesprochen, der in jedem Fall gelten muß, in dem es um die Anwendbarkeit der Vindikationsregeln auf die Abwicklung fehlgeschlagener Verträge geht, nämlich: Das Haftungsprivileg soll den Besitzer, der sich gutgläubig für den Eigentümer hält, davor bewahren, so behandelt zu werden, als habe er durch seinen Umgang mit der Sache *fremdes* Interesse schuldhaft geschädigt. Wohl aber darf man ihn einstehen lassen für die Verluste, die er sich auch nach seiner eigenen Vorstellung *selbst* zugefügt hat. Auch nach dieser Seite gilt also: „Quasi rem suam neglexit." Der Besitzer braucht daher nicht das subjektive Interesse des Eigentümers auszugleichen, mit dem er nicht rechnete. Er muß aber dem Eigentümer, von dem er die Sache erwerben wollte, den objektiven Wert ersetzen, den er zu Lasten seines eigenen Vermögens aufs Spiel setzen wollte[172].

IV. Verhältnis zur Verschuldenshaftung des Schadensrechts

Wichtig ist es schließlich, das Verhältnis der Bereicherungshaftung zu einigen Regeln der schadensrechtlichen Verschuldenshaftung zu klären.

---

[171] Glass 34 ff., 53 ff., 105 f., 150 f.

[172] Das wird zumeist bei entgeltlichem Erwerb, kann aber unter Umständen auch bei unentgeltlichem Erwerb angebracht sein; siehe oben S. 124 f.

1. Vertrauensschäden. — Besondere Aufmerksamkeit verdient in dieser Hinsicht die Zurechnung von Vertrauensschäden. Das BGB regelt einzelne solcher Fälle in §§ 122, 179, 307, 309. Über diese Vorschriften hinaus deckt heute generell die Haftung aus Verschulden bei Vertragsschluß (culpa in contrahendo) Verluste, die jemand dadurch erleidet, daß er im Vertrauen auf das Zustandekommen oder die Gültigkeit eines Vertrages Vermögensdispositionen getroffen hat, die sich bei Unwirksamkeit des Vertrages als sinnlos oder lästig erweisen[173]. Aber auch die Haftung aus positiver Vertragsverletzung, d. h. aus bestehendem Schuldverhältnis, kann Vertrauensschäden zum Gegenstand haben — so etwa, wenn ein Versicherer dem Kunden auf Grund fahrlässigen Irrtums erklärt, der Schaden sei durch die bestehende Versicherung gedeckt, und der Kunde daraufhin disponiert[174] oder wenn ein Arbeitgeber auf Grund unsorgfältiger Prüfung der einschlägigen Vorschriften das Gehalt zu hoch ansetzt und der Arbeitnehmer darauf seine Lebenshaltung einrichtet[175].

Bereits von Tuhr hatte erkannt, daß solche Vertrauensschäden auch über § 818 III liquidiert werden können[176]. Dabei ergeben sich aber Widersprüche zwischen der Schadenszurechnung aus § 818 III einerseits und den vorher genannten Haftungsgründen andererseits. Die Haftung aus §§ 307, 309, aus culpa in contrahendo und aus positiver Vertragsverletzung setzt Verschulden voraus. Nach §§ 307 und 309 (ebenso §§ 122 und 179 II 2) ist sie überdies schon dann gänzlich ausgeschlossen, wenn der Gegner den Unwirksamkeitsgrund nur hätte kennen müssen[177]. Dagegen werden Vertrauensschäden des Bereicherten über § 818 III — d. h. durch Nachteilsanrechnung — nach traditioneller Lehre dem Kondiktionsgläubiger auch ohne Verschulden zugerechnet, und zwar so lange, als der Bereicherte nicht positive Kenntnis von der Grundlosigkeit seines Erwerbs hatte (§ 819 I). Nach der hier vorgeschlagenen Interpretation muß die Schadenszurechnung an den Kondiktionsgläubiger zwar gelockert werden. Auch danach kann es aber sein, daß der Schaden dem Kondiktionsgläubiger ohne dessen Verschulden angelastet wird, wenn nämlich schuldunabhängige Erwägungen — wie die Intensität der rein ursächlichen Beteiligung, Verteilung nach Risiko- und Sphärengesichtspunkten — im Ein-

---

[173] Vgl. die Beispiele bei Erman § 276 Anm. 8 a aa, bb; Esser, Schuldrecht I § 52 III 1.

[174] Vgl. OLG München VersR 1963, 378 — wo in casu allerdings kein Verschulden gegeben war.

[175] Vgl. Hueck/Nipperdey § 40 VII.

[176] Siehe oben S. 27.

[177] Bei culpa in contrahendo herrscht allerdings die feine Abwägung nach § 254, vgl. Erman § 276 Anm. 8 b mit Nachweisen.

zelfall den Ausschlag geben. Andererseits bedeutet die Auflockerung der Belastung des Kondiktionsgläubigers, daß in casu der Schaden auch dem Bereicherten ohne Verschulden zugeschoben werden kann.

Im Ergebnis führt diese Diskrepanz dazu, daß die Vertrauensschäden im Zusammenhang mit angebahnten oder unwirksamen Verträgen nach unterschiedlichen Kriterien verteilt werden je nachdem, ob die erwartete Leistung bereits erbracht worden ist oder nicht. Wenn der im Vertrauen auf den Vertrag Disponierende die erwartete Leistung nicht erhält, muß für die Frage, ob er den erlittenen Vertrauensschaden auf den Vertragsgegner überwälzen kann, ein Verschulden des Vertragsgegners etabliert werden[178]. Hat er sie dagegen erhalten, so gestattet ihm § 818 III nach traditioneller Lehre immer, nach der hier vorgeschlagenen Lösung jedenfalls in größerem Maße, den Schaden durch Anrechnung auf die Bereicherungsschuld dem Gegner zuzuschieben, ohne daß es auf dessen Verschulden ankäme[179].

Daß der Empfang der erwarteten Leistung allein solche Veränderung des Zurechnungsmaßstabes bewirken soll, ist nicht einzusehen. Da es hier um Vertrauensschäden geht, läßt sich der Unterschied nur dann rechtfertigen, wenn die Leistung für den Empfänger einen zusätzlichen Vertrauenstatbestand geschaffen hat, der allein oder zusammen mit der bereits gegebenen Situation zu den Vermögensdispositionen geführt hat. Entscheidend ist also, ob der Disponierende im Vertrauen auf das Leistungsversprechen oder im Vertrauen auf die Rechtsbeständigkeit des vollzogenen Erwerbs gehandelt hat. Ob das eine oder andere vorliegt, wird sich, weil es hier um die innere Motivation des Disponierenden geht, nicht immer leicht feststellen lassen[180]. Immerhin folgt aus dieser Abgrenzung, daß Verluste aus Dispositionen, die der Empfänger endgültig schon vor dem Erhalt der Leistung getroffen hat, nicht über § 818 III auf den Gegner abgewälzt werden dürfen. Hier die Anrechnung zu erlauben, hieße, dem Empfänger das Erlangte als Faustpfand zu überlassen für eine Forderung, die im aktiven Klagewege nicht begründet wäre.

2. *Schäden durch das Erlangte.* — Weitere Berührungspunkte zwischen Bereicherungshaftung nach § 818 III und allgemeinem Schadensersatz-

---

[178] Siehe z. B. RGZ 95, 2 (4); 143, 219 (222); BGHZ 18, 248 (252 f.); BGH MDR 1954, 346 (347); 1961, 49 (50); BGH NJW 1965, 812 (814).

[179] Siehe z. B. RGZ 72, 1 (3 f.); RG LZ 1920, 158; JW 1928, 2444; OLG München VersR 1963, 378.

[180] Die Beweislast für den Vertrauenstatbestand hat der Geschädigte — bei culpa in contrahendo, positiver Vertragsverletzung und den gesetzlichen Haftungsregeln als Kläger, bei der Bereicherungshaftung als Beklagter.

recht bestehen in dem Fall, daß das Erlangte im Vermögen des Bereicherten Schäden anrichtet. Spannungen können sich hier wiederum daraus ergeben, daß einerseits die vertragliche und deliktische Schadenshaftung Verschulden verlangt, die Schadensüberwälzung auf den Kondiktionsgläubiger über § 818 III aber auch nach der hier vertretenen Auffassung auf weite Strecken vom Verschulden unabhängig ist.

Problematisch sind vor allem die Fälle, in denen Gegenstände, die der Kondiktionsgläubiger — etwa auf Grund nichtigen Kaufvertrags — dem Bereicherten übergeben hat, bei diesem Schäden anrichten[181]. Ist der Kaufvertrag wirksam, so kann der Käufer seinen Schaden nach den Regeln über positive Vertragsverletzung nur ersetzt verlangen, wenn dem Verkäufer Verschulden hinsichtlich des Zustands seiner Lieferung zur Last fällt; das gleiche gilt für deliktische Ersatzansprüche. War der Vertrag dagegen unwirksam und verlangt der Verkäufer Rückgabe oder Wertvergütung seiner Leistung, dann kann der Käufer durch Gegenrechnung seinen Schaden von sich abwälzen — nach der traditionellen Lehre ohne weiteres, nach der hier vertretenen Auffassung in der Regel deshalb, weil der Lieferant eher als der Empfänger für den Zustand des Gelieferten verantwortlich erscheint.

Anders als bei Vertrauensschäden läßt sich in diesen Fällen der Unterschied in der Schadenszurechnung nicht durch das Auftreten eines neuen Tatbestandselements erklären. Denn der Schaden beruht hier im einen wie im anderen Fall auf dem Erhalt der Leistung und dessen weiteren Folgen im Vermögen des Empfängers. Der einzige tatbestandliche Unterschied, der bei gültigem Vertrag zur Schadensüberwälzung nach Verschulden, bei ungültigem Vertrag zur Überwälzung ohne Rücksicht auf Verschulden führt, ist der, daß im ersten Fall der Käufer seinen Schaden aktiv fordernd, im zweiten nur verteidigungsweise dem Verkäufer zuschieben will. Im allgemeinen sollte es für die Schadenszurechnung aber keine Bedeutung haben, in welchen Parteirollen sich die Beteiligten gegenüberstehen.

Der Unterschied läßt sich nur überbrücken, wenn man davon ausgeht, daß im Bereicherungsverhältnis für solche Schäden im Zweifel nicht anders gehaftet wird als nach dem gültigen Vertrag — jedenfalls nicht, solange der Vertrag nicht durch besondere Haftungsabreden vom gesetzlichen Typus abweicht. In der Tat spricht einiges für die Annahme, daß durch die Unwirksamkeit des Vertrages nur das Erfüllungsinteresse der

[181] Siehe die Fälle oben S. 126.

Parteien schutzlos gestellt wird. Das Interesse der Parteien an der Unversehrtheit ihres sonstigen Vermögens[182], das in den obengenannten Fällen im Spiele ist, wird dagegen durch die tatsächlichen Leistungen berührt, gleichviel, ob die Leistungen mit oder ohne gültigen Vertrag erbracht werden. Es wäre danach nicht zu rechtfertigen, den Leistenden für Schäden, die das Geleistete im sonstigen Vermögen des Empfängers verursacht, bei ungültigem eher als bei gültigem Vertrag heranzuziehen.

Will man diesem Gedanken nicht folgen, so wird die Kongruenz zwischen der vertraglichen oder deliktischen Haftung und der Schadensanlastung nach § 818 III in den meisten Fällen praktisch hergestellt durch § 282 und die auf ihm basierende Rechtsprechung zur Beweislast nach Gefahrenbereichen[183]. Denn wenn nach den hier herausgestellten Kriterien der Leistende für den schadenstiftenden Zustand seiner Ware verantwortlich erscheint, wird ihm auch der Entlastungsbeweis schwerlich gelingen[184].

Wo im Einzelfall dennoch Diskrepanzen bleiben, ist das jedenfalls kein Grund für die Beibehaltung der traditionellen Bereicherungs-Differenztheorie, die ja dadurch, daß sie dem grundlos Leistenden bedingungslos alle Schäden zuschiebt, viel größere Koordinierungsprobleme aufwirft. Verglichen mit ihr ist die hier zu § 818 III entwickelte Auffassung immerhin ein Schritt zur Verringerung des Abstands zwischen Vertrags- und Bereicherungshaftung.

G. AUSSICHTEN FÜR EINE NEUE HAFTUNGSFORMEL

Die Untersuchung hat bis zu diesem Punkt ergeben, welches die problemadäquaten und auch im Systemzusammenhang legitimen Erwägungen sind, von denen die Haftungsentscheidung nach § 818 III getragen werden sollte. Im öffentlichen Rückleistungsrecht haben die meisten dieser Gesichtspunkte inzwischen einen gesicherten Platz[185]. Die deutsche Privatrechtslehre dagegen hatte für sie bisher keinen rechten Blick oder ließ sie doch nur am Rande zu, weil nach ihr die bereicherungsrechtliche Haftungsentscheidung das Ergebnis einer kühlen Rechenoperation ist, in der wertende Überlegungen nicht gut unterzubringen sind. Die Relevanz

[182] — das von Esser, Schuldrecht I § 41 I 4 so genannte „Integritätsinteresse", das jemand ohne Erfüllungsanspruch und Gültigkeitserwartung hat.

[183] Siehe dazu oben N. 94 auf S. 122 f.

[184] Jüngstes Beispiel: BGHZ 51, 91 zur Produzentenhaftung.

[185] Siehe oben S. 95.

solcher Erwägungen wird indes sichtbar, wenn man fragt, wem der *Schaden* aus dem Wegfall der Bereicherung gerechterweise anzulasten ist. Es bleibt zu fragen, inwieweit aus dieser Ansammlung von gleichlaufenden und widerstreitenden Haftungsargumenten, die in casu jeweils unterschiedliches Gewicht haben, eine festere Zurechnungslehre gefügt werden könnte und sollte.

I. Möglichkeiten

Sicherlich ist es nicht möglich, für alle Fälle zu einer ergiebigen Einheitsregel zu kommen. Dafür sind die genannten Gesichtspunkte zu sachverhaltsbezogen; vor allem Verursachung und Verschulden können in jedem Fall das Gewicht anderer, ebenfalls einschlägiger Erwägungen relativieren. Überdies widerspräche eine Einheitsformel der nunmehr etablierten Erkenntnis, daß der allgemeine Bereicherungssatz in seinem Gehalt nach verschiedenen Kondiktionstypen spezifiziert werden muß. Nachdem es sich gezeigt hat, daß hinsichtlich des Grundes der Bereicherungshaftung eine alles umfassende Generalklausel für die Rechtsanwendung nicht ausreicht, wäre es wenig sinnvoll, für die Haftungsgrenze eine formulieren zu wollen.

Aber auch nach Kondiktionstypen aufgegliederte Zurechnungsformeln — jeweils etwa für Leistungs-, Eingriffs- und Auslagenkondiktion — lassen sich nicht bilden, weil sie ja immer auch die verschiedenen Arten des Wegfalltatbestandes (etwa Untergang des Erlangten, erhöhte Ausgaben, unwirtschaftliche Verwendung) differenzierend berücksichtigen müßten.

Es käme also nur in Betracht, durch Kombination einzelner Kondiktionstypen mit einzelnen typischen Wegfalltatbeständen Fallgruppen zu bilden und für sie gewisse Regeln festzulegen. Wir finden einige solcher kombinierter ausgeprägter Falltypen in der Rechtsprechung: (1) Empfang von Geld und bestimmungsgemäße Weiterleitung[186]; (2) Aufgabe von Rechten und Chancen nach irrtümlicher Schuldbegleichung[187]; (3) erhöhter Lebensaufwand nach irrtümlicher Gehaltszahlung[188]; (4) vertragliche Vorleistung mit anschließendem Herstellungsaufwand des Empfängers für die — später unmöglich gewordene — Gegenleistung[189]; (5) Nichtanrechnung des an einen Dritten gezahlten Kaufpreises gegenüber der

---

[186] Siehe oben S. 16 f., 67, 85.

[187] Siehe oben S. 19, 52, 84 f.

[188] Siehe oben S. 18 f., 47, 53, 63 f.

[189] Siehe oben S. 25.

Wertkondiktion des Eigentümers wegen nützlicher Verwendung[190]. An diesen Konstellationen zeigt sich, daß von den vielen Haftungserwägungen, die theoretisch für jeden Einzelfall zur Verfügung stehen, die einen typischerweise für diese Fallgruppe, die anderen für jene besonders relevant sind: für die Fälle (1) und (2) der Gedanke, daß der Kondiktionsgläubiger selbst die spätere Disposition durch den Empfänger veranlaßt hat, im Fall (3) dazu außerdem die soziale Rücksicht auf den Gehaltsempfänger; in den Fällen (4) und (5) der Rückgriff auf den schadenszuweisenden Gehalt der kondiktionstragenden Norm.

Schwierigkeiten bereitet es aber, nicht nur Regellösungen aus vorhandenem Material zu konstatieren und zu bewerten, sondern vorausbestimmend weitere Fallgruppen mit den angemessenen Lösungen zusammenzustellen. Denn Nuancen im Sachverhalt können das Zurechnungsurteil beeinflussen. Bei der irrtümlichen Gehaltszahlung können etwa die Größe des Betriebs und die Stellung des Gehaltsempfängers in ihm eine andere Lösung nahelegen; je kleiner der Betrieb ist und je dominierender die betriebliche oder sonstige soziale Stellung des betroffenen Gehaltsempfängers, um so eher wird es nach den Umständen richtig sein, den Schaden aus erhöhtem Lebensaufwand auch einmal den Empfänger tragen zu lassen. In den Anzahlungsfällen mag eine andere als die vom Bundesgerichtshof getroffene Entscheidung angebracht sein, wenn die Anzahlung nicht nur zur Bekräftigung des Vertrages gegeben wurde, sondern um dem Hersteller überhaupt die Produktion zu ermöglichen. Schließlich gibt es Fälle der Eingriffstatbestände, die ähnliche Anrechnungsprobleme aufwerfen, wie sie bei der Verwendung gutgläubig erworbener Sachen geläufig sind, für die aber die vorbereicherungsrechtliche Interessenwertung des Gesetzes nicht so eindeutig und dominant ist wie in den §§ 985 ff., 932 ff. in Verbindung mit § 440 — so etwa bei der Pfändung schuldnerfremder Sachen oder bei der bloßen Benutzung eines Grundstücks mit Einwilligung eines nicht gestattungsberechtigten Dritten. Will der pfändende Gläubiger, vom Eigentümer auf Ersatz in Anspruch genommen, die Kosten der Zwangsvollstreckung absetzen[191] oder der Grundstücksbenutzer das für die Einwilligung dem Dritten gezahlte Entgelt[192], so steht jedenfalls keine klare gesetzliche Regelung dagegen, je nach den Fallumständen danach zu entscheiden, inwieweit der Eigen-

[190] Siehe oben S. 24 f.
[191] Siehe oben S. 17.
[192] So im Fall RG JW 1932, 1044.

tümer selbst dafür verantwortlich ist, daß sein Eigentum so in Anspruch genommen werden konnte.

II. Bedürfnis

Angesichts dieser Schwierigkeiten stellt sich die Frage, ob die Fixierung von Zurechnungsregeln überhaupt zu wünschen ist.

Vielleicht wäre es richtig, auf engere Regelbildung ganz zu verzichten und das Gebiet des § 818 III gleichsam in „topischer Denkweise" ständig offenzuhalten für den von Fall zu Fall variierenden Einsatz der hier entwickelten Zurechnungsargumente und für alle sonstigen Erwägungen, die in diesem Zusammenhang sinnvoll angestellt werden können. Das hieße, auf die Formulierung fester Zurechnungsregeln nicht nur für den Augenblick zu verzichten, sondern ständig darauf zu sehen, daß die Problemanschauung sich nicht wieder in ein Regeldenken verfestigt, das aus vorformulierten Sätzen fertige Ergebnisse ableiten will. Ein solcher Denkstil erspart sich die oft mühevolle Auseinandersetzung mit präetablierten Axiomen, die sich angesichts des konkreten Falles als zu allgemein, zu ausschließlich oder einseitig formuliert erweisen, und ermöglicht so ein unmittelbares Herangehen an die spezifische Sachproblematik des einzelnen Falles. Seine methodische Beweglichkeit verbindet sich freilich mit einem gewissen Mangel an materieller Stabilität.

Für das gesamte vertragliche und deliktische Schadensrecht hat WILBURG ein solches bewegliches System entworfen. In diesem System wirken verschiedene „Haftungselemente" zusammen oder gegeneinander, deren relatives Gewicht der Richter in jedem Einzelfall neu zu bestimmen hat[193]. Nun ist gewiß, daß ein derart weites und gewichtiges Rechtsgebiet schon aus praktischen Gründen nicht ohne ein Netzwerk einigermaßen fester Regeln bleiben kann. Immerhin ist aber zu bedenken, daß wichtige Stationen schadensrechtlicher Argumentation — Verursachung, Verschulden, Mitverschulden, mitwirkende Gefährdung — dem richterlichen Ermessen seit jeher weiten Spielraum lassen. Auch die Adäquanztheorie vermochte ja — wie TITZE treffend bemerkt hat — eigentlich nie mehr, als „dem Richter einen Fingerzeig zu geben, von welcher Art Erwägungen er sich bei der Bewährung seines Taktes leiten zu lassen hat"[194]. Ebenso

---

[193] WILBURG, Schadensrecht, besonders 28 ff., 64 f., 101 f., 114 ff., 283 ff. Ein bewegliches System der richtunggebenden Grundgedanken des Haftungsrechts zeichnet auch LARENZ, JuS 1965, 378 f.

[194] TITZE, ZAkDR 1942, 182.

ist der Satz, daß die Schadenszurechnung am Normzweck auszurichten sei, nicht mehr als eine Generalklausel, die dem Richter nur den Weg zu spezielleren, von Fall zu Fall unterschiedlichen Haftungserwägungen weist[195]. Überdies zeichnet sich ab, daß es für das Problem der Haftungsbegrenzung selbst auf der Ebene dieser richtunggebenden Grundgedanken künftig keine Einheitslösung gibt, sondern mehrere nebeneinander bestehende Prinzipien, von denen je nach Falltyp das eine hier das andere dort besonders relevant erscheinen mag[196]. Die jüngste Arbeit zur Haftungsbegrenzung fordert Rechtsprechung und Lehre schließlich auf, alle allgemeinen Formeln — alte wie neue — ganz beiseite zu lassen, statt dessen vielmehr aus sorgsamer Analyse der verschiedenen Sachverhalte und Interessenlagen nach und nach für typische Fallgruppen Einzelregeln zu entwickeln und diese ständig nach der Eigenart des anstehenden Falles zu überprüfen und zu verfeinern[197].

Dieser Stand der Überlegungen im eigentlichen Schadensrecht läßt vermuten, daß jedenfalls auf dem noch begrenzteren Raum des § 818 III ein bewegliches System praktiziert werden kann. Denn Rückabwicklung ist kein Feld, in dem vorausschauende Planung der Parteien eine Rolle spielt und deshalb nach festen Regeln verlangt. Rückabwicklungsfälle nach Bereicherungsrecht, und gar solche, in denen ein Schaden zu verteilen ist, sind auch nach ihrer Zahl wirtschaftlich nicht so bedeutend, daß die geringere Kalkulierbarkeit der richterlichen Entscheidung gegenüber den Vorzügen eines offenen Systems entscheidend ins Gewicht fiele. Daß damit völlige Regellosigkeit einsetzen müßte, steht nicht zu befürchten. Auch hier wird die Rechtsprechung in der Behandlung typischer und häufiger Probleme zu einer gewissen Gleichförmigkeit kommen. Nur versteht man eben in einem offenen System die daraus zu entnehmenden Prinzipien nicht als bindende, nachvollziehender Auslegung fähige Anweisungen, sondern als „autorisierte und legale Basis der Argumentation"[198] für künftige Fälle, als Anhaltspunkt für die Art der Erwägungen, die der Richter in ähnlichen Fällen mit sachlichem Nutzen anstellen kann.

---

195 Vgl. TH. RAISER, JZ 1963, 465 f.; STOLL, Kausalzusammenhang und Normzweck 13 ff.; J. G. WOLF 59 f.

196 So charakterisiert HERMANN LANGE, 43. DJT I 1 (1960) 26, den bisherigen Zustand. Für das Nebeneinander in der künftigen Entwicklung siehe ESSER, Schuldrecht I § 45 I; TH. RAISER, JZ 1963, 462 ff.; BYDLINSKI, Schadensverursachung 58—64; siehe auch BGHZ 27, 137.

197 LÜER, Die Begrenzung der Haftung bei fahrlässig begangenen unerlaubten Handlungen (1969) bes. 123 f., 135 f., 158 f.

198 ESSER, Grundsatz und Norm 20.

Wenn aber bewegliches Problemdenken selbst auf so begrenztem Gebiet auf die Dauer nicht „durchgehalten" werden kann — weil die Rechtspraxis wegen besserer Kalkulierbarkeit der Entscheidungen oder schlicht im Wunsch nach Gebundenheit auf feste Regeln drängt —, wäre es jedenfalls im gegenwärtigen Zeitpunkt verfrüht, neue bindende Zurechnungsmaßstäbe aufzustellen. Praxis und Lehre stehen ganz überwiegend noch im Banne der alten, mechanisch gehandhabten Bereicherungsformel. Die dagegen vorgebrachte Kritik und die Zahl der Fälle, die der Bereicherungsformel ausdrücklich oder stillschweigend entzogen worden sind, haben bisher im allgemeinen Juristenbewußtsein keine grundsätzlichen Zweifel an der Richtigkeit der traditionellen Haftungskonzeption ausgelöst. In solcher Situation hat es wenig Sinn, altes Dogma ohne konkrete Fallanschauung sogleich durch neues zu ersetzen. Vielmehr kommt es darauf an, das Blickfeld zu öffnen für die richtige Fragestellung und die Erwägungen, die danach anstelle der alten Konzeption im Einzelfall und bei der allmählichen Regelbildung eine Rolle spielen sollten. Wir stehen hier an demselben Punkt wie das vertragliche und deliktische Haftungsrecht nach dem Herrschaftsverfall der Adäquanzlehre: „Ein Stück alter Dogmatik (ist) brüchig geworden"[199], und es gilt, sich zu neuen Zurechnungsregeln behutsam von Fall zu Fall voranzutasten[200]. Für Festlegungen wird die Zeit erst dann gekommen sein, wenn die Rechtspraxis die alte Doktrin abgeschüttelt und genug Gelegenheit gehabt hat, die hier entwickelten Zurechnungskriterien bewußt einzusetzen.

H. AUSBLICK

Werden die Haftungsentscheidungen nach § 818 III in Zukunft nach wertenden Zurechnungsgesichtspunkten getroffen, so entfällt das Bedürfnis, die bislang hier versäumten Interessenwertungen an anderer Stelle mit anderen Mitteln nachzuholen. Freilich ist weder zu erwarten noch unbedingt zu wünschen, daß durch eine neue Interpretation des § 818 III verlorengegangene Sachgebiete — Arbeitsverträge und öffentlich-rechtliche Leistungen[201] — für das Bereicherungsrecht zurückgewonnen werden. Denn die neuen Formen und Begriffe — faktisches Arbeitsverhält-

[199] Hauss, 43. DJT II (1962) C 32.

[200] Vgl. von Caemmerer, Kausalzusammenhang 18 f.; Hauss aaO; J. G. Wolf 59; Th. Raiser, JZ 1963, 465 f.; Stoll, Kausalzusammenhang und Normzweck 14 ff.

[201] Siehe oben S. 95 f.

nis, öffentlich-rechtlicher Erstattungsanspruch, öffentlich-rechtlicher Vertrauensschutz, detaillierte Sonderregelung — erfüllen ihre Aufgabe offenbar zur Zufriedenheit und fügen sich ohne größere Reibungen in die übrige Konzeption der betreffenden Rechtsgebiete ein. Es besteht kein Anlaß, allein um des zivilistischen Besitzstandes willen bewährte Neukonstruktionen aufzugeben.

Zu wünschen ist jedoch, daß der Einsatz der hier vorgeschlagenen Gesichtspunkte zum erneuten Durchdenken solcher Lehren anregt, die die traditionelle Interpretation des § 818 III zwar hinnehmen, ihren Ergebnissen letztlich jedoch ausweichen wollen, indem sie das Interessenproblem an andere Stellen des Systems verlagern, wo es dann aber nicht reibungslos bewältigt werden kann. Dazu gehören die Thesen, die dem irrtümlich leistenden Nichtschuldner wegen Wegfalls der Bereicherung beim Gläubiger den Rückgriff gegen den wahren Schuldner geben wollen[202]. Dazu gehört aber vor allem die eigentliche Saldotheorie[203]. Nach schadensrechtlicher Betrachtungsweise wird das Haftungsprivileg nicht mehr so stark sein wie unter der bisherigen Praxis. Damit entfällt zu einem großen Teil der Stein des Anstoßes für die Saldotheorie: Wird der Empfänger durch Verlust des Erlangten im Einzelfall nicht entlastet, dann kann er selbstverständlich schon nach § 273 BGB seine Gegenleistung nur gegen Anrechnung des Erlangten zurückfordern.

Die hier vertretene Betrachtungsweise wird indes für die Anrechnung der Gegenleistung besonders wichtig, wenn der Empfänger im konkreten Fall auch nach ihr für den Verlust des Erhaltenen *nicht* haftet. Damit ist zwar die Problemlage der Saldotheorie und ihrer modernen Weiterentwicklung, der Lehre vom faktischen Synallagma, hergestellt. Wenn aber die Befreiung des Empfängers nicht mehr mechanisch eintritt, sondern erst nach sorgfältigem Wägen aller relevanten Gesichtspunkte gewährt wird, muß gefragt werden, ob nicht diese Entscheidung auch dann beachtet werden will, wenn der Empfänger die seinerseits erbrachte Gegenleistung zurückfordert. Anders gewendet: Wenn der Verlust des Geleisteten bei dem Empfänger dem Leistenden zuzurechnen ist, darf dann diese sorgfältig erwogene Zurechnung dadurch vereitelt werden, daß man dem Leistenden in Höhe des Verlustes den Wert der vom Empfänger erbrachten Gegenleistung beläßt? Die moderne Lehre vom faktischen Synallagma brauchte diese Frage ebensowenig zu stellen wie die

---

[202] Siehe oben S. 96 ff.

[203] Siehe oben S. 96.

alte Saldotheorie, weil sie wie selbstverständlich von der automatischen Befreiungswirkung des Bereicherungswegfalls ausgeht. Akzeptiert man aber, daß § 818 III Haftungsbefreiung nur auf Grund wohlerwogener Zurechnungsgesichtspunkte gewährt, dann wird die Gegenleistungslehre sich fragen müssen, ob das Argument, die Verknüpfung von Leistung und Gegenleistung müsse im Abwicklungsverhältnis fortwirken, sich auch gegenüber jenen Zurechnungspunkten durchsetzen soll.

Zusammenfassung

Nach herkömmlicher deutscher Auffassung kann der ungerechtfertigt Bereicherte im Rahmen von § 818 III von der Kondiktionsforderung alle Vermögenseinbußen absetzen, die er anläßlich oder als Folge des Erwerbs — mit oder ohne eigenes Zutun — erlitten hat. Die Risiken für den Fortbestand der Bereicherung trägt allein der Entreicherte. Die traditionelle Lehre begründet dieses Ergebnis aus dem gesetzlichen Begriff der Bereicherung, die als Vermögensdifferenz verstanden wird, als Überschuß aller erhaltenen Vorteile über die damit zusammenhängenden Nachteile.

Die bisher herrschende Ansicht hat nach Begründung und Ergebnis von Anfang an Kritik herausgefordert, hat Hilfskonstruktionen zur Abmilderung ihrer Ergebnisse entstehen lassen und später auch Ausbrüche aus dem System der Bereicherungshaftung veranlaßt. Die Kritik fordert, die Anrechnungsfähigkeit auf Vertrauensschäden zu beschränken, nach den verschiedenen Bereicherungstypen oder nach Art und Umfang der Beteiligung der Parteien am Bereicherungsvorgang und Bereicherungswegfall zu differenzieren, schließlich, den Bereicherten nach entgeltlichem Erwerb Verluste aus eigenen Vermögensentscheidungen oder eigener Unachtsamkeit selbst tragen zu lassen. Eine abmildernde Hilfskonstruktion bei Rückabwicklung von Leistung und Gegenleistung ist die Saldotheorie. Ausbrüche aus dem System der bürgerlich-rechtlichen Bereicherungshaftung sind besonders im Arbeitsrecht und im öffentlichen Recht zu verzeichnen.

Eine Untersuchung ausländischer Rechtsordnungen ergibt in materieller Hinsicht zwei Lösungen, die sich vom deutschen Recht deutlich abheben: die eine ist die endgültige Fixierung des Anspruchs ohne Rücksicht auf den Fortbestand der Bereicherung, sobald der Anspruch Geld zum Gegenstand hat. Die andere liegt in dem Gedanken, den Schaden aus dem Wegfall der Bereicherung der einen oder der anderen Partei je nach Maß ihrer Verantwortung für Bereicherungsvorgang und Bereicherungswegfall anzulasten. In methodischer Hinsicht ist bemerkenswert, daß der Richter im Ausland faktisch oder de iure ermächtigt ist, nach den Umständen des

Einzelfalls zu entscheiden und dabei ein gewisses Ermessen auszuüben. Übereinstimmung besteht zwischen den untersuchten Rechtsordnungen zwar dem Ergebnis nach in einzelnen typischen Fällen. Im Gesamtergebnis geht das deutsche Recht jedoch in der Berücksichtigung bereicherungsmindernder Faktoren am weitesten.

Eine kritische Untersuchung der herrschenden deutschen Auffassung vor dem Hintergrund innerdeutscher Kritik und ausländischer Lösungen ergibt: Die herkömmliche Differenzbetrachtung im Bereicherungsrecht ist dogmatisch fragwürdig geworden und wird vom Gesetz nicht gefordert. Mit den Vorstellungen der Gesetzesverfasser wäre auch vereinbar, den Bereicherten weniger weitgehend zu schonen, als die bisherige Bereicherungsdoktrin es für notwendig gehalten hat.

Die angemessenen Haftungsmaßstäbe weist ein Gedanke, der im amerikanischen Recht klarer als irgendwo sonst artikuliert worden ist: Wenn der Bereicherte aus dem Erwerb keinen Vorteil mehr hat, stellt sich ein Problem der Schadensanlastung. Den Schaden trägt der Kondiktionsgläubiger, wenn ihm die an sich begründete Kondiktion wegen des Bereicherungswegfalls versagt wird, oder der Bereicherte, wenn er trotz Bereicherungswegfalls zur Restitution verpflichtet bleibt. Es kommt also darauf an, welcher der Parteien die vermögensmindernden Ereignisse im schadensrechtlichen Sinne zugerechnet werden müssen.

Die bisherige Differenzthese ist als Zurechnungsmaßstab ungeeignet, weil sie als Schadensträger von vornherein nur den Kondiktionsgläubiger ins Auge faßt. Statt dessen liegt im vertraglichen und außervertraglichen Schadensrecht eine Reihe anderer Gesichtspunkte bereit, die auch für die Schadensverteilung im Rahmen des § 818 III herangezogen werden sollten: (1) Verursachung und Verschulden auf beiden Seiten; (2) Lokalisierung der Schadensursache nach Sphären; (3) Verbindung von Nutzen und Gefahr; (4) Art des Schadens; (5) Belastungsfähigkeit der Parteien; (6) Sinn und Tragweite der kondiktionsbegründenden Norm. Jeder dieser Gesichtspunkte kann, falls er im einzelnen Fall relevant erscheint, je nach Art und Lage der Umstände unterschiedliches Gewicht haben und so, allein oder im Verein mit anderen einschlägigen Gesichtspunkten, die Zurechnungsentscheidung in die eine oder andere Richtung lenken.

Aus den genannten Gesichtspunkten eine neue bindende — wenn auch vielleicht aufgefächerte — Haftungsregel zu formulieren, erscheint jedenfalls im gegenwärtigen Zeitpunkt nicht angebracht. Solange Lehre und Praxis noch überwiegend im Banne der alten, mechanisch gehandhabten Bereicherungsformel stehen, hat es wenig Sinn, altes Dogma ohne konkrete Fallanschauung sogleich durch neues zu ersetzen. Zunächst kommt es darauf an, das Blickfeld zu öffnen für die richtige Fragestellung und für die Erwägungen, die danach sachgerechterweise eine Rolle spielen sollten.

Wird die Anwendung des § 818 III in Zukunft nach materiellen Zurechnungsgesichtspunkten ausgerichtet, sollten die Auffassungen neu durchdacht werden, die bisher die Ergebnisse der traditionellen Lehre zu dieser Vorschrift durch Auffangkonstruktionen an anderen Stellen neutralisierten. Das gilt besonders für die Saldotheorie und ihre moderne Weiterentwicklung, die Lehre vom faktischen Synallagma.

LITERATUR

ALMOSNINO — L'Enrichissement sans Cause et son Caractère Subsidiaire, Paris 1931.

ANSON — Principles of the English Law of Contract, 22. Aufl., bearb. von GUEST, Oxford 1964.

ARNDTS, R. v. ARNESBERG — Lehrbuch der Pandekten, 11. Aufl., hrsg. von PFAFF und HOFMANN, Stuttgart 1883.

BAUR, FRITZ — Lehrbuch des Sachenrechts, 4. Aufl., München 1968.

BAUR, FRITZ — Zur dogmatischen Einordnung der Haftung für „Verrichtungsgehilfen", Karlsruher Forum 1962, S. 14 ff.

BAUR, FRITZ, und WOLF, MANFRED — Bereicherungsansprüche bei irrtümlicher Leistung auf fremde Schuld — Das Wegnahmerecht des Nichtbesitzers, JuS 1966, 393 ff.

BECKER — Obligationenrecht, 1. Abteilung, im „Berner" Kommentar zum Schweizerischen Zivilgesetzbuch, Bd. VI, Bern 1941.

BERG — Bereicherung durch Leistung und in sonstiger Weise in den Fällen des § 951 Abs. 1 BGB, AcP 160 (1961/62) 505 ff.

BEUDANT — Cours de Droit Civil Français, 2. Aufl., Bd. 9bis, bearb. von RODIÈRE, Paris 1953.

BLOMEYER, ARWED — Allgemeines Schuldrecht, 3. Aufl., Berlin—Frankfurt a. M. 1964.

BLOMEYER, ARWED — Fortschritte der modernen Schuldrechtsdogmatik, AcP 154 (1955) 527 ff.

BOEHMER, GUSTAV — Der Erfüllungswille, München 1910.

BOGERT — The Law of Trusts and Trustees, 2. Aufl., Kansas City—St. Paul 1960—1967.

BOWSTEAD — The Law of Agency, 12. Aufl., bearb. von GRIEW, London 1959.

BRINZ — Lehrbuch der Pandekten, 2. Bd., 1. Abtlg., 2. Aufl., Erlangen 1879.

VON BÜREN — Schweizerisches Obligationenrecht, Allgemeiner Teil, Zürich 1964.

BYDLINSKI — Probleme der Schadensverursachung nach deutschem und österreichischem Recht, Stuttgart 1964.

BYDLINSKI — Lohn- und Kondiktionsansprüche aus zweckverfehlenden Arbeitsleistungen, in: Festschrift zum 60. Geburtstag von Walter Wilburg, Graz 1965, S. 45 ff.

BYDLINSKI — Zum Bereicherungsanspruch gegen den Unredlichen, JBl. 1969, 252 ff.

BYLES — The Law of Bills of Exchange, Promissory Notes, Bank Notes, and Cheques, 22. Aufl., bearb. von MEGRAH, London 1965.

VON CAEMMERER — Umstellungsfragen, SJZ 1949, 816 ff.

VON CAEMMERER — Bereicherungsausgleich bei Verpfändung fremder Sachen, in: Festschrift für Hans Lewald, Basel 1953, S. 443 ff.

VON CAEMMERER — Bereicherung und unerlaubte Handlung, in: Festschrift für Ernst Rabel, Bd. 1, Tübingen 1954, S. 333 ff.

VON CAEMMERER — Leistungsrückgewähr bei gutgläubigem Erwerb, in: Festschrift für Gustav Boehmer, Bonn 1954, S. 145 ff.

VON CAEMMERER — Das Problem des Kausalzusammenhangs im Privatrecht, Freiburg i. Br. 1956.

VON CAEMMERER — Wandlungen des Deliktsrechts, in: Hundert Jahre deutsches Rechtsleben, Festschrift zum hundertjährigen Bestehen des Deutschen Juristentages 1860—1960, Bd. 2, Karlsruhe 1960, S. 49 ff.

VON CAEMMERER — Bereicherungsansprüche und Drittbeziehungen, JZ 1962, 385 ff.

VON CAEMMERER — Irrtümliche Zahlung fremder Schulden, in: Vom deutschen zum europäischen Recht, Festschrift für Hans Dölle, Bd. 1, Tübingen 1963, S. 135 ff.

CALABRESI — Some Thoughts on Risk Distribution and the Law of Torts, Yale L. J. 70 (1961) 499 ff.

CANARIS — Atypische faktische Arbeitsverhältnisse, BB 1967, 165 ff.

CANTZLER — Die Vorteilsausgleichung beim Schadensersatzanspruch, AcP 156 (1957) 29 ff.

CARBONNIER — Droit Civil, Bd. 2, 3. Aufl., Paris 1962.

CARRY — Les Conditions Générales de l'Action en Enrichissement Illégitime en Droit Suisse, Genf 1927.

CHESHIRE und FIFOOT — The Law of Contract, 6. Aufl., London 1964.

COHEN — Change of Position in Quasi-Contracts, Harv. L. Rev. 45 (1931/32) 1333 ff.

COLIN und CAPITANT — Traité de Droit Civil, Bd. 2, bearb. von JULLIOT DE LA MORANDIÈRE, Paris 1959.

CORBIN — Contracts, Bd. 3, St. Paul 1960, Bd. 5, St. Paul 1951.

COSTIGAN — Change of Position as a Defense in Quasi-Contracts — The Relationship of Implied Warranty and Agency to Quasi-Contracts, Harv. L. Rev. 20 (1906/07) 205 ff.

DALLOZ — Encyclopédie Juridique, Répertoire de Droit Civil, hrsg. von VERGÉ und RIPERT, Bd. 4, Paris 1954.

DAWSON — Unjust Enrichment — A Comparative Analysis, Boston 1951.

DEMOGUE — Traité des Obligations, Bd. 3, Paris 1923.

DEMOLOMBE — Cours de Code Napoléon, Bd. 31, 4. Aufl., Paris 1869/70.

DERNBURG — Die Schuldverhältnisse nach dem Rechte des Deutschen Reichs und Preußens, 2. Abtlg., 3. Aufl., Halle 1906.

DIEDERICHSEN — Zur Rechtsnatur und systematischen Stellung von Beweislast und Anscheinsbeweis, VersR 1966, 211 ff.

DIESSELHORST — Die Natur der Sache als außergesetzliche Rechtsquelle, verfolgt an der Rechtsprechung zur Saldotheorie, Tübingen 1968.

EHRENZWEIG — System des österreichischen allgemeinen Privatrechts, 2. Aufl., 1. Band, 2. Hälfte, Wien 1957; 2. Band, 1. Hälfte, Wien 1928.

EMMERICH — Das Verhältnis der Nebenfolgen der Vindikation zu anderen Ansprüchen, Diss. Saarbrücken, 1966.

ENNECCERUS/LEHMANN	Recht der Schuldverhältnisse, 15. Aufl., Tübingen 1958.
ENNECCERUS/NIPPERDEY	Allgemeiner Teil des bürgerlichen Rechts, 15. Aufl., 1. Bd. 1959, 2. Bd. 1960, Tübingen.
ERMAN	Handkommentar zum Bürgerlichen Gesetzbuch, 4. Aufl., Münster 1967.
ERXLEBEN	Die Condictiones sine Causa, Bd. 1, 1850; Bd. 2, 1853.
ESSER	Grundlagen und Entwicklung der Gefährdungshaftung, München—Berlin 1941.
ESSER	Grundsatz und Norm in der richterlichen Fortbildung des Privatrechts, Tübingen 1956.
ESSER	Schuldrecht, 2. Aufl., Karlsruhe 1960; 3. Aufl., 1. Bd., Karlsruhe 1968, 2. Bd., Karlsruhe 1969.
ESSER	Die Zweispurigkeit unseres Haftpflichtrechts, JZ 1953, 129 ff.
FENN	Die juristische Qualifikation der Mitarbeit bei Angehörigen und ihre Bedeutung für die Vergütung, FamRZ 1968, 291 ff.
FIKENTSCHER	Schuldrecht, 2. Aufl., Berlin 1969.
FISCHER, HANS ALBRECHT	Bereicherung und Schaden, in: Festschrift für Ernst Zitelmann, 1913.
FLUME	Der Wegfall der Bereicherung in der Entwicklung vom römischen zum geltenden Recht, in: Festschrift für Hans Niedermeyer, Göttingen 1953, S. 103 ff.
FORSTHOFF	Lehrbuch des Verwaltungsrechts, 1. Bd.: Allgemeiner Teil, 9. Aufl., München—Berlin 1966.
FRIEDMANN, WOLFGANG	Die Bereicherungshaftung im anglo-amerikanischen Rechtskreis, Berlin—Leipzig 1930.
FROTZ	Die Rückzahlung verlorener Baukostenzuschüsse nach Bereicherungsrecht, AcP 164 (1964) 309 ff.
GAMILLSCHEG	Die Haftung des Arbeitnehmers, Karlsruhe 1965.
GLASS	Gefahrtragung und Haftung beim gesetzlichen Rücktritt, Berlin 1959.
GLÜCK	Ausführliche Erläuterung der Pandekten, 13. Teil, 1. Abtlg., Erlangen 1811.
GOFF	Reform of the Law of Restitution, Mod. L. Rev. 24 (1961) 85 ff.
GOFF und JONES	The Law of Restitution, London 1966.
GORÉ	L'Enrichissement aux Dépens d'Autrui, Paris 1949.
GUHL	Das Schweizerische Obligationenrecht, 5. Aufl., Zürich 1956.
HAMEL	Formen und Vertretungsmacht bei Rechtsgeschäften der öffentlichen Hand, DVBl. 1955, 796 ff.
HANBURY	Modern Equity, 8. Aufl., London 1962.
HARPER und JAMES	The Law of Torts, Bd. 2, Boston—Toronto 1956.
HAUEISEN	Erstattungsansprüche im öffentlichen Recht, NJW 1954, 977 ff.
HAUSS	Referat auf dem 43. Deutschen Juristentag (1960), Verhandlungen des 43. DJT, Bd. II, Tübingen 1962.
HAUSS	Entwicklungslinien des deutschen Schadensersatzrechts, ZVersW 56 (1967) 151 ff.
HELM	Haftung für Schäden an Frachtgütern, Karlsruhe 1966.
VON HIPPEL, EIKE	Die Haftung bei Gefälligkeitsfahrten, in: Festschrift für Fritz von Hippel, Tübingen 1967, S. 233 ff.

von Hippel, Eike	Nochmals: Der Versicherungsgedanke im Schadensrecht, VersR 1968, 231 f.
Homberger	Besitz und Grundbuch, im „Züricher" Kommentar zum Schweizerischen Zivilgesetzbuch, Bd. 4: Das Sachenrecht, Zürich 1938.
Hueck und Nipperdey	Lehrbuch des Arbeitsrechts, 1. Bd., 7. Aufl., Berlin—Frankfurt a. M. 1963.
Janner	Wandlungen der Bereicherungslehre im Schweizerischen Recht, Basel 1943.
Jhering	Abhandlungen aus dem Römischen Recht, Leipzig 1844.
Jones	Change of Circumstances in Quasi-Contract, L.Q.R. 73 (1957) 48 ff.
Jung	Die Bereicherungsansprüche und der Mangel des rechtlichen Grundes, Leipzig 1902.
Juris-Classeur Civil	Quasi-Contrats, Gestion d'Affaires, Paris 1922 ff.
Kaser	Das Römische Privatrecht, 1. Abschnitt: Das altrömische, das vorklassische und klassische Recht, München 1955.
Keener	Treatise on the Law of Quasi-Contracts, New York 1893.
Kessler	Products Liability, Yale L.J. 76 (1966/67) 887 ff.
Kindred	Basic Problems of Minors' Contractual Capacity, in: Ius Privatum Gentium, Festschrift für Max Rheinstein, Tübingen 1969, Bd. 2, S. 536 ff.
Klang	Kommentar zum Allgemeinen Bürgerlichen Gesetzbuch, 1. Aufl., Bd. II Teil 1, Wien 1934; Bd. IV, 1935. 2. Aufl., Bd. II, Wien 1950; Bd. IV, 1951—63; Bd. VI, 1951.
Klauser	Abwägungsgrundsätze zur Schadensverteilung bei Mitverschulden und Mitverursachung, NJW 1962, 369 ff.
Kleinheyer	Eingriffsbereicherung durch unbefugte Nutzung und Wertersatz, JZ 1961, 473 ff.
König	Der Bereicherungsanspruch gegen den Drittempfänger einer Vertragsleistung nach französischem Recht, Frankfurt a. M.—Berlin 1967.
Kötter	Zur Rechtsnatur der Leistungskondiktion, AcP 153 (1954) 193 ff.
Kötz	Trust und Treuhand, Göttingen 1963.
Kropholler	Die Rechtsnatur der Familienmitarbeit und die Ersatzpflicht bei Verletzung oder Tötung des mitarbeitenden Familienangehörigen, FamRZ 1969, 241 ff.
Kupisch	Die Versionsklage, Heidelberg 1965.
Lange, Heinrich	Lehrbuch des Erbrechts, München—Berlin 1962.
Lange, Heinrich	Zur Umstellung der Bereicherung, NJW 1951, 685 ff.
Lange, Heinrich	Herrschaft und Verfall der Lehre vom adäquaten Kausalzusammenhang, AcP 156 (1957) 114 ff.
Lange, Hermann	Begrenzung der Haftung für schuldhaft verursachte Schäden? Gutachten für den 43. Deutschen Juristentag, Verhandlungen des 43. DJT, Bd. I Teil 1, Tübingen 1960.
Lange, Hermann	Verzugshaftung des Bereicherungsschuldners und des Besitzers, JZ 1964, 640 ff.
Larenz	Lehrbuch des Schuldrechts, 9. Aufl., 1. Bd.: Allgemeiner Teil, 2. Bd.: Besonderer Teil, München 1968.
Larenz	Die Schadenshaftung nach dem Wasserhaushaltsgesetz im

System der zivilrechtlichen Haftungsgründe, VersR 1963, 593 ff.
LARENZ — Die Prinzipien der Schadenszurechnung, JuS 1965, 373 ff.
LEHMANN, HEINRICH — Urteilsanmerkung, JZ 1954, 701 f.
LEHMANN, HEINRICH — Berücksichtigung der für den Erwerb einer fremden Sache gemachten Aufwendungen bei der Bereicherungshaftung, in: Festschrift für Hans Carl Nipperdey zum 60. Geburtstag, München und Berlin 1955, S. 31 ff.
LESER — Von der Saldotheorie zum faktischen Synallagma, Diss. Freiburg, 1956.
LORENZ, WERNER — Das „Wahlrecht" des Putativschuldners bei irrtümlicher Zahlung fremder Schulden, in: Rechtsvergleichung und Rechtsvereinheitlichung, Festschrift zum fünfzigjährigen Bestehen des Instituts für ausländisches und internationales Privat- und Wirtschaftsrecht der Universität Heidelberg, Heidelberg 1967, S. 267 ff.
LORENZ, WERNER — Gläubiger, Schuldner, Dritter und Bereicherungsausgleich, AcP 168 (1968) 286 ff.
VON LÜBTOW — Beiträge zur Lehre von der Condictio nach römischem und geltendem Recht, Berlin 1952.
LÜER — Die Begrenzung der Haftung bei fahrlässig begangenen unerlaubten Handlungen, Karlsruhe 1969.
MAIER, GEORG H. — Irrtümliche Zahlung fremder Schulden, AcP 152 (1952/53) 97 ff.
MANDRY — Zur Lehre vom Gegenstande der Condiktionen, AcP 48 (1865) 220 ff.
MARTON — Les Fondements de la Responsabilité Civile, Paris 1937.
MARTON — Versuch eines einheitlichen Systems der zivilrechtlichen Haftung, AcP 162 (1963) 1 ff.
MARTY und RAYNAUD — Droit Civil, Bd. II, Teil 1, Paris 1962.
MAUDSLEY — Restitution in England, Vand. L. Rev. 19 (1965/66) 1123 ff.
VON MAYR — Die Condictio des römischen Privatrechts, 1900.
VON MAYR — Der Bereicherungsanspruch des deutschen bürgerlichen Rechts, Leipzig 1903.
MAZEAUD, HENRI und LÉON — Leçons de Droit Civil, Bd. II, 2. Aufl., Paris 1962.
MERTENS — Der Begriff des Vermögensschadens im Bürgerlichen Recht, Stuttgart—Berlin—Köln—Mainz 1967.
MESTMÄCKER — Eingriffserwerb und Rechtsverletzung in der ungerechtfertigten Bereicherung, JZ 1958, 521 ff.
MEYER-BRANECKE — Die Anwendbarkeit privatrechtlicher Normen im Verwaltungsrecht, AöR 50 (1926) 230 ff.
MEYER-HAYOZ — Erläuterung zu Art. 1 ZGB, im „Berner" Kommentar zum Schweizerischen Zivilgesetzbuch, Einleitungsband, Bern 1962.
MOMMSEN — Beiträge zum Obligationenrecht, 1. Abtlg: Die Unmöglichkeit der Leistung, Braunschweig 1853.
MOSOIU — De l'Enrichissement Injuste, Paris 1932.
MÜGEL — Das gesamte Aufwertungsrecht, 5. Aufl., Berlin 1927.
MUNKMAN — The Law of Quasi-Contracts, London 1950.
NICKLISCH — Zum Umfang des Bereicherungsanspruchs wegen der Versteigerung schuldnerfremder Sachen, NJW 1966, 434 f.

NIEDERLÄNDER — Die Bereicherungshaftung im klassischen römischen Recht, Weimar 1953.

OERTMANN — Recht der Schuldverhältnisse, 2. Abteilung, 5. Aufl., Berlin 1929.

OSER und SCHÖNENBERGER — Das Obligationenrecht, im „Züricher" Kommentar zum Schweizerischen Zivilgesetzbuch, Bd. V, 1. Halbband, 2. Aufl., Zürich 1929.

PALANDT — Bürgerliches Gesetzbuch, 28. Aufl., München 1969.

PAWLOWSKI — Rechtsgeschäftliche Folgen nichtiger Willenserklärungen, Göttingen 1966.

PFERSCHE — Die Bereicherungsklagen, Wien 1882.

PLANCK — Kommentar zum Bürgerlichen Gesetzbuch, II. Bd., 2. Hälfte, 4. Aufl., Berlin — Leipzig 1928.

PLANIOL und RIPERT — Traité Pratique de Droit Civil Français, 2. Aufl., Bd. VI, Paris 1952, Bd. VII, Paris 1954, bearb. von ESMEIN.

POHLE — Urteilsanmerkung, MDR 1957, 598.

PRINGSHEIM — Bonum et aequum, SavZ 52 (1932) 78 ff.

PRÖLSS, JÜRGEN — Beweiserleichterungen im Schadensersatzprozeß, Karlsruhe 1966.

PROSSER — Handbook of the Law of Torts, 3. Aufl., St. Paul 1964.

RAAPE — Buchrezension, AcP 152 (1952/53) 458 ff.

RABEL — Grundzüge des Römischen Privatrechts, 2. Aufl., Basel 1955.

RABEL — Das Recht des Warenkaufs, 1. Bd. (Neudruck), Berlin 1957.

RABEL — Der sogenannte Vertrauensschaden im schweizerischen Recht, ZSchwR N. F. 27 (1908) 291 ff.

RABEL — Buchrezension, RabelsZ 10 (1936) 424 ff.

RAISER, LUDWIG — Eigentumsanspruch und Recht zum Besitz, in: Festschrift für Martin Wolff, Tübingen 1952, S. 123 ff.

RAISER, LUDWIG — Verwendungsansprüche des Werkunternehmers, JZ 1958, 681 ff.

RAISER, LUDWIG — Die Subsidiarität der Vindikation und ihrer Nebenfolgen, JZ 1961, 529 ff.

RAISER, THOMAS — Adäquanztheorie und Haftung nach dem Schutzzweck der verletzten Norm, JZ 1963, 462 ff.

REINHARDT — Gutachten für den 41. Deutschen Juristentag (1955), Verhandlungen des 41. DJT, Bd. I, Tübingen 1955, S. 233 ff.

RESTATEMENT OF THE LAW — hrsg. vom American Law Institute, Contracts, Bd. I und II, St. Paul 1932; Restitution, St. Paul 1937.

RGRK — Das Bürgerliche Gesetzbuch, Kommentar hrsg. von Reichsgerichtsräten und Bundesrichtern, I. Band, 2. Teil, II. Band, 2. Teil, 11. Aufl., Berlin 1960.

RHEINSTEIN — Die Struktur des vertraglichen Schuldverhältnisses im angloamerikanischen Recht, Berlin—Leipzig 1932.

RÖMER — Formen und Vertretungsmacht bei Privatrechtsgeschäften der öffentlichen Hand, DNotZ 1956, 359 ff.

ROTHER — Haftungsbeschränkung im Schadensrecht, München — Berlin 1965.

ROTHOEFT — Vermögensverlust und Bereicherungsausgleich, AcP 163 (1963/64) 215 ff.

VON SAVIGNY — System des heutigen Römischen Rechts, 5. Bd., Berlin 1841.

SCHEYHING — Leistungskondiktion und Bereicherung „in sonstiger Weise", AcP 157 (1958/59) 371 ff.

SCHNEIDER — Zur Bestimmung des Umfangs der Bereicherung nach Erfüllung eines nichtigen Vertrages, JherJ 61 (1912) 179 ff.

SCHULZ, FRITZ — System der Rechte auf den Eingriffserwerb, AcP 105 (1909) 1 ff.

SCHWARZ — Die Grundlage der Condictio im klassischen römischen Recht, Münster—Köln 1952.

SCOTT, AUSTIN WAKEMAN — The Law of Trusts, Bd III, IV, Boston—Toronto 1956.

SCOTT, GORDON K. — Restitution from an Innocent Transferee Who Is Not a Purchaser for Value, Harv. L. Rev. 62 (1948/49) 1002 ff.

SEAVEY und A. W. SCOTT — Restitution, L. Q. R. 54 (1938) 29 ff.

SELL, WILHELM — Versuche im Gebiete des Civilrechts, Bd. 1, 1833.

SIBER — Römisches Recht, Teil II: Römisches Privatrecht, Berlin 1928.

SIBER — Schuldrecht, Leipzig 1931.

SIEBERT — Faktische Vertragsverhältnisse, Karlsruhe 1958.

SIMITIS — Die faktischen Vertragsverhältnisse als Ausdruck der gewandelten sozialen Funktion der Rechtsinstitute des Privatrechts, Frankfurt a. M. 1957.

SIMPSON — Handbook of the Law of Contracts, 2. Aufl., St. Paul 1965.

SINTENIS — Das Practische Gemeine Civilrecht, 2. Bd.: Das Obligationenrecht, 3. Aufl., Leipzig 1868.

SNELL — Principles of Equity, 25. Aufl., bearb. von MEGARRY und BAKER, London 1960.

SOERGEL/SIEBERT — Bürgerliches Gesetzbuch, II Bd., 9. Aufl., Stuttgart 1962; 10. Aufl., Stuttgart—Berlin—Köln—Mainz 1967.

STAUDINGER — Kommentar zum Bürgerlichen Gesetzbuch, Bd. I, 11. Aufl., Berlin 1957; Bd. II Teil 1c, 10./11. Aufl., Berlin 1959; Bd. II, Teil 3, 9. Aufl., München—Berlin—Leipzig 1929; Bd. II, Teil 4, 11. Aufl., Berlin 1958—60; Bd. III, 11. Aufl., Berlin 1956.

STIEVE — Der Gegenstand des Bereicherungsanspruchs nach dem Bürgerlichen Gesetzbuche, Straßburg 1899.

STOLJAR — The Law of Quasi-Contract, Sydney—Melbourne—Brisbane 1964.

STOLL, HANS — Das Handeln auf eigene Gefahr, Berlin—Tübingen 1961

STOLL, HANS — Kausalzusammenhang und Normzweck im Deliktsrecht, Tübingen 1968.

STRUTZ — Die Abzugsfähigkeit von Aufwendungen für den Erwerb der Sache im Rahmen des § 818 Abs. 3 BGB, NJW 1968, 141 ff.

SWOBODA — Bereicherung, Geschäftsführung ohne Auftrag, Versio in rem, Wien—Leipzig 1919.

THIELE — Gedanken zur Vorteilsausgleichung, AcP 167 (1967) 193 ff.

THOMÄ — Tilgung fremder Schuld durch irrtümliche Eigenleistung?, JZ 1962, 623 ff.

TITZE — Zur Lehre vom Kausalzusammenhang, ZAkDR 1942, 181 f.

TRIMARCHI — L'Arricchimento Senza Causa, Mailand 1962.

VON TUHR — Allgemeiner Teil des Schweizerischen Obligationenrechts, 1. Halbband, 2. Aufl., bearb. von SIEGWART, Zürich 1942.

VON TUHR — Zur Lehre von der ungerechtfertigten Bereicherung, in: Aus Römischem und Bürgerlichem Recht, Festschrift für Ernst Immanuel Bekker, Weimar 1907, S. 291 ff.

von Vangerow	Lehrbuch der Pandekten, 3. Band, 7. Aufl., Marburg—Leipzig 1869.
Viehweg	Topik und Jurisprudenz, 4. Aufl., München 1969.
Warren	Problems in Probate and Administration, Harv. L. Rev. 32 (1918) 315 ff.
Weintraud	Die Saldotheorie, Breslau 1931.
Wellspacher	Versio in rem, Wien 1900.
Wendt	Lehrbuch der Pandekten, Jena 1888.
Westermann, Harm Peter	Doppelmangel bei Bereicherungskette und Dreiecksverhältnis, JuS 1968, 17 ff.
Westermann, Harry	Sachenrecht, 5. Aufl., Karlsruhe 1966.
Westermann, Harry	Haftung für fremdes Handeln, JuS 1961, 333 ff., 382 ff.
Wieling	Die Nutzungen des gutgläubigen Besitzers, insbesondere in fehlgeschlagenen Vertragsverhältnissen, AcP 169 (1969) 141 ff.
Wilburg	Die Lehre von der ungerechtfertigten Bereicherung nach österreichischem und deutschem Recht, Graz 1934.
Wilburg	Die Elemente des Schadensrechts, Marburg a. d. L. 1941.
Wilburg	Referat auf dem 43. Deutschen Juristentag (1960), Verhandlungen des 43. DJT, Bd. II, Tübingen 1962, S. C 3 ff.
Wilburg	Zusammenspiel der Kräfte im Aufbau des Schuldrechts, AcP 163 (1963/64) 346 ff.
Williston	A Treatise on the Law of Contracts, Bd. 2, 3. Aufl., bearb. von Jaeger, Mount Kisco, N. Y. 1959.
Windscheid	Lehrbuch des Pandektenrechts, 2. Bd., 7. Aufl., Frankfurt 1891.
Winfield	The Law of Quasi-Contracts, London 1952.
Witte	Die Bereicherungsklagen des Gemeinen Rechts, 1859.
Wittmann	Grundbedingungen der ungerechtfertigten Bereicherung im schweizerischen und französischen Recht, Diss. Zürich, 1943.
Wolf, Ernst	Rücktritt, Vertretenmüssen und Verschulden, AcP 153 (1954) 97 ff.
Wolf, Joseph Georg	Der Normzweck im Deliktsrecht, Göttingen 1962.
Wolf, Manfred	Die Verwendungsersatzansprüche des Besitzers im Anspruchssystem, AcP 166 (1966) 188 ff.
Wolf, Manfred	Der mittelbare Sellvertreter als nichtberechtigt Verfügender, JZ 1968, 414 ff.
Wolff/Raiser	Sachenrecht, 10. Aufl., Tübingen 1957.
Woodward	The Law of Quasi-Contracts, Boston 1913.
Wunner	Baukostenzuschuß und Bereicherungsrecht, NJW 1966, 2285 ff.
Zeiss	Leistungsverhältnis und Insolvenzrisiko bei irrtümlicher Tilgung fremder Schulden, AcP 165 (1965/66) 332 ff.
Zweigert und Kötz	Einführung in die Rechtsvergleichung auf dem Gebiete des Privatrechts, Bd. II: Institutionen, Tübingen 1969.

ENTSCHEIDUNGSVERZEICHNIS

I. DEUTSCHLAND

1. Reichsgericht

3. Bundesarbeitsgericht

4. Bundessozialgericht

5. Bundesverwaltungsgericht

6. Oberster Gerichtshof für die britische Zone in Köln

7. Oberlandesgerichte

VI. VEREINIGTE STAATEN VON AMERIKA

SACHVERZEICHNIS

BEITRÄGE ZUM AUSLÄNDISCHEN UND INTERNATIONALEN PRIVATRECHT

Das Handeln auf eigene Gefahr

Eine rechtsvergleichende Untersuchung von HANS STOLL. XIII, 407 Seiten. 1961. DM 52,50 (29)

Die Grundbegriffe des Internationalen Privatrechts

Von PAUL HEINRICH NEUHAUS. XVI, 325 Seiten. 1962. DM 34,—; Lw. DM 38,— (30)

Zur Stellung des ausländischen Rechts im französischen internationalen Privatrecht

Von IMRE ZAJTAY. Mit einem Vorwort von Hans Dölle. VIII, 219 Seiten. 1963. DM 26,—; Lw. DM 30,— (31)

Vorvertrag, Optionsvertrag, Vorrechtsvertrag

Eine dogmatisch-systematische Untersuchung der vertraglichen Bindungen vor und zu einem Vertragsschluß. Von DIETER HENRICH. XVI, 395 Seiten. 1965. DM 48,—; Lw. DM 53,— (32)

Das besondere Erbrecht der sogenannten Foralrechtsgebiete Spaniens

Von OTTO HIERNEIS. XXXVI, 495 Seiten. 1966. DM 84,—; Lw. 92,— (33)

Schadensausgleich bei Verkehrsunfällen
Haftungsersetzung durch Versicherungsschutz

Eine rechtsvergleichende Untersuchung von EIKE VON HIPPEL. XVII, 139 Seiten. 1968. DM 19,80 (34)

Der hoheitlich gestaltete Vertrag

Eine rechtsvergleichende Untersuchung über den Planvertrag im Sowjetrecht und den „diktierten Vertrag“ im Recht der Bundesrepublik Deutschland von DIETRICH A. LOEBER. XX, 403 Seiten. 1969. DM 73,—; Lw. DM 79,— (35)

Internationale Zuständigkeit und anwendbares Recht

Von ANDREAS HELDRICH. XX, 274 Seiten. 1970. DM 48,—; Lw. DM 53,— (36)

WALTER DE GRUYTER & CO.
BERLIN

J. C. B. MOHR (PAUL SIEBECK)
TÜBINGEN

Kolibri 360 GmbH
Ferdinand-Jühlke-Straße 7
99095 Erfurt, Deutschland
produktsicherheit@kolibri360.de